JN026180

ブラジルの人と社会

[改訂版]

Brasil: seu povo e sua sociedade

田村梨花・三田千代子
拝野寿美子・渡会環／共編

Sophia University Press
上智大学出版

はじめに

　本書は「地域研究ブラジル」の社会研究の入門書として編纂されたものである。

　地域研究としてのブラジル研究を進めるには、社会研究のみでなく、経済研究、政治研究、文化研究においても、ポルトガル語の習得は必修である。しかし、英国、フランス、ドイツ、米国と、近代列国を手本としてきた明治以降の日本では、ポルトガル語に対する関心はあまり喚起されてこなかった。しかもラテンアメリカ地域でブラジルがスペイン語圏の国ではなく、唯一のポルトガル語圏の国であることが日本で一般に認識されるようになったのはそう昔のことではない。ひょっとすると2014年と2016年にそれぞれリオデジャネイロで開催されたFIFAワールドカップとオリンピック・パラリンピックが切っ掛けだったのかもしれない。ロシア語母語者よりもその数の多いポルトガル語でありながら、未だに国連の公用語6言語の中に入っていないのもポルトガル語の普及が遅れている一要因かもしれない。このため日本ではポルトガル語の学習者は限られてきたし、結果としてブラジル地域研究者の数も限られてきた。

　こうした事情もあり、ブラジルには米国移民（ハワイ移民を含む）に続く多数の日本移民が送出され、今日140万人とも200万人とも推定される日系人がブラジルで生活しているにもかかわらず、日本におけるブラジル認識はともすれば偏ったものである。サンバ、アマゾン、コーヒーと、きわめて断片的である。地理的に遠い国であることと両国間に深刻な外交問題が持ち上がらなかったことも、今日のブラジルに対する関心を遅らせてきた要因となっているのかもしれない。

　1920年代からその死まで世界的にその名を馳せた作家で第二次世界大戦中にウィーンから英国、米国を経てブラジル（ペトロポリス）に亡命し、1942年2月に服毒自殺したユダヤ系のツヴァイク（Stefan Zweig, 1881-1942）は、死の一年前に、ブラジルの住民、文化、自然の多様性にかつての祖国オー

ストリア・ハンガリー帝国（1867〜1918年）の多民族国家を重ねたかのように *Brasilien: Ein Land der Zukunft*（未来の国ブラジル）を書き残した。民族主義的で偏狭な世界となったヨーロッパに対して、多様で寛容なブラジル社会を「未来の国」として紹介したのである（本書は、英語、仏語、西語、ポルトガル語などヨーロッパの言語に1941年から1942年に翻訳され出版されている。日本語訳は『未来の国ブラジル』のタイトルで1993年に宮岡誠二訳により、河出書房新社から出版されている。2006年には新たなポルトガル語訳 *Brasil: um país do futuro*（Porto Alegre, L & PM Editores）が出版されている）。

　しかし軍事政権（1964−85年）下で経済停滞や拡大する社会格差に直面したブラジル人は、ブラジルに明るい未来を見出すことができず、自国を「永遠の未来の国」と自嘲的に評価していた。ところが再民主化が達成されてハイパーインフレが克服されるとブラジルは、債務国から債権国となるほどの経済成長を遂げてBRICs（現在のBRICS）の一国として世界に注目されるようになった。広大なブラジル国内のインフラは整備され、インターネットや携帯電話の普及は目覚ましく、「未来に追いついた国」とブラジル人に自信を回復させた。しかし、貧富の格差や治安の問題は依然解決されていない。2016年には大統領を始めとする多数の政治家の汚職事件が明らかになった。政治の不正は共和国樹立以来、断続的に起こってきた問題である。こうした社会現象や問題を前に現在のブラジルを調べるだけでは、生起した現象のみを理解するだけである。その基底にあるブラジル社会の本質的な把握には至らない。

　フィールドワークがその研究の基本的手法の一つとされる地域研究では、現地の言語、文化、歴史、さらに自然に通暁することが、まずそれぞれの専門分野研究の出発点とされる。こうしたことを踏まえて、本書ではブラジル社会の成り立ちと世界観にも配慮して構成を試みた。序章で多様性と格差に特徴づけられるブラジル社会を鳥瞰し、第1章では、多人種多民族社会の形成の歴史と同時に社会成層化の過去と現在について比較分析している。第2章では、ブラジル社会が形成される過程で重要な機能を果たした2つの社会

制度、宗教と家族制度について紹介している。第3章と第4章では、20世紀中葉以降のブラジル社会に焦点を当てている。まず第3章では都市化にともなって生起した社会的諸問題を指摘し、新憲法下での市民権の概念の浸透や社会格差を克服する手段として導入された条件付き現金給付（CCT）政策を考察している。また、ジェンダー問題として、女性の社会参加の現状についても紹介している。これらの論考を通じて現在の新しいブラジル社会の姿に迫っている。第4章では、1980年代の経済停滞と共に始まったブラジル人のディアスポラがグローバル化する世界で拡大し、各国にブラジル人コミュニティが形成され、その結果探求されるようになったアイデンティティの行方や文化伝播などについて論じている。人の移動に関する「トランスナショナリズム（越境）」という「移民」に代わる新たな視点からの論考として読むこともできる。さらに、各章には主題に関連したコラムを掲載した。ぜひ楽しんで読んでいただきブラジルに親しみを感じてもらえたらと思う。

　様々な動機によって人びとは国境を越えて移動するようになり、多様な文化や民族と日常的に接しながら生活するような時代を迎えて久しい。ブラジル人のディアスポラの目的地の一つになった日本も例外ではない。世界各国から様々な理由で多様な文化的背景をもつ人びとが来日し、日常生活を共にするようになった。16世紀以来色々な問題を抱えながらも多様な民族と文化によって形成されてきたブラジルが一つの国として歴史を形成してきたことから、私たちは多くのことを学べよう。偏狭な民族主義的な世界が出現しようとも、私たちはブラジルのように問題を抱えながらも多様な民族と文化によって一つの社会を作り出すことができたのだということに自信をもって、次の時代に挑んでいくことができるのではないだろうか。

　本書は2017年出版の改訂版である。初版は、1982年に上智大学外国語学部ポルトガル語学科に開講されて以来30年余にわたって講じられてきた「ブラジル社会論」の講義の蓄積と、本講義を出発点として研鑽を積み現在日本各地でブラジル社会研究者として教壇に立つポルトガル語学科の卒業生等によるそれぞれの専門分野からの論考とをまとめたもので、ブラジル社会研究

の教科書としてあるいは入門書として、今後の日本におけるブラジル研究の普及と後進の育成に役立てられればという願いから出版させていただいた。改訂版となる本書では、初版の内容について必要な加筆を行い、さらに新しい視点から節やコラムを追加した。

　社会学が扱うテーマは広い。本書でブラジル社会のすべてのテーマが網羅されてはいない。それは、今後、ブラジル社会に興味を抱く学徒が育ち、日本におけるブラジル研究が発展することで実現されていくものと期待している。

　最後に、本書の意図をご理解いただき、出版にご尽力くださった上智大学出版事務局と株式会社ぎょうせいの皆さんに深く感謝いたします。

　　2024年3月

編 者 一 同

目　次

はじめに

序章 ◆ 多人種多民族社会ブラジル─ブラジル社会概観─

- ●ラテンアメリカの中のブラジル･･････････････････････････ 3
- ●「大陸国家」ブラジルの多様性････････････････････････････ 3
- ●社会格差の起源と現在･･････････････････････････････････ 6

第1章 ◆ 社会形成の歴史

第1節　住民の多人種多民族化･･････････････････････････11
- ●先住民と植民者ポルトガル人の出会い─多民族化の始まり･･････11
- ●黒人奴隷制度と家父長支配･･････････････････････････････14
- ●奴隷と奴隷主の社会秩序････････････････････････････････15
- コラム1-1　世襲カピタニア制とセズマリア制──大土地所有制の起源 ･･･19
- コラム1-2　キロンボ・ドス・パルマレス･･････････････････････21

第2節　外国移民と「脱阿入欧」･････････････････････････23
- ●奴隷制の終焉とヨーロッパ移民･･････････････････････････23
- ●住民の白人化･･･27
- ●ヨーロッパの人種主義とブラジル悲観主義･･････････････････30
- ●人種主義者ゴビノーのみたブラジル･･････････････････････31
- ●「脱アフリカ化」としての「白人化」イデオロギー･･････････33
- コラム1-3　ブラジルとフランス･･････････････････････････35

第3節　「人種民主主義」と国家統合 ･････････････････････38
- ●「近代芸術週間」とナショナリズムの展開･･･････････････････38
- ●「人種民主主義」と同化政策･･････････････････････････････42

　　●同化政策下の外国移民―日本移民の事例・・・・・・・・・・・・・・・・・・・・46

第4節　階級社会と人種・・・・・・・・・・・・・・・・・・・・・・・・・・・・・・55

　　●近代階級社会の誕生と階級間格差・・・・・・・・・・・・・・・・・・・・・・・55

　　●21世紀の新しい階層構造―新中間層の出現　・・・・・・・・・・・・・59

　　●社会階級と人種―住民の人種構成とその分布・・・・・・・・・・・・62

　　●社会階級と身体的特徴の相関性・・・・・・・・・・・・・・・・・・・・・・・64

　　●社会成層と身体的特徴の相関性の歴史的展開・・・・・・・・・・・66

　　●ブラジルの人種差別や偏見とは・・・・・・・・・・・・・・・・・・・・・・・68

　　●人種民族調査の限界と挑戦・・・・・・・・・・・・・・・・・・・・・・・・・・・69

第5節　人種民主主義の克服と多様性の承認・・・・・・・・・・・・・72

　　●民族文化の覚醒・・・・・・・・・・・・・・・・・・・・・・・・・・・・・・・・・・・・・72

　　●1988年憲法の多人種多民族の承認・・・・・・・・・・・・・・・・・・・・74

　　●人種民族の不平等の克服・・・・・・・・・・・・・・・・・・・・・・・・・・・・76

　　コラム1-4 多民族多文化社会の「地域意識」と「国民意識」・・・・80

　　コラム1-5 パラナ民族芸能祭と移民・・・・・・・・・・・・・・・・・・・・・83

　　コラム1-6 ブラジルの「日本祭り」・・・・・・・・・・・・・・・・・・・・・・85

第2章◆社会制度―宗教と家族制度―

第1節　宗教と社会・・・・・・・・・・・・・・・・・・・・・・・・・・・・・・・・・・・91

　　●カトリック文化の国・・・・・・・・・・・・・・・・・・・・・・・・・・・・・・・・・・91

　　●歴史的考察・・94

　　●政治的圧力団体としての教会・・・・・・・・・・・・・・・・・・・・・・・・97

　　●教会の変化・・・・・・・・・・・・・・・・・・・・・・・・・・・・・・・・・・・・・・・100

　　●宗教の多様化・・・・・・・・・・・・・・・・・・・・・・・・・・・・・・・・・・・・100

第2節　家族制度の展開・・・・・・・・・・・・・・・・・・・・・・・・・・・・・104

　　●植民地社会と家父長制家族の形成・・・・・・・・・・・・・・・・・・104

　　●専制的な家父長の人間関係・・・・・・・・・・・・・・・・・・・・・・・・107

　　●パレンテラとその機能・・・・・・・・・・・・・・・・・・・・・・・・・・・・・112

● 社会的勢力としてのパレンテラ・・・・・・・・・・・・・・・・・・・・・・・・・・・ 114

● パレンテラと伝統的な社会問題・・・・・・・・・・・・・・・・・・・・・・・・・・・ 117

第3節　今日の多様な家族形態・・・・・・・・・・・・・・・・・・・・・・・・・ 119

● ジェンダーとしての女性の解放・・・・・・・・・・・・・・・・・・・・・・・・・・・ 119

● 離婚法の成立と家族形態の多様化・・・・・・・・・・・・・・・・・・・・・・・ 120

● 家族構造の小規模化・・・・・・・・・・・・・・・・・・・・・・・・・・・・・・・・・・ 123

● 家族形態と貧困・・・・・・・・・・・・・・・・・・・・・・・・・・・・・・・・・・・・・・・ 125

コラム2-1　同性婚と「家族」・・・・・・・・・・・・・・・・・・・・・・・・・・・ 128

コラム2-2　政治的な争点となった人工妊娠中絶・・・・・・・・・・・・ 131

第3章◆社会的公正への挑戦

第1節　都市化と人口移動・・・・・・・・・・・・・・・・・・・・・・・・・・・・・ 137

● 都市化と地域格差・・・・・・・・・・・・・・・・・・・・・・・・・・・・・・・・・・・・ 137

● 都市の形成と発展・・・・・・・・・・・・・・・・・・・・・・・・・・・・・・・・・・・・ 137

● 農村から都市への人口移動・・・・・・・・・・・・・・・・・・・・・・・・・・・・ 139

● 都市化とスラム形成・・・・・・・・・・・・・・・・・・・・・・・・・・・・・・・・・・ 140

● 北部、中西部をめぐる開発・・・・・・・・・・・・・・・・・・・・・・・・・・・・ 142

● 大規模農業開発と人の移動・・・・・・・・・・・・・・・・・・・・・・・・・・・・ 144

● 環境破壊と先住民への影響・・・・・・・・・・・・・・・・・・・・・・・・・・・・ 145

コラム3-1　先住民の暮らしと権利・・・・・・・・・・・・・・・・・・・・・ 148

コラム3-2　北東部及び北部の貧困の歴史的背景・・・・・・・・・・・・ 151

第2節　民主化と社会開発・・・・・・・・・・・・・・・・・・・・・・・・・・・・・ 156

● 1988年憲法にみる民主化の思想・・・・・・・・・・・・・・・・・・・・・・・ 156

● 民政移管後の社会開発政策・・・・・・・・・・・・・・・・・・・・・・・・・・・・ 157

● 条件付き現金給付政策・・・・・・・・・・・・・・・・・・・・・・・・・・・・・・・・ 159

● 教　　育・・ 162

● 社会福祉と保健衛生・・・・・・・・・・・・・・・・・・・・・・・・・・・・・・・・・・ 168

● 人間開発指数でみる社会の変化・・・・・・・・・・・・・・・・・・・・・・・・ 171

コラム3-3 ペルナンブコ健康なまちづくりネットワーク
ーバンブー手法と健康なまちづくりプロモーターの試行錯誤ー‥‥ 175

第3節　社会運動と市民の力‥‥‥‥‥‥‥‥‥‥‥‥‥ 180
● 民主化の過程における民衆運動の役割‥‥‥‥‥‥‥‥‥ 180
● 市民権の獲得‥‥‥‥‥‥‥‥‥‥‥‥‥‥‥‥‥‥‥ 181
● 市民組織の多様性と世界的連帯‥‥‥‥‥‥‥‥‥‥‥ 183
● 抗議デモにみる市民の行動力‥‥‥‥‥‥‥‥‥‥‥‥ 184
● 危機を乗り越えブラジルを再構築する‥‥‥‥‥‥‥‥ 185

第4節　女性の社会参加と「フェミニシーディオ」‥‥‥‥‥ 187
● ジェンダー・ギャップ‥‥‥‥‥‥‥‥‥‥‥‥‥‥‥ 187
● 女性の政治参加の歴史‥‥‥‥‥‥‥‥‥‥‥‥‥‥‥ 189
● 世界女性会議と女性割当て制度‥‥‥‥‥‥‥‥‥‥‥ 190
● 2014年以降の選挙と女性‥‥‥‥‥‥‥‥‥‥‥‥‥‥ 193
● 「フェミニシーディオ」とその取り組み‥‥‥‥‥‥‥‥ 195
● 女性殺害の地方差‥‥‥‥‥‥‥‥‥‥‥‥‥‥‥‥‥ 200

第4章◆グローバル化と人の移動

第1節　ブラジル人のディアスポラ‥‥‥‥‥‥‥‥‥‥‥ 205
● ブラジル人ディアスポラの現在‥‥‥‥‥‥‥‥‥‥‥ 205
● ブラジル政府の対応ーBrasileiros no Mundo‥‥‥‥‥‥ 207
● 誰がなぜ、どのようにして移住するのか‥‥‥‥‥‥‥ 208
● 在外ブラジル人コミュニティ‥‥‥‥‥‥‥‥‥‥‥‥ 210
● トランスナショナル・コミュニティーゴヴェルナドルヴァラダレス市‥ 213
● エスニックな絆を結ぶものー宗教やエスニック・コミュニティ‥ 215
● アイデンティティの多様な選択‥‥‥‥‥‥‥‥‥‥‥ 216
コラム4-1 「継承ポルトガル語」教育‥‥‥‥‥‥‥‥‥ 217
コラム4-2 ポルトガル語圏の縮図　ボストン‥‥‥‥‥‥ 220

第2節　日本におけるブラジル人 ・・・・・・・・・・・・・・・・・・・・・・ 222

- ●ブラジル人の来日経緯と滞日傾向・・・・・・・・・・・・・・・・・・・・・・ 222
- ●労働と生活・・ 225
- ●コミュニティの言語生活・・・・・・・・・・・・・・・・・・・・・・・・・・・・・ 226
- ●教　育・・・ 227
- ●ブラジル日系社会への影響・・・・・・・・・・・・・・・・・・・・・・・・・・・ 228
- ●日本社会への影響・・・・・・・・・・・・・・・・・・・・・・・・・・・・・・・・・・・ 229
- ●自治体主導の多文化共生―外国人集住都市会議・・・・・・・・・・・・・ 230
- ●集住地域から広がる多言語化と多文化化・・・・・・・・・・・・・・・・・ 231
- コラム4-3　『横浜宣言』―我々はもはやデカセギではない―・・・ 234
- コラム4-4　在外公館とブラジル人コミュニティ―日本の事例―・・ 237
- コラム4-5　日本風・日本製ブラジル料理・・・・・・・・・・・・・・・・・・ 239

【資料】ブラジルの行政地図・・・・・・・・・・・・・・・・・・・・・・・・・・・・・・ 241

引用・参考文献・・・ 242

執筆者紹介・・・ 252

索　引・・・ 254

本書を書くにあたって

表記法の原則

1) 人名および地名などその他の固有名詞は、原則原語名を記してある。今後の原文の資料の理解を助けるためである。

2) 原語のカタカナ表記は、ブラジルのポルトガル語発音に基づいて記したものであるが、すでに日本語の中で一般化している固有名詞は日本語表記を優先させている。例えば、「リオ」とし、ブラジルで耳にする「ヒオ」は用いていない。また、日本語に翻訳されたポルトガル語の著書の著者名は翻訳された日本語表記を用いている。

3) 原則、ポルトガル語の単語のアクセントは終わりから2番目の母音につく。日本語表記では通常、このアクセントは長音「ー」あるいは促音「ッ」で表記される。本書では原則としていずれも用いない（例えば、「ペルナンブーコ」は「ペルナンブコ」）こととしているが、地名の一部や一般化している固有名詞などについては著者の判断に委ねている。

4) スペイン語と差別化するために〔v〕と〔b〕のカタカナ表記は区別した。例えば、Vargas（人名）は「ヴァルガス」、Bahia（州名）は「バイア」と表記している。

5) ブラジル住民の皮膚の色や人種を意味するポルトガル語の日本語表記は、すべて男性形の名詞あるいは形容詞をカタカナで表記している。例えば、preto（黒人男性あるいは黒色の）と preta（黒人女性あるいは黒色の）とは区別してポルトガル語では用いられるが、本書では便宜上すべて男性形（名詞あるいは形容詞）の単語pretoをカタカナ表記にした「プレト」を用いている。

序章

多人種多民族社会ブラジル
―ブラジル社会概観―

【扉写真】

左上：植民地時代に総督府の置かれたサルヴァドル（撮影：菊地恵子）

右上：金の時代18世紀に総督府となり、以来ブラジリア遷都まで首都であったリオデジャネイロ（撮影：田村梨花）

左下：1960年に首都となったブラジリア（撮影：舛方周一郎）

右下：ブラジルの経済を支える大都市サンパウロ（撮影：三田千代子）

ラテンアメリカの中のブラジル

　ブラジルは世界第7位の人口を抱える国で、2022年にその数は2億780万人を数えた。2億人を超えるブラジルの人口は、南北両アメリカ大陸の人口の20％、メキシコを含むラテンアメリカ地域の31％、南アメリカ地域の48％を占める。このように大きな割合を占めているブラジルの人口は、同質的な人種や民族によって構成されているのではない。すでに先住民が生活している地にポルトガル人が到着して以来開発が進められた。16世紀以降大土地所有制を基盤にして展開したプランテーション農業や18世紀の鉱業は、常に膨大な量の労働力を必要とし、その解決策をアフリカ奴隷を含む広い意味での外国移民の導入に求めた。その結果、ブラジルは多人種・多民族で構成される社会となった。

　また人口ばかりでなく、ブラジルの地理的空間も世界第5番目の広さを有し、北緯5度16分から南緯33度45分の間に大西洋に向かって広がる国土は南米大陸の約半分を占めている。チリとエクアドルを除いた南米大陸諸国10カ国と国境を接している大国である。ラテンアメリカのスペイン植民地では19世紀初めに多数の国家に分裂して独立したのに対し、ポルトガル王国の植民地としてのブラジルは、分裂することなく一つの国家として独立した結果、ブラジルはラテンアメリカ唯一のポルトガル語圏の国家となった。しかも他のラテンアメリカ諸国のように共和国として独立したのではなく、ポルトガル王国と同じ王家ブラガンサ王朝を戴く帝政国家として奴隷制度を維持したままの独立であった。

「大陸国家」ブラジルの多様性

　広大な国土は結果的にポルトガル語で統一されはしたが、その気候は熱帯、半乾燥、亜熱帯、海洋性と多様である。植民地時代のみならず独立後も輸出農業と鉱山開発を中心とした経済開発が行われてきたことにより、輸出産品の生産地が北東部、南東部、北部の各地を移動した（図序−1）。こうしたことにより、自然環境のみならず社会文化的にもブラジルは多様性に富む社会

図序-1　大地方区分

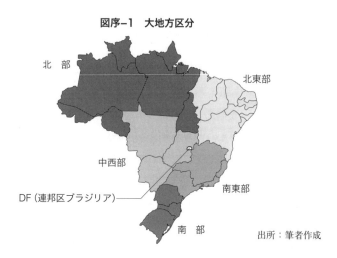

北　部

北東部

中西部

DF（連邦区ブラジリア）

南東部

南　部

出所：筆者作成

表序-1　ブラジル地域社会経済比較（2010-22年）

	全国	北部	北東部	南東部	南部	中西部
1．面積（万㎢）	851	385	155	92	58	161
2．全国土対比	100	45.3	18.3	10.9	6.8	18.9
3．州の数	26＋DF	7	9	4	3	3＋DF
4．人口（万人）（22年）	20,306	1,734	5,464	8,484	2,993	1,628
5．人口比（％）	100	8.5	26.9	41.8	14.7	8.1
6．人口密度（人/㎢）（10年）	25	4.12	34.15	86.92	48.58	8.75
7．人口増加率（％）（10-22年）	6.45	9.36	2.94	5.58	9.30	15.86
8．都市人口比（15年）	84.7	75	73	93	86	90
9．「人種」構成（％）（21年）						
白　人	43.0	17.7	24.7	50.7	75.1	34.7
黒　人	9.1	7.5	11.4	9.6	4.4.	8.7
混血者	47.0	73.4	63.1	38.7	19.9	55.8
黄色人	0.6	1.4＊	0.8＊	1.0＊	0.6＊	0.8＊
先住民	0.3					
10．GDP（R$1.000.000）（20年）	7.609.579	478.173	1.079.331	3.952.695	1.308.148	791.251
11．GDP地域別割合（20年）	100	6.3	14.2	51.9	17.4	10.4
12．非識字率（％）（19年）	6.6	7.6	13.9	3.3	3.3	4.9
13．医師の数（千人当たり）	1.95	0.98	1.19	2.61	2.03	1.99
14．乳児死亡率/千人（19年）	13.3	16.6	15.2	11.9	10.2	13.0
15．特殊出生率（16年）	1.69	2.06	1.93	1.58	1.57	1.67
16．平均余命（20年）	76.9	73.7	74.1	78.7	79.3	76.6
17．HDI（21年）	0.754	0.683	0.608	0.766	0.754	0.757
18．貧困人口＊＊（％）（21年）	29.6	13.3	44.8	29.5	6.9	5.5

＊　北部、北東部、南東部、南部、中西部の「黄色人」と「先住民」を合わせた数値

＊＊貧困人口とは、月の所得がR＄486以下からR＄168までの住民。R＄168以下の住民は極貧人口とし、
　　ここには含めていない。

出所：*Síntese de Indicadores Sociais 2012-2021*, IBGE 及び *Panorama do Censo 2022*, IBGE.

を形成することになった（表序−1）。

　ブラジルの北から南、東から西へと旅行した人は、その多様性故に同じ国を旅行しているとは到底思えないであろう。緑豊かな自然の中で出会うカラフルなオウムや獰猛なワニ、いくつもの市[1]にまたがって広がる広大な砂糖きび農園、トラックの荷台に乗って移動する農園労働者、首都ブラジリアの現代建築群、雨季の訪れとともに数日のうちに枯れ木が一斉に芽吹く半乾燥地帯、先進国と同様に車と人が犇めく大都会、ヨーロッパの田園都市のような落ち着いた町並み、ブラジルにはこれらのすべてがあり、大自然と近代が、繁栄と停滞が同時に存在している。こうした地方ごとの相違を人類学者のダルシー・リベイロ（Darcy Ribeiro, 1922-97）は、各地域住民の文化的要素に着目してブラジルを5タイプに分類している。すなわち、①クレオル・ブラジル（北東部の砂糖産業を基盤に形成）、②カイピラ・ブラジル（植民地時代から現サンパウロ州を中心に形成）、③セルタネジョ・ブラジル（北東部奥地の乾燥地帯と中西部セラードの牧畜活動を基盤に形成）、④カボクロ・ブラジル（北部アマゾン地方の文化）、⑤南部ブラジル（南部草原の文化。さらにアソーレス移民の文化、牧童ガウーショ文化、外国移民グリンゴの文化といった3つの下位分類を設けている）である（Ribeiro 1995: 269-444）。

　こうした地方ごとに際立った相違がみられるブラジル社会を一言で表現する難しさから、外国人、特にフランス人研究者はそれぞれの用語を用いて表現してきた。ロジェ・バスティド（Roger Bastide, 1898-1974）は「コントラストの国」（Terra de Contraste）と呼び、ジャック・ランベール（Jacques Lambert, 1901-91）が「二つのブラジル」（Os Dois Brasis）と呼んだことはよく知られている。

　当時のヨーロッパ世界からみればおそらく、広大な領土の中に、自然環境のみならず、社会文化的にもみられる多様性は、想像を超えたものであったのであろう。ブラジル人自身も自国を「大陸国家」（País Continental）と呼んだり、格差社会故にインドとベルギーが同時に存在する社会「ベリンディ

1　最小の行政単位である基礎自治体ムニシピオ（município）のこと。

ア（Belíndia）」と呼んだりしている。

　しかも地方差ばかりではない。一つの町の中でも、貧困層の住宅地と高所得層の住宅地は明確に分かれている。スラムに行くと、店の入口にビールの値段が板切れに書かれているだけのバラック建てのバーがある。この地域の住宅は上下水道の設備が不充分で、時として住民は疫病に悩まされる[2]。飲料水の確保は、今世紀に入り改善されたとはいえ、スラムや低所得層の人びとにとり日々の重要な仕事である。他方、高額所得者は高い塀をめぐらした高級住宅街に住んでいる。庭には番犬を放し、入口には24時間体制で警備員を置き、ガレージには電動シャッターを設置している。貧困者と高所得者の子弟の通う学校は、質、費用ともに大いに異なっている。教育年数も違う。この結果、貧困者と富裕者の形成するそれぞれの文化は異なるものとなる。ブラジル人に多様な個性がみられるならば、それは社会文化的格差がもたらす一つの結果ともいえよう。日本のように教育レベルに大きな差がなく、中間層が厚いといわれてきた社会では、同じ価値観と同じ消費行動を住民の間で共有しやすい。

社会格差の起源と現在

　地域間や階層間にみられる「貧富の格差」は植民地時代以来の伝統で、これらがブラジル社会の特徴を作り出してきた。16世紀から19世紀までの植民地時代に奴隷制を基盤にして形成された北東部社会、19世紀以降ヨーロッパ移民の賃金労働者によって形成されてきた南部、南東部社会、輸出農業や奴隷制度が展開せず、20世紀に入って本格的な開発が始まり、人口の割合やGDPの割合も小さい中西部と北部といったように、歴史が地域的相違を作り出してきた。今日北東部は伝統的な社会として特徴づけられ、南東部、南部の社会は近代的な発展を遂げた地域とされ、中西部から北部にかけては新たな経済開発を遂げつつある地域として期待されている。

2　『世界子供白書2012』によれば、2008年のブラジルで「改善された水源を利用する人の比率」は全国平均では97％になるが、農村では84％である。同様に「改善された衛生施設を利用する人の比率」は全国平均では80％であるが、農村では37％にすぎない（ユニセフ 2012: 98）。

　20世紀半ば以降に国民教育や社会福祉の制度化が進められたが、「失われた10年」と称される1980年代にブラジルでは貧富の差が拡大した。ところが、グローバル化が進む20世紀末には格差が拡大はしたが、同時に社会的弱者に対する目配りもなされるようになった。「市民意識」「人権」「富の再分配」といった、それまでのブラジルでは最も欠落していた概念が、急速に住民全体に浸透したのである。世紀末以降ブラジルは、大きな変貌への道を歩んできた。住民の年齢構成をみると、19歳以下の人口が減少しており、すでに「若い国」ではなくなりつつある（図序-2）。とはいえ植民地時代から続く大土地所有者と貧農間の貧富の格差が消滅したわけではない。21世紀に入って導入された富の再分配システムは確かに、低所得層の生活水準を引き上げることにはなったが、2016年のCIAによるブラジルのジニ係数は0.519と、依然0.5を上回っており、ラテンアメリカ21カ国中第8位の高い数値である（表序-2）。世界145カ国中のブラジルのジニ係数の順位は、16番目の高さである。

図序-2　ブラジルにおける人口構成（性別・年齢別）2010年

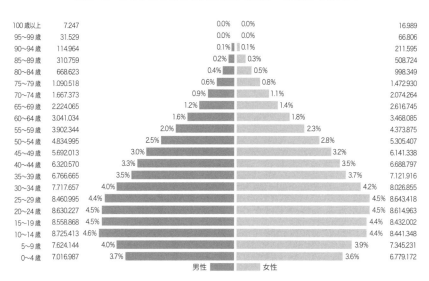

出所：IBGEウェブサイト http://censo2010.ibge.gov.br/sinopse/webservice/frm_piramide.php
　　　（最終閲覧日2012年5月10日）

表序-2　ラテンアメリカ諸国のジニ係数一覧（2016年）

順位	国名（世界145カ国順位）		数値*
1.	ハイチ	（5位）	0.608
2.	ホンジュラス	（8位）	0.577
3.	コロンビア	（11位）	0.535
4.	パラグアイ	（12位）	0.532
5.	グアテマラ	（13位）	0.530
6.	チリ	（14位）	0.521
7.	パナマ	（15位）	0.519
8.	**ブラジル**	（16位）	0.519
9.	コスタリカ	（19位）	0.503
10.	エクアドル	（23位）	0.485
11.	メキシコ	（25位）	0.483
12.	ドミニカ共和国	（27位）	0.471
13.	エルサルバドル	（29位）	0.469
14.	ボリビア	（31位）	0.466
15.	アルゼンチン	（38位）	0.458
16.	ジャマイカ	（40位）	0.455
17.	ウルグアイ	（41位）	0.453
18.	ペルー	（42位）	0.453
19.	ガイアナ	（45位）	0.446
20.	ニカラグア	（59位）	0.405
21.	ベネズエラ	（68位）	0.390

*その他ラテンアメリカ諸国など（プエルトリコ、トリニダド・トバゴ、ドミニカ、キューバ、バルバドス、バハマ、アンティーグア・バルブダ）のデータはなし。
*データの年は国によって異なり、1995年－2014年のもの。
出所：https://www.cia.gov/library/publications/the-world-factbook（最終閲覧日2016年11月15日）

　以上のようにブラジルには、住民、気候、地域の多様性がありながらも、南米唯一のポルトガル語圏の国として統一が保たれてきた。しかし、これら多様性は、単なる多様性ではなく、そこには社会文化的多様性をもたらしている社会経済格差が植民地時代から続いてきたという歴史的事実も存在している。次章では、ブラジル社会を特徴づけてきたブラジル住民の人種的民族的多様性を歴史的かつ社会的側面から紹介する。

第 **1** 章

社会形成の歴史

本章第1節、第2節、第3節は三田千代子「多人種多民族社会の形成と課題」（丸山浩明編『ブラジル』世界地誌シリーズ6、朝倉書店、2013年、48 – 62頁）を軸に論述を発展させたものである。

第1節 住民の多人種多民族化

先住民と植民者ポルトガル人の出会い──多民族化の始まり[1]

　今日のブラジルの多人種多民族社会の起源は、1500年のポルトガル国王のブラジル発見宣言に遡る。インドのカリカット（現コーリコードのこと。コジコーデとも）を目指して航海していたカブラル（Pedro Álvares Cabral, 1467-1520）の率いるポルトガル艦隊が今日のブラジルの地に立ち寄り、十字架を建ててポルトガル王の所有であることを宣言した。その後カブラルは先住民と最初の交易を行い、鋏や小刀といった刃物との交換に水と薪を補給し、リスボンから乗船させていた流刑人（政治犯）を情報収集のために下船させた後、カリカットに向かった。新しい土地の情報を手にしたポルトガル王マヌエル1世（Manuel I, 1495-1521）は、1501年、直ちに探検隊をブラジルに送った。1503年にはすでにリスボンに、先住民と赤色染料の原料となったブラジル木がもたらされていた。ブラジル木の供給地としてポルトガル人のみでなくフランス人やスペイン人もブラジルに渡るようになり、ブラジルではヨーロッパ人による多人種多民族化が始まった[2]。

　先住民にブラジル木を伐採運搬させるためにヨーロッパ人が、一時的にしろ永続的にしろブラジルに定住した。またブラジルの海岸地帯には、船が難破して流れ着いたヨーロッパ人の姿もみられた。新しい土地の情報収集のために死罪を免れて流刑人となったポルトガル人もさらにこの地に移住させら

1　詳細は拙稿「ブラジルにおける2つの世界の出会い──ヨーロッパ人の記録」（アンドラーデ、グスタボ編『イベロアメリカの誕生と形成』上智大学イベロアメリカ研究所、1992年、17－26頁）参照。
2　例えば、リュファンの『ブラジルの赤』（リュファン，J.『ブラジルの赤』野口雄司訳、早川書房、2002年　Rufin, Jean-Christophe, *Rouge Brésil*, Édition Gallimard, 2000）は、マルタ騎士団のヴィルガニオン（Nicolas Durand de Villegagnon, 1510-71）の南極フランス建設を扱った歴史小説である。フランスのル・アーブルを出港した船は多様なヨーロッパ出身の人びとや生活用品を運び、南極フランスの拠点となった今日のリオでは先住民やポルトガル人と出会った様子が描かれている。

れてきた。これらヨーロッパ人は、先住民と生活を共にすることで生き残った。単身でブラジルに渡ったヨーロッパ人男性は、先住民女性との間にブラジル最初の混血者マメルコ（mameluco）を誕生させている。植民地ブラジルに初めてポルトガル人女性が渡ったのは1551年のことで、それまでのポルトガルによる植民地開発は単身のポルトガル人男性のみによって進められた。この結果、ブラジル住民の混血化は急速に進んだ[3]。ブラジルが発見されて50年、本格的な植民地開発が始まって20年足らずの1550年にはすでに、いわゆる4分の1混血者（quarter-breeds）が誕生していた。こうした早期に始まったブラジル住民の混血化を前出のダルシー・リベイロはまさに「るつぼ」[4]と呼んで、米国の人種関係との違いを示した。

　ポルトガル王は1530年に探検隊を派遣し、本格的な植民地支配に着手した。植民地ブラジルの地を15の行政区（カピタニア）（20頁、図1-3参照）に分割し、それぞれの行政区の開発権と統治権を開発能力と資金を有する貴族や高級官僚ドナタリオ[5]に与え、ポルトガルの植民地としてブラジルの地の占有を開始した（コラム1-1「世襲カピタニア制とセズマリア制」参照）。

　ブラジル発見当時、現在ブラジルの領土となっている広大な地域に約4,000万人の先住民がいたと推定されている。これら先住民は5万年前頃にウラル山脈あたりからベーリング海峡を渡って北米から南米に達したグループ、マレーシア及びポリネシアから南太平洋を渡ってきたグループ、さらにオーストラリアから同様に南太平洋を渡ってきたグループを先祖としていると推定されている（Silva 1992: 24-25）。ブラジルの先住民は主に4種族に分類できるとされている。すなわち、大西洋岸と奥地で生活していたツピー族、主としてブラジル中央高原で生活していたマクロ・ジェー族、アマゾン川流域から

3　例外的に、「発見」まもないブラジルに家族を伴って渡った人物がいた。ユダヤ教徒からキリスト教に改宗したフェルナン・デ・ノロニャ（Fernão de NoronhaあるいはFernando de Noronha, 1470-1540）は、新キリスト教徒（クリスタン・ノヴォ）として今日のペルナンブコ州沿岸のノロニャ島に最初の開発者として1504年に渡り、ブラジル木の伐採輸出で巨額の富を築いた。

4　クニャディズモ（cunhadismo）のことで義兄弟姉妹（cunhado(a)）と鋳造（cunhagem）からの造語。

5　カピタニアの下賜を受けた者が"donatário（下賜を受けた者の意）"と呼ばれた。

アンデス山脈で生活していたヌー・アルアク族、アマゾン川流域北部で生活していたカリブ族で、それぞれが固有の生活を営んでいた。ここに植民者のポルトガル人は奴隷労働を前提とするプランテーション農業を植民地産業として導入したのである。

　スペイン植民地のように換金性の高い貴金属が当初発見されなかった植民地ブラジルでは、ヨーロッパ市場向けの砂糖産業が植民地開発の基盤産業として導入された。ポルトガル植民者は砂糖産業の労働力を当初、先住民の奴隷化に求めた。しかも先住民が利用してきた土地をプランテーション農園としてポルトガル植民者は開発したのである。ブラジルの先住民は焼畑農業を営みながら、獲物を求めて一定の範囲を小集団で移動する非定住民族であり、ポルトガル王国が展開しようとしていたプランテーション農業の労働にはなじまなかった。入植者のポルトガル人は度々先住民部族の抵抗に遭い、先住民の奴隷化は順調に進まなかった。

　しかも先住民は、奴隷狩りやヨーロッパ人のもたらした疫病の犠牲となり、その数は減少した。生き残った者はアマゾンの密林の奥深くに逃げ延びた。さらに新大陸アメリカでカトリックの布教を目指していたイエズス会は先住民の奴隷化に反対し、ポルトガル国王は先住民奴隷の解放を1570年に勅令を発して命じている。以後、アフリカからの黒人奴隷の輸入が本格化し、ブラジル住民の多人種多民族化は次の段階に入った。

　先住民の生活様式はポルトガル人が新しい自然環境に適応するのに利用された。熱帯気候の中でのハンモックの使用や小麦代わりのキャッサバ（マニオク、タピオカとも）が植民者ポルトガル人の食生活の一部となり、今日においても広くブラジルで用いられている[6]。また先住民が用いていた地名（例えば、イグアスー、イタペチニンガ）や動植物の名称（例えば、アンタ、ジェニパポ）はそのままブラジルのポルトガル語の中に定着した。

6　例えば、日本でもポンデケージョ（pão de queijo）として知られるチーズを用いたパンは、このキャッサバを用いて作られている。もともとは18世紀に現在のミナスジェライス州で製造されるようになったが、現在はブラジルのどこでも食することができるブラジルを代表するパンである。

黒人奴隷制度と家父長支配

　植民地ブラジルでは、奴隷制は大土地所有制及び家父長制度と一体になって、社会の構造化が進められた。ブラジルの奴隷制度は、1888年の廃止宣言まで350年以上にわたって続いた社会経済制度である。

　ヨーロッパ市場向けの商品生産を義務づけられた植民地ブラジルでは、安価で大量の輸出産品が奴隷労働を用いて生産された。輸出品の変化とともに生産地はブラジルの各地域を移動した。その結果ブラジルの奴隷制度は、特定の地域に限られた社会制度ではなく、全土的制度となった。商品の流通過程で利潤を追求する重商主義下では、黒人奴隷そのものが交易品としてポルトガル商人に利潤をもたらす商品であり、植民地の生産者に労働力として売却された。

　黒人奴隷の輸入はブラジルではアメリカ大陸のいかなる地域よりも積極的に行われた。15世紀から19世紀にかけて約300年間続いた奴隷貿易によってアフリカ大陸から新大陸に運ばれた奴隷の数は少なく見積もっても950万人程と推定され、このうち約4割がブラジルに渡ったとされている (Ianni 1978: 59) [7]。

　奴隷労働は、植民地時代の初期にブラジル北東部地方を中心に導入された輸出農業の砂糖産業にまず用いられた。砂糖産業は、広大な砂糖きび農園（ファゼンダ）に、製糖・火酒工場（エンジェニョ）、奴隷主の館（カザ・グランデ）、奴隷小屋（センザラ）を備えた大農園で展開した（詳細は第2章104－107頁参照）。砂糖産業を基盤に形成された植民地ブラジルの社会構造は、支配層に奴隷主を、底辺に奴隷を位置づけた閉鎖的な階層社会で、これら2つの階層の間に奴隷主でも奴隷でもない貧困の自由人が位置づけられていた（図1-1）。これらの3社会階層はそれぞれ身体的特徴と密接に結びついていた。大土地所有者であると同時に奴隷主であった支配層は「ブランコ（白人）」とされるポルトガル人あるいはその子孫によって形成されてい

7　ただし、近代奴隷貿易で取引された黒人奴隷の数値は論者により多様である。例えば、ダニエル・P・マックスは、奴隷貿易の行われた1518－1865年に、控えめに見積もって1,500万人がアフリカから奴隷として新大陸に強制移住させられたとしている（マックス 1976: 7）。また、ブラジルの奴隷の数についてブラジル地理統計院（IBGE）は、1531－1855年に409万400人が取引されたとしている（IBGE 1990: 60）。

図1−1　植民地時代の社会階層構造

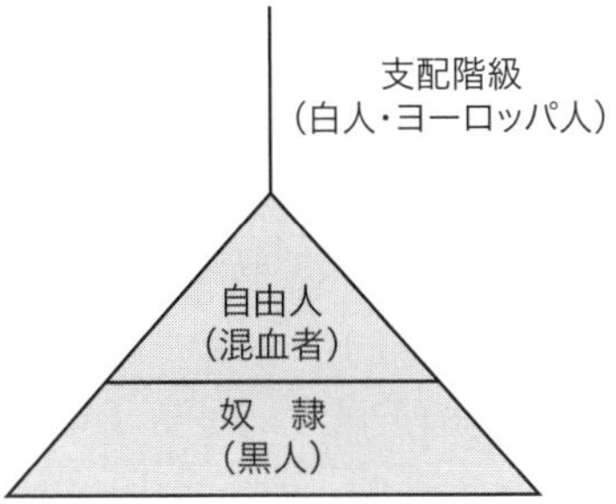

```
              支配階級
           （白人・ヨーロッパ人）

              自由人
             （混血者）
              奴　隷
             （黒人）
```

出所：Ribeiro（1995），p. 211.

た。中間層を形成した貧困の自由人は、ムラトやメスチソと呼ばれた黒人と
白人の、あるいは白人と先住民の混血者であり、原始林の開拓や輸送用家畜
の飼育に商品の運搬といった輸出産業の2次的活動に従事した。また、ラティ
フンディオ（大土地所有者）の広大な土地の中で商業栽培に利用されていな
い土地で自給農業に従事し、農園主（＝奴隷主）に依存する不安定な生活を
強いられた人びとである。最下層に位置づけられる奴隷は「ネグロ」と呼ば
れ、奴隷主の所有物として商業農業にはもちろん、奴隷主の館内の労働にも
従事した。商品でもあった奴隷は、奴隷主にとり富と権力の象徴でもあった。
　こうした身体的特徴あるいは民族的出自を基盤にして形成された植民地の
社会構造は17世紀に確立した。その後、ヨーロッパ市場向けの商品生産が
金やダイヤモンドの採掘、コーヒー栽培と変化することによって、それぞれ
の主な生産地が今日のミナスジェライス州、リオデジャネイロ州、サンパウ
ロ州に移動した。これにともない奴隷制度も北東部から南東部へと移動し、
奴隷貿易が禁止された1850年には全国的制度となっていた。

奴隷と奴隷主の社会秩序

　奴隷制社会では社会的差別は本質的なもので、奴隷には義務が強いられ、
奴隷主は絶対的な権力を揮った。すなわち、労働はすべて奴隷の仕事であり、
自由は奴隷主のみに認められた。財産は奴隷には保証されず、土地の所有は
奴隷主のみに認められた。法的差別は明確で、奴隷は奴隷法の下に置かれた。

15

奴隷は農園での労働以外に家事労働者や職人として多種多様な仕事に従事させられたが、聖職に就くことは認められていなかった。したがって、司祭を輩出した一族は「純粋な人種」であることの証となり、司祭は一族の誉れであった。さらに言葉使いや挙措にも奴隷と奴隷主の間には明確な相違があり、履物の使用は奴隷制度が廃止されるまで奴隷には許されなかった。

　奴隷の行動に関する社会的コントロールの形態は、社会の他の成員には用いられない強制的、抑圧的、暴力的なものであった。奴隷主と奴隷という社会秩序を維持するためにはこうした不平等は本質的なものであった。奴隷主の暴力的な扱いに対し、奴隷は農園管理人を殺害したり、あるいは自殺や逃亡を企てて反抗した。奴隷の抵抗は、時には反乱にさえ及んだ。奴隷制度時代を通じて社会秩序の維持のために農園主も帝国政府もたびたび討伐隊を派遣して、逃亡奴隷の共同体キロンボを破壊している（コラム1-2「キロンボ・ドス・パルマレス」参照）。

　身体的特徴と社会的地位が相関した奴隷制社会で、人種や皮膚の色に対する偏見が形成された。すなわち奴隷制度下では「ネグロである」ことは奴隷を意味し、「ブランコである」ことは奴隷主を意味した。後に奴隷制度が廃止された後も、社会階梯を上れば上るほど白い皮膚の色の住民が多数を占め、下がれば下がるほど皮膚の色の濃い住民が多くなるという、植民地時代の皮膚の色と社会階層の相関性はブラジル社会で維持された（図1-2）。

図1-2　社会階級と「人種」の相関性（1960年代）

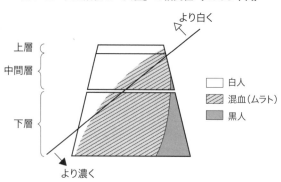

出所：Azevedo（1966），p. 39.

　奴隷制社会における差別の正当性は家父長制に求められた。生産単位であると同時に社会的政治的単位でもあった砂糖きび大農園は、生から死に至るまでブラジル住民の基本的な諸欲求を満たす諸機能を備え、18世紀に都市社会が出現するまで、ブラジル住民の宇宙であり、世界であった（106頁、図2-2参照）。植民地時代のブラジルの家父長的奴隷制社会を描いて西洋世界でよく知られることとなったブラジルの社会史家ジルベルト・フレイレ（Gilberto Freyre, 1900-87）は、砂糖きび農園の家父長制下の機能として住居、教育、病院、治安、祈りの場といった多様な機能を挙げ、都市化によって社会機能が分化される以前のブラジル社会を描いた。こうした社会、経済、政治、文化の諸機能を備えた農園を統率した農園主は、一族の家長として家族や奴隷ばかりでなく、擬制親族である寄宿人（agregado）、庶子、小作人といった大農園に依存して生活する人びとにも強力な権力を行使した（107頁、図2-3参照）。大農園に従属して生活するすべての住民に対して家長が行使した絶対的権力は、時には生殺与奪にも及んだ。原始林に囲まれて孤立していた広大なプランテーション農園内で揮われた家長の絶対的権力は、その農園の住民が生き残るための手段でもあった。今日のように、民主的手続きを踏みながら時間をかけて成員間の合意を取り付けていくような余裕は、当時の大農園には存在していなかった。本国政府の行政権が各農園に及ばない以上は、自衛が自らを守る手段であり、絶対的な権限を有するリーダーシップが必要とされたのである。

　奴隷制家父長制度下で財産を増やし、一族成員の数を増加させ、血の純潔を守るための重要な手段の一つが婚姻であった。配偶者の決定は家長が行い、一族の結束を強化し、財産を拡大するには内婚制が好しとされた。しかも死亡率の高かった当時、婚姻による新しい結びつきが一族にとって有利と考えられるとその婚姻は、早期に行われた。花婿は14〜15歳、花嫁は12〜13歳という婚姻が行われさえした。したがって、家父長制下では幼児期は短く、早熟が期待された（Freyre 1978: 341）。

　家父長制度下で妻や娘が男性の支配下に置かれた一方で、男性には自由が与えられていた。女奴隷との性的交渉は頻繁に行われ、妻はそれを黙認しな

ければならなかった。19世紀中頃ブラジルに滞在したイギリス人女性が、家
父長制家族の中で若い母親が10人程の子どもを育てているのを見て驚いてい
る。「そのうち一人か二人だけが、その母親の子どもで、あとの残りは夫の子
どもであった。たくさんの庶子が嫡子と同じ教育を受けて育てられていた」
(Leite 1984: 43)。こうした異母兄弟は一般に黒人奴隷を母親とし白人奴隷主を
父親として誕生した混血者で、一族の数を増やし、その一族の政治力や軍事
力を拡大する手段の一つとなった[8]。

独立（1822年）後も大土地所有制を基盤に続いたこのブラジルの奴隷制度
と家父長支配は、奴隷として黒人人口が導入されたことによって社会の多人
種多民族化と混血化を促進した。奴隷貿易と奴隷制度の双方が依然継続して
いた1800年の住民統計によれば、白人人口は住民の22％、黒人人口は48％、
残りの30％が白人でも黒人にも分類されない多様な身体的特徴を有する混
血者であった。このように多様な身体的特徴を有する住民によって植民地時
代よりブラジル社会は形成されてきたのである（表1-1）。

表1-1　人種構成の推移（1800 - 2010年）

単位：％

民族・人種 \ 年	1800年	1880年	1890年	1940年	1950年	1960年	1980年	1995年	1999年	2010年
白　人	22.24	38.14	44.08	63.46	61.66	61.03	54.77	54.36	54.02	47.73
黒　人	47.80	19.68	14.66	14.64	10.96	8.71	5.89	4.39	5.39	7.61
*混血者	29.76	42.18	41.26	21.21	26.54	29.5	38.45	40.11	39.94	43.13
黄色人				0.59	0.63	0.69	0.63	0.48	0.46	1.09
先住民								0.11	0.16	0.43

*混血者とはポルトガル語の "pardo" を日本語表記として用いた。日常語のcaboclo, mulato,
moreno などの多様な身体的特徴の混血者を統計上は "pardo" と一括して分類している。
出所：三田千代子編『ブラジル社会論資料集』上智大学ポルトガル・ブラジル研究センター、2006
年、3頁。*Almanaque Abril, 2012*, p. 119.

8　さらに、カトリックの儀式である代父母制（名付け親制）は家長の権力と威信の強化
拡大に利用された。代父母と代子と実の父母との間に生涯にわたって社会的相互支援関
係が維持され、親族と同等の擬制親族の一部を形成した。代父母は同じ社会階級のみな
らず、異なる社会階級間にも求められたことから、階級意識がブラジルでは希薄となり、
ネポチズモといわれるパトロン・クライアント関係の出現を容易にした。このネポチズ
モは帝政後のブラジル政治の特徴となるオリガーキー支配につながった。1930年以降、
政治形態としてのオリガーキー支配は後退するが、ネポチズモは、その後もブラジル社
会の特徴の一つとして残った。

コラム 1 - 1

世襲カピタニア制とセズマリア制──大土地所有制の起源

　世襲カピタニア制（capitanias hereditárias）はポルトガル王室の版図に植民地として組み込まれたブラジルにジョアンⅢ世が導入した植民地開発制度である。ジョアンⅢ世は1534 − 36年に15の行政区分（各区分をカピタニアと呼ぶ）に分割して、ドナタリオ（donatário）と呼ばれる開拓資金のあるポルトガル貴族12人に分譲した。各カピタニアは大西洋岸からトルデシリャス境界線に向かって幅30 〜 100レグア（1レグア＝6.6km）に分割されたが、トルデシリャス境界線までの実質的な距離は不明のまま開拓は進められた。ドナタリオは各カピタニアの所有者ではないが、土地の利用権が与えられ、行政、防衛、開発、納税が義務づけられていた。行政官としてのドナタリオは、カピタニアの最高司令官（カピタン・モール）とされた。さらにドナタリオには、カピタニアの長子相続が義務づけられており、カピタニア開発の義務は子々孫々に及んだ。新植民地ブラジルの開発資金を十分にもたないポルトガル王室が植民地ブラジルを開発するための一つの手段として導入したのがこの世襲カピタニア制であった。

　植民地開発の初期にはドナタリオは先住民の襲撃に遭ったり、開発資金不足となったり、あるいはドナタリオ自身が行方不明になったりした。また、カピタニアの下賜を受けながらも、植民地ブラジルに赴かないドナタリオもいた。王室はドナタリオが不在となったカピタニアを接収して開発にあたった。最初の総督府が置かれたサルヴァドル（Salvador）市は、継承者がなく放置されたカピタニア、バイアデトドスオスサントス（Bahia de Todos os Santos、現在のバイア州の一部）を初代総督トメ・デ・ソウザ（Tomé de Sousa, 1549-53）が接収し、建設したものである。

　カピタニアの使用権を委譲されたドナタリオは、ポルトガル人（以外でも可）でキリスト教徒の植民者（コロノ colono）にそのカピタニアの土地の一部を未開拓地（セズマリア sesmaria）として無償で分譲することが義務づけられていた。未開拓地を与えられた植民者のセズメイロ（セズマリア）（sesmeiro）には、収穫物の一部を税金として納めることが義務づけられていた。ドナタリオ自身にもセズマリア一区画の所有が認められており、平均幅10 〜 18レグア程度の土地を所有した。ドナタリオは同時にセズメイロでもあった。

　原則的にセズマリアの譲渡は1人1回1世代限りとされたが、実際には一族のさまざまな名を使い数度にわたって譲渡を受けた。今日のペルナンブコ州にあたるカピタニアには、一族の名義で500平方レグア（1平方レグア＝6.6²km）を所有するセズメイロがいた。また、バイアのカピタニアの奥地はたった2人のセズメイロによって所有されていたといわれる。

　世襲カピタニア制は1759年に廃止されるが、セズマリア制はヨーロッパ移民が奴隷に代わる労働力として導入されるまで続いた。独立宣言直前の1822年7月にセズマリア制が廃止され、土地の取得にあたっては必ずしも土地譲渡を受ける必要はなくなった。さらに奴隷貿易が廃止された1850年には外国移民導入の促進を目的に、売買によってのみ土地の取得を可能とする新しい土地法が制定された。しかし、300年以上に及ぶセズマリア制の結果、ブラジルは大土地所有制度が強固に残る社会となった。ヨーロッパ移民に小土地所有を保証して植民による開発を進めることができるようになったのは、18世紀に新たにブラジルの版図に組み込まれた南部地方のみで、それ以外の伝統的な地域では大土地所有制が継続することになり、ブラジル社会に深刻な社会経済問題をもたらす原因の一つとなってきた（図1–3）。

図1–3　カピタニア分割

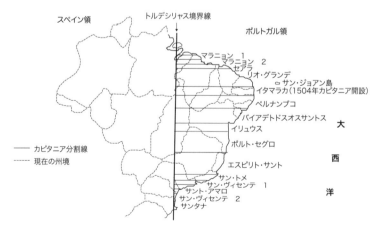

出所：http://geoconceicao.blogspot.com/2012/07/capitanias-hereditarias.html（最終閲覧日2016年11月15日）より作成

キロンボ・ドス・パルマレス[9]

　ブラジルの奴隷制度の歴史は、奴隷制度に対する抵抗の歴史でもある。知らぬ土地に奴隷として突然移植された黒人は、奴隷主の非人道的な扱いに多様な形で抵抗した。絶食したり土を食べたりして自殺を図った。奴隷主（とその家族）や奴隷管理人の殺害、女奴隷による堕胎や嬰児殺し（女奴隷の子どもは奴隷主の所有とされた）も行われた。集団蜂起やその他の多様な反乱にも参加して奴隷制度に抵抗した。こうした奴隷の抵抗の一つに農園からの逃亡があった。

　逃亡奴隷の捕獲引き渡しを生業とする職業（o capitão do mato）もあったほど、奴隷の逃亡は頻繁に行われていた。密林の奥深くに逃げ込んだ奴隷が、奴隷制社会の外で生き残るために仲間と共同して建設したのが逃亡奴隷の共同体キロンボ（quilombo）である。キロンボは奴隷制が導入された地域ではどこにでも形成され、北は今日のアマゾナス州から南はリオグランデドスル州にまで存在しており、今日でもキロンボの存在は各地で確認されている。キロンボは植民地統治を脅かし、独立後は国家安全の脅威であった。とりわけ、パラグアイ戦争（1865 – 70年）以後のキロンボの増加は、1888年奴隷制度廃止の大きな要因となった。数千に及ぶ多数のキロンボの中で、その規模においても存続期間においても最大でかつ最長の期間を誇ったのが、カピタニア・ペルナンブコ奥地に形成されたパルマレスのキロンボである。

　キロンボ・ドス・パルマレス（Quilombo dos Palmares）の萌芽は1590年頃に遡り、今日のアラゴアス州のバリガ山脈のヤシの木（palmar）の森林地帯に逃げ込んだ奴隷が、生き残りをかけて助け合いながら生活を始めたことによる。1600年には45人の逃亡奴隷のキロンボとして確認されている。土地を共有して農業と狩猟漁業に従事し、時には生産物を近隣の村落で武器、工具、布などと交換していた。最盛期にはその広さは今日のアラゴアス州とペルナンブコ州にまたがる150km×50kmに及び、人口は2万人を擁していたとされる。17世紀末のブラジルの総人口が24万〜30万人と推定されていることを考慮すると、パルマレスの存在は植民地政府にとって脅威であったことが十分理解できる。キロンボの住民は逃亡奴隷ばかりでなく、先住民や

御尋ね者、貧しい白人、ユダヤ商人、イスラム教徒などによる多民族の共同体であった。

　1694年にペルナンブコのドナタリオが派遣したバンデイランテ（奥地探検隊）に壊滅させられるまで、オランダ人やポルトガル人による討伐が何度も繰り返された。パルマレスを率いて最後のリーダーとなったズンビ（Zumbi）は、パルマレス生まれの逃亡奴隷の子で幼い頃、逃亡奴隷捕獲部隊に誘拐され、司祭に預けられて育ち、識字教育も受けてミサの手伝いをしていたが、15歳のとき教会を逃げ出してパルマレスに戻った人物である。ズンビは1678年から92年まで通算16回の討伐隊反撃の指揮をとった。1694年の襲撃でパルマレスの首都マカコが陥落すると、ズンビは逃れた。しかし翌年1695年11月20日、捕らえられて殺害され、その首はみせしめのために公共広場に曝された。

　パルマレスを率いたズンビは、20世紀半ば以降の反人種主義を掲げる黒人運動のシンボルとなり、1997年にブラジリアの国家英雄殿堂にその名が刻まれた。ズンビが死亡した日は「黒人自覚の日」として国の記念日となっている。現憲法は今日まで存続している各地のキロンボの土地の所有を認め、その実行機関としてパルマレス文化財団（Fundação Cultural Palmares）を創設した（1988年）。パルマレス財団はブラジル国内に672カ所のキロンボを1998年に確認したが、その後も新たなキロンボが名乗りを上げ、2012年には総数1,886カ所が認定されている。現在3,000カ所以上の存在が確認されており、キロンボ在住の人口は250万人になると推定されている。これらキロンボの7割以上は、バイア州とマラニャン州を中心に北東部地方に集中している。これに続くのは、南東部のミナスジェライス州とサンパウロ州で、これらキロンボにはブラジルの奴隷労働導入の歴史が反映されている。
（キロンボに関する上記の数値は2003年に大統領府内に創設されたSecretaria de Políticas de Promoção da Igualdade RacialのHPによる。）

9　今日Mercosulの文化遺産に指定されており、観光地の一つとなっている。「闇から光へ——逃亡奴隷の闘い」というタイトルの記事で『ナショナルジオグラフィック』（2014年4月号135 – 151頁）にキロンボが紹介されている（英語版"Where Slaves Rules" *National Geographic*, April, 2021, pp. 122-139)。

第2節 外国移民と「脱阿入欧」

奴隷制の終焉とヨーロッパ移民

19世紀に始まるヨーロッパ移民の大量の導入によって再度ブラジルでは、住民の人種的民族的構成が変化した。

宗主国ポルトガル王国は1808年、ナポレオン軍のリスボン侵攻を前に植民地ブラジルに宮廷を移転し、リオデジャネイロ（以下リオ）を首都として亡命政府を樹立した。王室の亡命を助けたのは英国で、その引き換えにブラジルの開港をポルトガル王室に約させた。そこにはブラジルを英国工業品の消費市場として手中に収めたいという野心があった。亡命政府は開港して外国人の入国を認めると同時に、土地の取得を譲渡と世襲に限っていた土地制度セズマリア制を廃して、最終的には売買による土地の取得を可能とする道を開いた。これにより海外から農業移民の誘致が可能となった。

1818年、スイス移民による最初の入植地が、現在のリオデジャネイロ州のノヴァフリブルゴに建設されると同時に、ハプスブルク家から嫁いだ皇太子妃の名を冠した入植地レオポルディナが、バイア州にドイツ移民によって建設された。しかしいずれの入植地も、熱帯というヨーロッパ移民にとっては未知の気候であったために失敗に終わった。以後、ヨーロッパ移民は主としてサンパウロ以南の地域に導入された。

1822年に帝国として独立したブラジルは、外国移民に補助金を与え、スイス、オーストリア、ドイツなどのヨーロッパ諸国からの移民を奨励した。また、外国移民が各農園で奴隷と共存することを禁止して移民を保護した。本格的なドイツ移民は1824年、現在のリオグランデドスル州のサンレオポルドの建設によって始まった。アソレスやポルトガルからの移民を除くならば、ブラジルの独立後に、外国移民として最初に入国したのはドイツ人であった。ドイツ移民は1824年以降、リオグランデドスル州やサンタカタリナ州に孤立した入植地を建設していった。

23

　ブラジルの外国移民には主に2つの形態がみられた。その一つは、領土の確保を目的に誘致された自営開拓移民である。ブラジルの広大な領土、主として南部の領土では、このヨーロッパ移民を導入して開拓が進められた。もう一つの形態は、サンパウロのコーヒー農園の賃金労働者として一定期間の就労を約した契約移民である。契約を終了した移民には主に3つの選択肢があった。すなわち、そのまま再契約してコーヒー農園にとどまるか、農地を購入して自営農になるか、都市に出て工場労働者になるかというものであった。後にサンパウロ市が工業化の中心となる2つの条件、労働力と消費市場がここに準備されていたのである。

　さて、17世紀後半ブラジルの砂糖産業は、オランダが資金を投じたアンティル諸島で砂糖産業が勃興すると次第に競争力を失い、18世紀には金やダイヤモンドの鉱業が新たな植民地産業として勃興した。しかし、ミナス地方（カピタニア・サンヴィセンテの奥地。現ミナスジェライス州）を中心に展開した鉱業も19世紀には衰退し、新たな輸出産品が求められた。そこに登場したのが、リオデジャネイロからサンパウロにかけて広がるパライバ渓谷で開発されたコーヒー産業である。19世紀中葉にはブラジルの輸出総額の半分を占める産業に成長した（表1–2）。1870年代になるとサンパウロ北西部でコーヒー農園の開発が進み、コーヒー産業は「緑の黄金」と呼ばれ、ブラジルの輸出経済の中心となっていた。ところが、イギリスの圧力を受けて

表1–2　輸出額の割合

単位：%

輸出産品	1821/30	1831/40	1841/50	1851/60	1861/70	1871/80	1881/90
コーヒー	18.4	43.8	41.4	48.8	45.5	56.6	61.5
砂　糖	30.1	24.0	26.7	21.2	12.3	11.8	9.9
皮革・毛皮	13.6	7.9	8.5	7.2	6.0	5.6	3.2
ゴ　ム				2.3	3.1	5.5	8.0
綿　花	20.6	10.8	7.5	6.2	18.3	9.5	4.2
たばこ			1.8	2.6	3.0	3.4	2.7
カカオ			1.0	1.0	0.9	1.2	1.6

出所：Silva（1992）, p. 165.

表1-3　奴隷輸入数推移（1842 - 56年）

年	輸入奴隷数（人）
1842	17,435
1843	19,095
1844	22,849
1845	19,453
1846	50,324
1847	56,172
1848	60,000
1849	54,000
1850	23,000
1851	3,387
1852	700
1853/56	128（年平均）

英国議会で奴隷船の拿捕と裁判を許可する
法案ビル・アバーンディーン法の通過

奴隷貿易禁止令エウゼビオ・デ・ケイロス
法令の公布

出所：Silva（1992），p. 168.

1850年に奴隷貿易を禁止することになったブラジルは、順調に発展するコーヒー経済を前に労働力不足に直面することになった。

　奴隷貿易の禁止とともに奴隷の価格は高騰し、奴隷の再生産が図られるが、奴隷数は順調に増えなかった（表1-3）。とりあえず、北東部やミナス地方から奴隷がコーヒー農園の労働力として移動させられた。しかしパラグアイ戦争（1865 - 70年）[1]を経験することでブラジル人は、隣接するラテンアメリカ諸国が独立とともに奴隷制を廃止して共和国となっていることを知り、旧態依然とした奴隷労働力に依存している帝国の後進性に気づかされた。さらに時を同じくして、何とかやりくりしていた国内の奴隷のストックも底をついた。企業家でもあったサンパウロのコーヒー農園主にとって高騰する奴隷労働を使用し続けることは非合理的なことであった。しかも、奴隷解放運

1　内陸国家パラグアイが海港の獲得を目的にブラジルとの間に引き起こした戦争であったが、ウルグアイやアルゼンチンとも交戦することになり、三国同盟（ブラジル、ウルグアイ、アルゼンチン）戦争ともいわれる。開戦前のパラグアイは南米一の識字率を誇り、最も発達した国であった。しかし、戦争によって男性の8割を失い、人口の9割が女性というきわめて均衡を欠く人口の状況になり、その後のパラグアイの歴史に大きな影響を与えた。

動が全国的な展開をみせるようになり、輸出産業に直接依存していない北部や南部は奴隷制度を漸次廃止していた。奴隷制度廃止に対する内外からの圧力を緩和するために帝国政府は、奴隷から生まれた子を奴隷主の意志により解放できる法（出生自由法[2]）を1871年に制定、さらに85年には、60歳を過ぎた奴隷の解放を命じる法（60歳台法[3]）を制定して奴隷制度終焉を阻止する懐柔策を講じた。しかし、奴隷の逃亡や私的解放が続き、奴隷制度の維持は不可能であった。1888年、実質的には奴隷制度消滅宣言である奴隷制度廃止令が発布された。

　ブラジルの奴隷制度の廃止は、パライバ渓谷の旧コーヒー地帯の農園主とサンパウロ北西部の新コーヒー地帯の農園主との間に多少の対立をもたらしはしたが、内戦を伴うような暴力的な対立には至らなかった。奴隷廃止論者は元奴隷をブラジル社会に適応させる手段として教育の必要性を説きはしたが、それは賃金労働者として再訓練するためであり、元奴隷が雇用主になることは考えていなかった。奴隷制度下の階層制度の人種的序列をそのまま階級社会に移行することを想定していた。常に他者のために労働を強いられてきた奴隷にとり、移民労働者のように労働の対価として賃金を手にし、それを自らが生きるために自由に使うことができるという根本的な価値転換は容易なことではなかった。何ら具体的保障も援助もなく白人社会に解放された奴隷は、農園労働者としても都市労働者としても移民労働者との競争に勝利することは困難であった。元奴隷の多くは自由の身分を確認するために都市に出たが、失業と貧困に直面し、その後も元奴隷は社会の底辺に位置づけられた（前節図1-2）。「奴隷は黒人、黒人は奴隷」という奴隷制度下の人種偏見に代わって、「黒人は貧乏、貧乏なのは黒人」という偏見が階級社会で作り出された。

　白人を頂点として混血者と黒人を社会の底辺に位置づけていた奴隷制時代

2　法第2040号。リオ・ブランコ法（Lei Rio Branco）とも称される。
3　法第3270号。サライヴァ・コデジペ法（Lei Saraiva Cotegipe）とも称される。60歳以上の奴隷の解放にあたっては、奴隷主に対する補償として3年間奴隷主の下での就労を可能とした。ただし、奴隷の就労年齢は65歳までとされた。

の社会階層制度は、奴隷制廃止とともに消滅しなかった。奴隷制度廃止後も白人エリート層の階層はそのまま維持された。すなわち奴隷制度廃止とともに起こった共和主義革命は「白人の革命」にすぎず、奴隷である黒人の社会的経済的解放をもたらす改革はなされなかったのである（Fernandes 1970: 392）。

住民の白人化

　奴隷制度が崩壊の過程をたどる中で、労働力不足を解決する必要に迫られたコーヒー農園主が、奴隷に代わる労働力として導入したのが、賃金労働者としてのヨーロッパ移民であった。1886年、サンパウロのコーヒー農園主（同時に企業家であり政治家）は「移民促進協会」（Sociedade Promotora de Imigração）を設立して、移民に渡航費や補助金を付与し、サンパウロ市内に移民収容所を建設して、ヨーロッパ移民の促進を図った[4]。1895年にこれらの機能をサンパウロ州政府が受け継ぎ、外国移民渡航費補助制度を設けてコーヒー農園の契約労働者を積極的に導入する政策が州のレベルで行われることになったのである。

　1819年から1947年までにブラジルに導入された外国移民の総数は約490万人と推定され、主な外国移民の出身地は、イタリア、ポルトガル、スペイン、ドイツ、日本、ロシアなどである（表1-4）。これらブラジルに入国した外国移民の半分以上が、コーヒー産業の中心地となったサンパウロ州に導入された（表1-5）。100年余の短期間における大量のヨーロッパ移民の導入は、従来のブラジル住民の民族的構成に本質的な変化をもたらした。

　白人の占める割合が増大したブラジルで住民は、コーカソイドの身体的特徴を急速に示すようになった。前述したように奴隷貿易継続中の1800年のブラジル社会は白人がマイノリティで、住民の約半分が黒人人口で、これに加え3割が混血者であった。ところがヨーロッパ移民の導入が開始されておよそ70年、奴隷貿易が禁止されて40年になる共和制下の1890年には、黒人

4　例えば、協会にはMartinho da Silva Prado Jr.、Raphael Aguiar Pais de Barros、Nicolau de Souza Queiroz、Antônio Pacheco Chaves、Benedito Vieira Barbosaといった政治家であると同時にコーヒー農園主が名を連ねている。

表1-4　ブラジルにおける国別入移民数（1819 – 1947年）

国	入移民数（人）	国	入移民数（人）
イタリア	1,513,151	イギリス	32,156
ポルトガル	1,462,117	リトアニア	28,961
スペイン	598,802	ユーゴスラビア	23,053
ドイツ	253,846	スイス	18,031
日本	188,622	フランス	12,103
ロシア	123,724	ハンガリー	7,461
オーストリア	94,453	ベルギー	7,335
シリア・レバノン	79,509	スウェーデン	6,315
ポーランド	50,010	チェコ	5,640
ルーマニア	39,350	その他	347,354
		合　計	4,903,991

注：数値はすべて原典のまま
出所：Carneiro（1950）.

表1-5　ブラジル入移民数推移 ―1（1913 – 20年）

単位：人

年	ブラジル全国	サンパウロ州	その他の州
1913	192,683	116,640	76,043
1914	82,572	46,624	35,948
1915	32,206	15,614	16,592
1916	34,003	17,011	16,992
1917	31,192	23,407	7,785
1918	20,501	11,447	9,054
1919	37,898	16,205	21,693
1920	71,027	32,028	38,999

出所：三田（2009）42頁.

の割合は15％に減少し、白人と混血者の割合はそれぞれ44％と41％に増加している（前節表1-1）。この1800 – 90年の間に白人人口は劇的に増加し、92万人から630万人と実数では7倍に膨れたことになる[5]。

19世紀末（1897 – 1906年）のコーヒー価格の世界的暴落[6]によりヨーロッパ移民の流入は一時後退するが、コーヒー産業の回復にともない外国移民も回復した[7]。さらに、第一次世界大戦後米国が南欧出身の外国移民の入国を制限すると、ブラジルには南欧からの外国移民がサンパウロ州を中心に増加している。

1930年代に入り州知事政治（Política dos Governadores）[8]が幕を降ろし、国家統合を目指したヴァルガス大統領（Getúlio D. Vargas, 1882-1954）が登場すると、国内労働者の育成に関心が寄せられるようになり、ブラジル連邦政府は外国移民の導入を制限するようになった。そして第二次世界大戦が終了しヴァルガスが下野すると、外国移民の入国はやや促進されはしたが、大戦前の20年代、30年代のような外国移民の導入に戻ることはなかった。大量移民が終了した1940年には、白人人口が住民の6割以上を占めるまでに増加し、ブラジル住民のマジョリティとなっている（前節表1-1）。

以上のように、19世紀から20世紀中頃まで続いたヨーロッパ移民の流入は、それまでのブラジル住民の民族的出自を多様化し、その人種的民族的構成に大きな変化をもたらした。1908年に渡航を開始したブラジルの日本移民も、ブラジル住民の民族的多様化をさらに促進した一つの要素ではある。

5　とはいえ、非白人（黒人及び混血者）の住民に占める割合は白人のそれを依然上回ってはいた。

6　例えば、1893年に60キロ4.08ポンドあったコーヒー価が、生産過剰のために暴落し、1899年のコーヒー価は1.48ポンドになった。1906年のタウバテ協約によってコーヒー価は一応落ち着いたが、最盛期の価格に戻ることはなかった（Silva 1992: 213-214）。

7　1907年のサンパウロの入移民数（4万人）は出移民数（4万4,000人）を下回った。また、イタリアは1889 – 90年及び1902 – 19年の2回にわたって自国民のブラジルへの渡航を禁止している。ドイツ、フランス、オーストリア、ハンガリー、スウェーデンなども次々ブラジル移民送出を禁止した。コーヒー産業が安定した後もドイツはサンパウロのコーヒー農園の移民としての送出を認めず、南部の自営開拓移民の送出のみを許可した。

8　有力な州の知事が交代で大統領になる政治形態。当時は、サンパウロ州とミナスジェライス州の各州知事が交代で大統領となった。当然のことながら、この政治形態を維持するための選挙投票のコントロールが行われていた。

ヨーロッパの人種主義とブラジル悲観主義

　300年にわたる奴隷貿易を通じてブラジルにはおよそ350万人のアフリカ黒人が奴隷として導入された結果、帝政時代のブラジルは社会文化的にアフリカ黒人の強い影響を受けた社会であった。ところが、19世紀初頭にブラジルの独立が達成されると、ヨーロッパ諸国との交流が自由に行われるようになり、ヨーロッパ文化が積極的に受容されるようになった。1850年代に実証主義や進化論がヨーロッパから紹介され、70年代にはこれらが知識人の間に浸透した。社会進化論の影響を受けたブラジルの知識人や上流階級は、ヨーロッパとは異なるブラジル社会の現実を劣性の証と捉え、反対に外国、特にフランスの文物は優れた物とみなして憧れるマゾンビズモ（mazonbismo）[9]と呼ばれる自国の社会文化に対する悲観的な態度を創り出した（コラム1-3「ブラジルとフランス」参照）。

　異種族混淆が植民地開発の初期より運命づけられていたブラジルでは、植民地時代に家父長的奴隷制度という社会経済的条件によってさらに促進された。この結果、19世紀中頃までブラジルの社会は、先住民のインディオ、ポルトガル人、アフリカ系黒人という3タイプの人種とこれらの交錯した混血者によって構成されてきた。独立以後ヨーロッパを範として近代社会を形成してきたブラジルの知識人は、ヨーロッパの人種主義と自国の住民の混血化の状況を前に狼狽した。ヨーロッパ王家の君臨する帝国でありながら、旧大陸では過去のものとなった奴隷制度が依然として存続しており、住民の多数が混血の有色人であるという社会の現実は、多くの知識人の悩みとなり、ブラジル社会は悲観的に解釈された。しかもこうしたブラジル社会の混血化は、住民の皮膚の色の混血のみを意味したのではなかった。ブラジルの奴隷制度下では、農業や鉱業の労働力として奴隷が使用されただけではなく、白人奴隷主の小間使いや料理人、さらに乳母としても奴隷が使われていた。黒人奴隷の作る料理を食べ、「黒いお母さん」と呼ばれた乳母の黒人奴隷に、

9　mazomboからの造語である。mazomboとはポルトガル人を両親として植民地ブラジルで生まれた者の蔑称で、口数の少ない陰気な人物を意味する。

奴隷主の子どもは育てられた[10]。奴隷の再生産にほとんど関心を示さなかったブラジルでは、1850年まで常にアフリカから直接奴隷が輸入されており、これらアフリカ直来の黒人奴隷が奴隷主の食事を作り、奴隷主の子どもを育てていた。支配層の子どもは黒人女奴隷からアフリカ起源のおとぎばなしを聞き、アフリカの子守歌に親しみ、アフリカの味を覚えて成長した。19世紀の中葉に、ロマン主義からリアリズムの橋渡しをした思想家であり、ブラジルの社会を悲観的に捉えた知識人の一人であったシルヴィオ・ロメロ（Sílvio Romero, 1851-1914）は、自分に最初のお祈りを教えてくれたのは「黒いお母さん」であったとその幼児期を回顧している（Freyre 1978: 354）。

　黒人の女奴隷によって育てられた白人の支配層の子どもたちが、アフリカ的要素に親しみを覚えながら成人したとしても不思議ではない。1710年にバイアを訪れたフランス人は、ブラジル人の黒人女性嗜好について次のような記述を残している。「ブラジルのポルトガル人は、美人の白人女性よりもむしろ黒人やムラト（白人と黒人の混血者を意味する）女性を好む。私はこの立派な好みの起源をたびたび尋ねたが、彼ら自身にはうまく説明ができなかった。たぶん、女奴隷によって育てられたことが、こうした結果をもたらしたのだろうと思う」（Rodrigues 1964: 56）。要するに、奴隷制度下でブラジルの支配階級の人びとは、生物学的にも文化的にもアフリカの影響を受けており、ブラジルには「アフリカ化」された社会が形成されていたのである。

人種主義者ゴビノーのみたブラジル

　人種主義を前にしてブラジルの知識人が狼狽する直接の契機となったの

10　ブラジルに導入された黒人奴隷は、多様な部族の出身であり、その文化的、言語的背景も多様であった。そうした黒人奴隷が、奴隷主の子どもを育てることができたのは、奴隷としてポルトガル語の習得は必須であったからである。奴隷として各農園に配置される時、同じ部族出身や同じ言語話者、さらに同じ奴隷船乗船者は避けられ、ポルトガル語によってのみ奴隷間でもコミュニケーションを取らねばならなかった。こうした方法は、奴隷の反乱を防ぐためであった。したがって、同じ農園内の奴隷同士でもポルトガル語を使用せねばならなかった。

は、たぶん、白人至上主義を唱え人種主義の父とされるゴビノー伯（Joseph Arthur Comte de Gobineau, 1816-82）が短期間ではあったが、フランス大使としてブラジルに滞在したことであろう。ゴビノー伯は1869年4月から1870年5月の14カ月間フランス大使としてリオに滞在し、皇帝のペドロ二世とはかなり親密な交際をし、ゴビノーの帰国後も両者の関係は続いた。各人種や民族の能力には生来差があるとして、白人、その中でも特にアーリアン系の白人の優越性を主張していたゴビノーは、混血者が住民の大半を占めるブラジルで耐えがたい日々を過ごし、友人に宛てた手紙の中でブラジルの混血化に対する憎悪を語っている。

　　ブラジルが私にとっていかに不快な地であるか、あなたには想像することができないでしょう。［中略］ブラジルでみられるような野蛮なことは、旧世界ではみられません。皇帝はアーリアン系であるが、ブラジルの住民はムラト以外の何者でもない最低のカテゴリーです。ムラトの住民の血も精神も腐敗しています。血の純粋なブラジル人は存在しません。白人・先住民・黒人との間の混血の組み合わせはとても複雑で、皮膚の色は微妙に違っており、とても多様です。こうしたものが上層下層を問わず住民の間にみられ、それはブラジルの最も悲惨な面です。［中略］家族に黒人や先住民の血を引かないブラジル人はいません。そこから歪曲したブラジル住民の諸要素が誕生しており、少なくとも見る者に不快な気持ちを起こさせます。［中略］最良の一族でも、黒人や先住民と混淆しています。先住民との混血から青銅色の見るも気味の悪い者が生まれています。王妃のまわりには三人の名誉ある貴婦人がいるが、その一人は茶色で、二人目は明るいチョコレート色で、三人目は紫色です。（Raeders 1988: 89-91）〔［中略］は筆者〕

　ブラジル住民を怠惰で無能な劣等民族とみなしていたゴビノーは、そもそもアメリカ大陸にやってきたイベリア半島の植民者そのものが純粋な白人ではなく、かなりメラネシア系の諸特徴をもった人びとと考えており、こうした人びとが新大陸で先住民や黒人と混血したことによって、ブラジルの住民の人間性が堕落したと捉えていた。しかも、新大陸にやってきた

ヨーロッパ移民のドイツ人もアイルランド人もフランス人も、ヨーロッパでは残り屑の住民で、彼ら自身がすでに混血で、特にイタリア人は、ラテン民族のすべての欠点をもっているとゴビノーは考えていたのである（Raeders 1988: 89）。こうしたすでに混血していたヨーロッパ移民が新大陸でさらに混血したことで、ブラジルや北米で破壊的な堕落をもたらすであろうと、ゴビノーは予測した。混血が人間性を堕落させる最大の原因であると考えていたゴビノーには、住民の大半が混血者であるというブラジルは救いがたい状況なのであった。

「脱アフリカ化」としての「白人化」イデオロギー

　人種主義の影響を受けて自国のアフリカ的な要素に対し強い劣等感を抱いたブラジルの知識層は、「脱アフリカ化」を目指してブラジルの住民を白人種の身体的特徴に近づけようとした。そこで住民の優性学的な改良を行おうとする「白人化」のイデオロギーを形成した。例えば、先述のロメロは、自国のロマン主義の詩をヨーロッパ文学、特にフランス文学の単なる真似と批判し、リアリズムを主張した作家ではあったが、その彼もこの人種主義の影響を受け、有色人が住民の多数を占めるゆえに、ブラジルを劣等な社会であるとみなしていた。「劣等な社会」を改善するために、当時本格的な導入が始まったヨーロッパ移民による住民の「白人化」に期待を寄せていた。ヨーロッパ移民がサンパウロ州や南部の諸州のみでなく全国に散らばることによってブラジルが改善されると期待した。

　熱帯の気候が人間を精神的にも身体的にも不健康にするという当時の科学的人種主義理論の影響を受けていたロメロは、「ひどい気候」の中に置かれた「劣等な三人種」が輝かしい未来を手にするには、アフリカ的な要素から解放されて「白人」になっていくことであると考えていた。こうしたブラジル社会やブラジル住民に対する悲観的な見方は、その後長い間、ブラジルの政治家や科学者に支持されるところとなった。ブラジルの黒人研究の先駆者となり、後の黒人宗教の研究に大きな影響を与えたニナ・ロドリゲス（Raymundo Nina Rodrigues, 1862-1906）も、ブラジル社会の発展の遅れは、黒人の存在にあ

ると解釈していた科学者の一人であった[11]。また、ブラジルが劣性な国であるという評価を恐れて、第二次世界大戦までブラジルは、有色人の外交官を決して海外に派遣しなかったともいわれる（ワーグレー 1972: 267）。ブラジル住民を白人にしたいという「白人化」イデオロギーは、具体的には移民政策に反映された。有色人の入国を制限して、ヨーロッパ移民を促進しようとする移民政策が、共和制の到来とともに導入されたのである。

　ヨーロッパからの本格的な移民の開始と並行して、外国移民の選別が行われた。黒人奴隷に代わる労働力として1854年、55年、66年と、中国人労働者が試験的に北東部の砂糖きび農園に導入された。初めてアジアの中国人に接したブラジル人は、その言語や服装、その他の習慣や挙措、さらにその身体的特徴に馴染めず、ブラジル人の血の純粋さを損なうことになるとして恐れ、中国人労働者の入国に反対した。やがて奴隷制度が廃止され、労働力不足は明白になったにもかかわらず、住民の白人的要素やヨーロッパ的要素を重要視するブラジルは、アフリカ系やアジア系の移民の入国に反対した。

　奴隷制度の廃止とともに帝政が崩壊し、ブラジルに共和国が誕生した（1889年）。新政府は、1890年6月28日の法令第528号（Decreto nᵒ 528, de 28 de junho de 1890）によって、原則的にアジア及びアフリカ生まれの者の入国を禁止し、アジア生まれの者に限って国会の特別許可による入国を認めた。つまり、アジアとアフリカの出身者には、他の地域の移民が享受できた入国のチャンスは与えられなかった。有色人の入国を制限したことによって、ブラジル住民の脱アフリカ化は進み、大量移民の終わる頃には、ブラジル住民の半分以上が、白人と分類されるようになったのである。すなわち、1819年から1947年の120年余間に入国した外国移民のうち、75%にあたる360万人程がブラジルに定着したとされ、この数は、1850年までに奴隷として入国したとされる黒人およそ350万人によるブラジル住民のアフリカ化を埋め合わせるものとなったといえよう。

11　興味深いことに彼の養育を助けたのはムラト女性の代母であった。

コラム 1-3

ブラジルとフランス

キリスト像のある風景から垣間見えるフランスへの憧れ

　ブラジルのイメージとして国や地域にかかわらず多くの人びとが挙げ、また、ブラジルが自国の観光や輸出の促進に積極的に利用するのが、リオのコルコバードの丘に立つ救い主イエス・キリスト像 "Cristo Redentor" である。

　このキリスト像は、ブラジルの上流階級や知識層の人びとが抱いていた大西洋の向こうのヨーロッパ、特にフランスに対する憧れと結びついて建設されたものである。ヨーロッパと比較しては自国に劣等感を抱いていた帝政時代の上流階級の人びとはフランスに学び、フランスの文物を優れた物とみなしていた。ブラジル独立100周年を迎えるにあたって立案されたのが、コルコバードの丘に礼拝堂を内蔵する巨大なキリスト像を建立することであった。提案は1921年にカトリック関係者によってなされ、具体的なプロジェクトは公募によってエンジニアであったブラジル人のシルヴァ・コスタ（Heitor da Silva Costa）の案が採用された。そして、シルヴァ・コスタと画家であり彫刻家であるカルロス・オズワルド（Carlos Oswaldo）とリオの大司教の間で、キリスト像の最終的なデザインが決められた。シルヴァ・コスタは、制作にあたってフランスのエンジニアと彫刻家に協力を仰いだ（Peccinini 2013: 75-80）。当時のフランスの著名なエンジニアであったアルベール・カコー（Albert Caquot）と、彫刻家ポール・ランドスキ（Paul Landowski）とが完成の模型像を作成して、今日のキリスト像が製造されたのである。落成式は1931年に行われている。

文化的手本としてのフランス

　コルコバードの丘の麓に広がるリオの街は、20世紀初頭にペレイラ・パソス市長のもとで、19世紀になされたパリの大規模な都市改造を手本に、古い建物が壊され、自動車のために道路が拡張され、下水道の整備もなされ、さらには劇場や美術館も建設された。リオではパリの街を手本にした「近代都市」整備が一気に進められた（Moreira 2013: 163）。当時、欧米をモデルとした「近代化」・「文明化」はブラジル国家にとって最大の課題であり、そのような中で首都リオの都市計画が進められたのである。

フランスを文化的見本としたのは、植民地時代からである。1808年、ポルトガル王室はリオに宮廷を移すと、開港しヨーロッパ諸国と友好親善条約を結び、財政的援助を積極的に行って、文明開化を進めた。1816年にはフランスの文化使節団をブラジルに招き、ヨーロッパの芸術文化を吸収した。独立後も、芸術学校、法律学校、フランスのリセ（中等後期教育機関）をモデルにしたドン・ペドロ二世帝国学校などが相次いで創設されている（三田 1999: 170）。

ジェンダー平等の「手本」としてのフランス？

ところがフランスは、ジェンダー平等においてはネガティブな意味での「手本」ともいえるような過程をたどった。これには、フランスがブラジルと同じくカトリックの国であることが強く関係している。1789年のフランス革命は政教分離を同国にもたらしたが、カトリックが唱える性役割は1804年に制定され、後に「ナポレオン法典（Code Napoléon）」と呼ばれるようになる民法典に反映され、夫を家長とし妻は夫に従属するとした。民法典にはそもそも「家族」に関する規定が含まれる。ブラジルにおいて初めて民法典が制定されたのは1916年である。編纂の際にはナポレオン法典が参照されたほかドイツ法学の影響を強く受けている。これらのヨーロッパの古典的近代民法の家族法において、家族は社会の構成単位であるがゆえに国家にとっての重大な関心事であり、統率者である夫に「保護される」べき妻と子として家族関係が規定された。ブラジルの家族法における家族関係も、旧宗主国ポルトガルの法学の影響と当時の慣習や道徳観が重なり、ジェンダー間の不平等に基づくものになった（Marques 1997, Htun 2003, Souza 2004）。

既婚女性が男性と等しい財産権を得たのはフランスでは1965年、ブラジルでは1977年、父権にかわって親権の行使における父母平等が認められたのはフランスでは1970年、ブラジルでは1988年であった（Htun 2003: 117, 徳永 2014: 125）。言論の自由「リベルテ（Liberté）」を共和国の標語の一つとし、自国の「近代性」を世界にみせてきたものの、フランスはフランス人女性の自由で近代的なアイデンティティを求める声を受け止めるには時間がかかったのである。

フランスではナポレオン法典は改正を重ね、今日では「民法典（Code

civil）」と呼ばれる現行の民法典の基盤となってきた。この間の改正により、今日の家族に関する法は1804年のものとはまったく異なるものとなっている。これに対し、ブラジルは1916年の民法典を刷新する形で、2002年に新民法典を制定している。ブラジルの現行憲法は、軍事政権下での人権侵害の反省に基づき、すべての人の基本的人権を保障する憲法として制定された。この憲法に則り、あらゆる形態の差別もない平等な社会を構築するために、ジェンダー平等については新民法典を制定してその実現が目指された。新民法典の第1511条は、夫婦の権利と義務を平等と定め、両者は相互に家族に対し責任を負うものとしている。ジェンダー平等を実現するためにフランスは、民法典の改正を重ねてきたのに対し、カトリック教会の影響と軍事政権から解放されたブラジルは、2002年にやっと新民法典の制定が果たされ、配偶者相互の責任と義務の平等を定めることができたのである。

第3節 「人種民主主義」と国家統合

● 「近代芸術週間」とナショナリズムの展開

　独立以来ブラジル悲観主義に悩まされていたブラジルの知識人が、それから解放される時が到来した。

　まず、ブラジル文化に対する肯定的な解釈を試みる運動が、1920年代のサンパウロで起きた。それは、コーヒー産業で蓄積された資本と外国移民の労働力を用いて工業化の道を歩み始めたサンパウロが、人種主義に代表されるリオのヨーロッパ文化追従の姿勢に挑戦する運動であった。1910年代から20年代にかけてリオを抜いてブラジル第一の工業都市となったサンパウロ[1]で、22年、若い作家や芸術家が「近代芸術週間（Semana da Arte Moderna）」を開催し、ブラジルの芸術や文学の伝統主義を批判し、ヨーロッパ文化に対する盲目的な追従をやめるように訴えた。

　この運動は「近代主義運動（Movimento de modernismo）」と呼ばれ、「ブラジル人やブラジル文化の真実の姿（autenticidade brasileira）」を求めるサンパウロの知識人を中心に展開した[2]。例えば、この運動のリーダーとなったマリオ・デ・アンドラーデ（Mário Raul de Morais Andrade, 1893-1945）は『マクナイーマ（*Macunaíma*）』（1928年）という主人公の先住民が身体的特徴の異なる二人の兄弟と一緒にブラジル各地を訪れ、その地の文物や民俗を紹介する小説を（ヨーロッパのポルトガル語ではなく）ブラジルのポルトガル語で書き、ヨーロッパに対して先住民、ポルトガル、黒人の文化が混在するブラジルの固有文化の存在を示そうとした。このサンパウロの文化運動は、植民地

1　サンパウロ市の形成の歴史については三田（1991）125 – 149頁参照。
2　サンパウロの市立劇場で州政府の支援を受けて1922年2月13 – 17日の間開催されたブラジルモダニズム芸術の発表会で、ブラジルをテーマとする詩人Oswald de Andrade（1890-1954）、小説家Plínio Salgado（1895-1975）、画家Di Cavalcanti（Emiliano Augusto Cavalcanti de Albuquerque e Melo, 1897-1976）、音楽家Heitor Villa-Lobos（1887-1959）らが一堂に会した。

時代より首都であり続けてきたリオのヨーロッパ文化追従の伝統に対するサンパウロの挑戦であると同時に、ブラジルのヨーロッパ文化に対する挑戦でもあった。外国移民が住民の多数を占めるサンパウロで展開したこの近代主義運動は、ブラジル文化とは何であるかを問い、その答えをブラジルの民俗文化の中に求めようとしたもので、それは、ブラジル知識人のブラジル人としての国民意識の表出でもあった。

　一方、政治の面では、伝統的な地方主義政治（regionalismo）を中央政府が凌駕するという展開がみられた。

　1889年に共和国宣言がなされ、軍人が大統領に就任したが、1891年の憲法発布によって州に大きな権限を与える連邦主義が謳われ、制限選挙とはいえ大統領選挙が行われ、最初の文民大統領が選出された。その4年後のサンパウロ州知事のカンポス・サレス（Campos Sales, 1898-1902）が大統領に選出されて以降、特定の州知事が交代で大統領になるという地方主義政治が出現した。現実には、経済力と人口を多数抱えるサンパウロ州とミナスジェライス州の知事が交互に大統領に就任する「カフェー・コン・レイチ政治（ミルク入りコーヒー政治、a Política do Café com Leite）」[3]と呼ばれる州知事政治が展開した。こうした政治体制を支えたのは、各州の政治権力者である大農園主によるオリガーキー支配体制であった。1891年の共和国憲法（第6条）には連邦政府は州の内政に干渉しないことが謳われており、各州は連邦国家に干渉されることなく、社会、政治、経済、移植民、文化活動を独自に展開することができた。州知事政治下のブラジルはいわば、それぞれの州があたかも独立した共和国でそれらが連合して連邦国家を形成しているかのようであった。

　ところが1929年の世界恐慌によってサンパウロ州の経済的優位性が揺らぐと、州知事政治を打倒して国家統合を果たすことを目指した革命が1930年に勃発し、リオグランデドスル州知事であったヴァルガスが臨時大統領に就いた。クーデター後まずヴァルガスは、「大きな州も小さな州もない。あ

3　サンパウロ州の主な産業がコーヒー栽培、ミナスジェライス州のそれが牧畜業であったことから用いられるようになった名称。

るのはただブラジルという大国あるのみ」と唱えて、州旗を焼き国旗を掲揚して「国旗の日」を設けた。当時のブラジル住民のプリマリー・アイデンティティは、州あるいはその州のオリガーキー家族を基盤に形成されており、一つの国家に属するという認識は希薄であった。州旗の焼却はこうした状況にあったブラジル住民に「国家」という新しい政治共同体の存在を印象づけ、ナショナル・アイデンティティを分断している地方主義を克服して「国民」という、より全体的でより広範なアイデンティティを確立するための心理的操作であった。また同時にそれは、後のヴァルガスの独裁体制である新国家体制（Estado Novo, 1937 - 45年）の到達点を象徴的に物語る出来事であったともいえよう[4]。

　こうした目標を達成するためにヴァルガスは国家の存在を印象づける一連の国家主義的な政策を展開した。コーヒー産業を基盤にして工業化の途についていたサンパウロを中心とするブラジルの工業化は、1929年の世界恐慌の影響を受けて失業問題が深刻化した。そこで外国移民の入国を制限して国内の労働者を保護する法令（Decreto nº 19.482, de 12 de dezembro de 1930）を臨時政権下の1930年に定め、外国移民の出入国に関し国家が主導権を握る契機とした。国内労働者の定着と保護のために、三等船客及び非農業移民の入国を禁止して入移民を制限し、同時に雇用者には被雇用者の3分の2がブラジル生まれの者であることを義務づけた（Oliveira 1986: 17）。

　強力な中央政権の確立を目指したヴァルガスは1934年の新憲法で、移民の出入に関する立法は国家に専属するものと定めて、それまでの州政府の優先権を退けた（第5条XIX-g）。そして各国からの入移民は過去50年間（1884 - 1923年）にブラジルに入国した総数の2％までと定めて制限し、他方で、ブラジル国内で出身を同じくする移民が集団を形成することを禁じた（第

4　ヴァルガスは州より国家を優先させ、各州のオリガーキー家族に属しているブラジル住民のアイデンティティを「ブラジル国民」に変えようとした。イタリアのファシズムの影響を受けたヴァルガスは、1934年に新憲法を制定して大統領選挙を1938年1月に実施することを約束したが、その直前の1937年11月に再度クーデターを起こして新国家体制と呼ばれる独裁体制を敷き、一民族一国家の「国民国家」の建設を目指した。

121条Ⅵ)。移民2%割当ての目的を憲法は「移民の入国は人種統合の確保並びに移民の肉体的及び公民的能力の保全に必要な制限を受けるべし……」(第121条Ⅵ)と、移民の選別を謳った。つまり、19世紀以来、各国が送出してきた移民総数の2%を今後毎年ブラジルに移民として送出できるとするものであり、移民送出の時期が早期で、その総数が多数に上るほど、多数の移民を送出することができるということになる。つまり入移民をコントロールしながらもドイツ、イタリア、スペイン、ポルトガルといったヨーロッパからの移民は入国させようとしたのである[5]。さらに1937年に大統領がクーデターを起こして独裁体制、新国家体制を築き、その直後に発布された新憲法では、1934年憲法の移民条項の「二％割当て制度」[6]が第151条としてそのまま留保されたのである。奴隷に代わる労働力として導入されてきた大量移民の時代はこうして終焉を迎えたのであった。

さらに1938年、超省的な存在として「公共サービス管理局(Departamento Administrativo de Serviço Público：DASP)」が設置され、公共サービスを通じて国家存在の強化が図られた。また、旧共和制下の州知事に代わって、大統領が州執政官(interventor federal)[7]を直接任命して各州の立法と行政権を掌握する体制を整え、州を中央政府の単なる行政上の一単位とした。また、経済政策においても同様に経済ナショナリズムが促進され、各企業の雇用する外国人労働者の割合を制限して国内労働者の保護をさらに進めたと同時に、鉱山法を改正(1937年12月)して資源開発もブラジルの企業に留保されることとした。そしてアメリカの借款を得てヴォルタレドンダに建設された国営製鉄所(Companhia Siderúrgica Nacional：CSN、1940年設立)はブラジ

---

5 20世紀に入って移民の送出が始まった日本移民には、この規定は決して有利な定めではなかった。ブラジルへの日本移民は1928年頃よりやっと年間1万人を超えるようになった程度であった。
6 南欧や東欧からの移民を制限する目的で1921年に米国で制定された緊急移民割当法に着想を得て、ミナスジェライス州選出の国会議員(Fidélis Reis)が1923年に下院に移民割当法案を提出し、議論がなされたが、州知事政治の時代にあってサンパウロ州知事が大統領となったために、移民割当法案は棚上げとなっていた。
7 直接もしくは間接のいずれかの選挙によるのではなく、大統領が直接州の統治者を任命したということで「州知事」と差別化する意図で「州執政官」の用語を用いた。

ルのナショナリズムのシンボルとなった。

　このようにヴァルガスは、19世紀以来進められてきた外国移民導入に制限を加えると同時に、経済のブラジル化に着手して、ブラジル・ナショナリズムを展開させていったのである。

「人種民主主義」と同化政策

　旧共和国がアジア・アフリカ生まれの者の入国を原則禁止し、ヨーロッパ移民を導入したことで確かに住民の身体的白人化は飛躍的に進んだ。しかし、人種主義者やアーリアン主義者が住民の劣化を招くとして避けたいとした住民の混血化も同時に進んだ[8]。

　単に白人の人口を増やして、住民の「脱アフリカ化」を実現しようとした白人化イデオロギーは、住民の混血化の進行を前にして新たな解釈に迫られた。つまり、有色人が白人と混血することによって、有色人の形質を減じようという新たな白人化イデオロギーの解釈が出現したのである。そして、混血こそ国家統合の進歩の証であるとして積極的な評価が与えられるようになった。しかもアフリカ系住民ばかりでなく、出身が異なる外国移民の間での混淆も期待された。こうした異種族混淆を通じてブラジルに新しい身体的特徴をもった「ブラジル人」が形成され、一民族一国家の理念に応える近代国家がブラジルに出現するものと、当時のブラジルの知識人や政治家は考えるようになった[9]。

　住民の混血化が「国民」を作り、一民族一国家による国家統合を果たそ

8　ブラジル社会の研究家で、ゴビノーなどの人種主義者の影響を強く受け、「ブラジルの進歩を遅らせた劣等な混血者」として住民の混血化に反対していたとされるオリヴェイラ・ヴィアンナ（Francisco José de Oliveira Vianna, 1883-1951）でさえ、将来ブラジル住民の「アーリアン化」をある程度実現できたとしても、多くの住民が混血者であるということは避けられないものと認めていた（Rodrigues 1964: 84）。
9　例えば、第一共和国憲法審議会にリオデジャネイロ選出の議員として参加し、ナショナリズム覚醒期の知識人の一人であるアルベルト・トレス（Alberto de Seixas Martins Torres, 1865-1917）は「我々ははっきりした形や特色のない国民である。それは半ば液状で、圧縮と抵抗の要素を持っている……国家の理想を掲げている人種と亜種の結合物であり民族性を備えた国民なのである」（Torres 1914: 269）と、混血によって「ブラジル人」が形成されると語っている。

うとするこのナショナリズムの時代に、20世紀のブラジルの名著とされる
ジルベルト・フレイレの『奴隷主の館と奴隷小屋』（Casa-grande & senzala、©
1933）が発表されたのである[10]。フレイレは、奴隷制度下でイベリア文化を
基盤として黒人や先住民文化の影響を受けて形成されたブラジルの伝統文化
を「熱帯ポルトガル文明」と呼び、ヨーロッパ文化が熱帯の気候に適応する
ことに成功した例であると解釈した。つまり「熱帯ポルトガル文明」は、ポ
ルトガルのイベリア文化が熱帯に適した黒人や先住民の文化的諸要素を取り
入れて創り出された「混血文化」であって、それは退行の証ではないと、混
血社会ブラジルを積極的に評価した。

　フレイレは、留学先で経験した米国の過酷な人種差別から、熱帯ブラジル
で多種多様な混血を通じて形成された新しいタイプの人種は、ブラジル人の
劣性の証ではないという着想を得たのである。そしてフレイレは米国が政治
民主主義の国として誇るならば、異種族混淆を通じて温情的な人種関係を形
成したブラジルは「人種民主主義の国」として誇ることができると主張し、
それまでのブラジル悲観主義を超える見解を提示したのである。ブラジルの
社会や文化に関する多数の著作を世に送り出したフレイレは、国連のブラジ
ル大使をも務めて、ブラジルを熱帯気候の適応に成功したヨーロッパ文化の
地として「人種民主主義」とともに世界に紹介する役割を担った[11]。

　植民地時代から広範に行われてきた混血化が温情的で調和のある人種関係
をブラジルに作り出してきたとするフレイレの主張は、異種族混淆によって
新しい「ブラジル人」という国民を形成しようとする当時のナショナリズム
と調和するものであった。また、「人種民主主義」によってブラジルには人

10　フランスの歴史家のフェルナン・ブローデルに「ヨーロッパの古典」とまで言わし
　めた本書は、ブラジル人が自国の過去を知るための古典的名著とされ、スペイン語、英
　語、フランス語、ドイツ語、イタリア語といったヨーロッパの諸言語に翻訳され、西欧
　世界では広く知られた著作である。日本語訳は2005年に『大邸宅と奴隷小屋（上・下）』
　（鈴木茂訳、日本経済評論社、2005年）のタイトルで出版されている。

11　フレイレが想定しているブラジルは、植民地時代初期より砂糖産業によって開発が
　始まった北東部地方のペルナンブコである。フレイレ自身、ペルナンブコの大農園主の
　子孫であった（三田千代子「熱帯のルーゾ・ブラジル文化—回想のジルベルト・フレイ
　レ」『ソフィア』上智大学第37巻2号（1988年6月）187 - 198頁参照）。

種差別や偏見はないものとみなされるようにもなった[12]。

独裁体制を築いてナショナリズムを高揚させていったヴァルガスの新国家体制下で、外国移民によってもたらされた国内の外国的要素をブラジル化する同化政策が進められた。

1937年の新憲法が定めた入移民に関する規定を具体化した外国人入国大統領令（Decreto-Lei nº 406, de 4 de maio de 1938）が38年に制定され、移植民審議会（Conselho de Imigração e Colonização）を主務官庁として国内の外国移民の集団地及び住民をブラジル社会に同化させる一連の国民国家化キャンペーン（Campanha de Nacionalização）が展開された。

外国人入国令は、外国移民の選別及び割当て方法を再度定めると同時に、外国の政府や諸機関がブラジルの外国人集団地に助成金を交付することを禁止して、非ブラジル的な諸要素の排除を意図していた。ブラジルの各農村部は一国籍のみの外国人によって構成されることが禁止され、農村の各集団地はブラジル人（ブラジル生まれの者）最低30％、同一国籍の外国人は最高で25％によって構成されるべきこととし、ブラジル人が不足した場合はポルトガル人を優先して補充することが定められた（入国令第39条及び第40条第1項）。同時に各集団地の外国語名を禁止し、かつ経済団体以外の外国人による結社を禁じ、外国人集団地の「ブラジル化」を図った。また、農村部の学校教育のブラジル化を実現するために、農村の小学校の運営と教育にあたる者は生来のブラジル人であることが義務づけられ（同令第41条）、授業はポルトガル語で書かれた教科書を用いて、ポルトガル語で行わなければならないとし、さらに14歳未満の者に対する外国語の教育を禁止した（同令第85条）。同令の施行とともにブラジル国内の外国人学校は閉鎖され、ブラジルの公立小学校となった。当時、日本人小学校はサンパウロ州内に294校、ドイツ人小学校はブラジル東南部及び南部に約900校を数えていた。公の場（宗

---

[12] サンパウロやリオの人種関係を調査した社会学者F・フェルナンデス（Florestan Fernandes, 1920-95）は、「人種民主主義（democracia racial）」が普及した結果、ブラジルには人種差別や偏見がないという偏見を生み出したと、ブラジルにおける人種差別や偏見の存在を示唆した（Fernandes 1978）。詳細は後述68 – 69頁を参照。

教の場を含む）での外国語の使用や集団地の外国語名の禁止と、いわば反外
国政策が展開した[13]。

　1939年には、住民を「ブラジル国民」として文化面から同化させるため
に、「宣伝局（Departamento de Impressa e Propaganda：DIP）」が創設された。
DIPはラジオ番組「ブラジルの時間」を担当し、雑誌『ブラジル文化（*Cultura
Brasileira*）』を発行して政府宣伝を行い、教育と宣伝を通じて「ブラジリダー
デ（brasilidade ブラジル精神）」と称されたナショナル・アイデンティティ
を住民の間に確立しようとした。また教育保健省（Ministério de Educação e
Saúde）は出版物の統制にあたる機関を新たに創設し、教育を通じてブラジ
ル文化の普及を図った。学校教育では教育施設の普及と同時に、教科ではブ
ラジルの歴史地理、道徳教育、体育が重視され、これらの教科を通じて国民
意識を高揚させ、学校を国家の経済発展と国家防衛のための訓練の場とした。
学校と軍部が協力して住民の間に国家に対する価値感を普及し、ブラジル人
であることに誇りをもたせ、祖国崇拝を浸透させようとした。

　そして1941年7月、外国語新聞発行禁止令が施行され、各移住者集団内の
コミュニケーションの手段の一つであると同時に、エスニックな表象として
重要な役割を担っていた外国語の新聞や雑誌の発行が禁止されたのである。

　要するに、外国人入国令を基盤として移植民審議会が展開した国民国家化
キャンペーンは、外国移民の非ブラジル的要素を排除して、外国移民とその
集団地をブラジル化してブラジル国家に統合しようとするものであった。つ
まり、ヴァルガスのブラジル化政策は、多人種多民族からなるブラジル住民
の間に一つの新しいタイプの「ブラジル人」を作り出し、それを「国民」と
して統合し、一民族一国家よりなる国民国家を建設しようとしていたのであ
る。この政策を通じてブラジルに入ってきた異質のものに対する期待あるい
は態度が、ブラジル社会に形成された。つまり、今日、異質のものは、明日
には形容詞のない「ブラジル人」になることが期待されたのである。例えば、
イタリア系ブラジル人（ítalo-brasileiro）、ドイツ系ブラジル人（teuto-brasileiro）、

13　この反外国政策は、1986年に再民主化が達成されるまで、法律上は継続していた。

日系ブラジル人（nippo-brasileiro）というようにそれぞれがホームランドに
つながるような（エスニック）アイデンティティを維持し続けるのではなく、
すべてが単に「ブラジル人」というナショナル・アイデンティティを形成
し、それを共有することが期待された。人種的には異種族混淆が、文化的に
は同化が、社会構造上はブラジル社会への統合が期待された。こうした同化
政策を通じて、すでに存在しているアフリカ系住民と外国移民が混じること
によって、ブラジル住民の身体的特徴が白人化しつつ、国家統合の証として
誕生する混血「ブラジル人」があるべき国民の姿とされたのである。

同化政策下の外国移民─日本移民の事例

　国民国家建設を目指したヴァルガスは、19世紀末以来奴隷労働力の代替
として多数導入されてきた外国移民を「ブラジル国民」にしてブラジル社
会に統合しようとした。そのために展開された国民国家化キャンペーンは、
外国移民の共同体を構成する成員のブラジル人化を義務づけ、言語教育も
ポルトガル語化することで外国移民とその集団をブラジル社会に取り込み、
ブラジル化しようとするものであった。しかし、ホームランドの文化を携
えてブラジルに渡ってきた外国移民にとって、ヴァルガスのナショナリズ
ムが期待するような「ブラジル化」に容易に応えられるものではなかった。
特に、言語的な相違が大きく、時にはプロテスタントとして宗教的にも異
なる民族集団を形成していた一部のドイツ移民[14]や言語も文化も身体的特
徴にも大きな相違のある民族集団を形成していた日本移民にとって、ヴァ
ルガス期のブラジル同化政策になじむには困難が伴った[15]。しかも後に第

14　新国家体制下のドイツ移民に関する文献として、Seyferth（1981）がある。
15　同じ外国移民のイタリア移民の場合は、かつての宗主国ポルトガルからの移民数を超
　　える150万以上（1819－1947年）がブラジルに導入されたが、言語宗教的にラテン文化
　　を共有していることから、日常生活におけるコミュニケーションの問題は大きくはなかっ
　　た。コーヒー農園の労働者として導入されたイタリア移民は農園のポルトガル語の世界
　　にあってもイタリア語で意思の疎通が可能であった。また、カトリック教徒であることも、
　　ブラジル文化との距離は近いものであった。しかし、ブラジルが連合国の一員として第
　　二次世界大戦に参戦し、ムッソリーニのファシズムを批判してブラジルがナショナリズ
　　ムを高揚するようになるとイタリア人に対する排斥がみられるようになった。

二次世界大戦に続き太平洋戦争が始まると、第3回米州外相会議（1942年1月）がリオで開催され、ブラジルは直ちに枢軸国との国交を断絶した。枢軸国に対する敵愾心を煽ることで、ヴァルガスはブラジル国内のナショナリズムを高揚させた。

　日本移民は、イタリア移民に代わるサンパウロ州のコーヒー農園の労働者コロノとして1908年から導入されるようになった。この背景には、コーヒー農園の労働者として移民したイタリア人の貧窮があった。ブラジルの輸出総額の半分以上を占めてきたコーヒーが、生産過剰になると、輸出価格が暴落した。1897 – 1903年のコーヒー価格の下落はコーヒー農園の労働者に対する賃金の支払いを困難にした。サンパウロのコーヒー農園の労働者として移民を送出していたヨーロッパ諸国は、自国民のサンパウロでの惨状を知るに及んで移民の送出を禁止していった（三田 2009: 33）。特にイタリア移民は多数を数え、1880 – 99年にかけてはブラジル移民の半分以上を占めていた（Carneiro 1950, np.）。共和国がアフリカ及びアジア生まれの者の入国を禁止していたとはいえ、労働力不足に悩んだサンパウロ州政府は、一時的手段として日本移民に補助金を交付して導入することを決定したのである。

　他方、日本は、米国とカナダとの間で結んだ協約[16]により、移民送出を自粛することになり、日本移民の主な送出先を失い、新たな移民の送出先を必要としていた。そこで、サンパウロ州政府から移民送出の要請を移民会社を通じて受けた日本政府は、ブラジルのコーヒー経済のある程度の回復を確認すると移民送出を許可した。しかし、「緑の黄金」（オウロ・ヴェルデ）と称されたコーヒー経済の全盛期はすでに終焉しており、ハワイ移民のように短期間で蓄財を果たして帰国するという出稼ぎ移民の目的を達成することは不可能であった。そこで日本移民は出稼ぎ期間を中長期に変更し、コロノとしての農園労働者の契約が終了すると（あるいは契約終了以前に農園から逃亡して）、自営農を目指して、開拓前線が広がるサンパウロ州北西部に移動していった。そこには、1920年代末からコーヒー・オリガーキーの手放した大土地が分譲されてお

16　1907年にカナダとはルシュー協約を、米国とは1908年に日米紳士協約を結んでいる。

り、日本移民は共同で土地を購入し（あるいは借地し）、現地の安い労働力を
用いて輸出向け商品作物を生産する自営農となり、蓄財を果たしていずれ帰
国するつもりであった。こうして、農園の賃金目当ての2～3年の出稼ぎか
ら商品作物の栽培を通じて蓄財し帰国するという5～6年、あるいは10年の
長期出稼ぎに計画を変更した日本人は、開拓前線で「植民地」と呼ぶ民族的
同質性の高い地域共同体を形成していった[17]。

　イタリア移民に代わる一時的な手段にすぎず、しかもコーヒー農園の賃金
労働者としての定着が思わしくなかった日本移民に対し、サンパウロ州政
府は補助金の交付を渋るようになった。1910年代に入り、ヨーロッパ移民
が順調に増加するようになると、米国での排日運動の影響もあり、1914年、
サンパウロ州政府は日本移民に対する補助金の交付を拒否した。ところが同
年、第一次世界戦争が勃発したために、回復をみせていたヨーロッパ移民が
途絶えてしまった。さらに戦時景気が工業賃金を上昇させたために、農村労
働者は農村を去って都市に就労の場を求めた。これらの結果、農園での労働
力不足に拍車がかかり、中止されることになっていた日本移民に対する補助
金の交付をサンパウロ州政府は継続することになった（図1-4）。

　第一次世界大戦が終結すると、ヨーロッパから新大陸への移民の回復の兆
しがみられるようになった。米国は1921年に緊急割当て法を制定して、南
欧や東欧からの移民を制限した。この米国の移民政策に反応して、ブラジル
にはヨーロッパや中東からの移民が増加した（表1-6）。ブラジルは第一次
世界大戦中の労働力不足を解決でき、外国移民を選択できる立場になった。

　ナショナリズムの草創期を迎えていたブラジルでは、国民としての「ブラ
ジル人」の形成に関心が寄せられており、連邦議会では宗教、習慣、身体的
特徴などが異なる日本移民の入国の継続をめぐって賛否両論の議論が展開さ
れた[18]。こうしたブラジルの経緯を観察していた日本政府は、今後ブラジル

17　「植民地」は、例えば、「昭和植民地」「栄植民地」「富士植民地」「文化植民地」など
　　と称した。
18　日本移民を導入するサンパウロ州に対する批判が1918年からブラジルの国会で起
　　こっている。23年と24年賛否の議論が展開し、1934年の憲法に日本移民が「排日法」
　　と呼んだ外国移民二％割当て法が盛り込まれた。詳細は、三田（2009）45－53頁参照。

図1-4　ブラジル入国日本人移住者数（年度別変化）

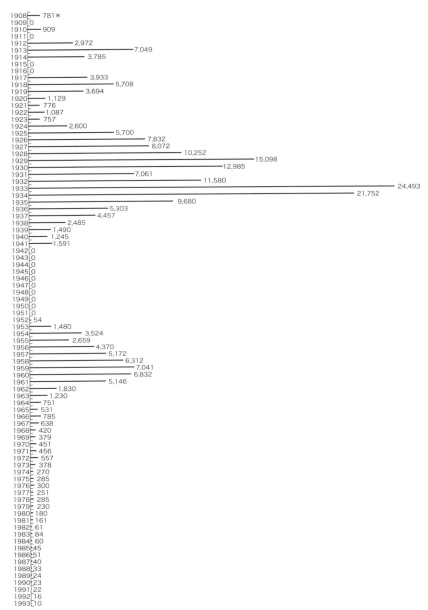

*1908年には、農業契約移民（781人）の他に、12人の自由渡航者がブラジルに渡っている。
出所：三田（2009）127頁.

表1-6　ブラジル入移民数推移 —2（1920 – 47年）

年	人数	年	人数
1920	*69,047	1934	46,027
1921	58,447	1935	29,585
1922	65,007	1936	13,773
1923	84,449	1937	34,615
1924	96,052	1938	19,389
1925	82,547	1939	22,668
1926	118,686	1940	18,449
1927	97,974	1941	9,938
1928	78,127	1942	2,425
1929	96,186	1943	1,298
1930	62,604	1944	1,593
1931	27,465	1945	3,230
1932	31,494	1946	18,136
1933	46,081	1947	22,519

*表1-5の数値と異なるのは出典の違いによる。
出所：Carneiro（1950），np.

が補助金による日本移民の誘致を行う可能性はないと判断し、日本政府の補助による移民送出の諸制度を整え、国策としてのブラジル向け日本移民の最盛期を迎えた。

　1915年に大阪商船が開始した南米航路を、25年に政府指定の航路とし、移民の募集送出にあたる機関（海外興業株式会社及び海外移住組合連合会）、ブラジルで開拓植民事業と銀行業務に携わる機関（ブラジル拓殖組合、通称「ブラ拓」）を政府の資金を投じて創設し、移民の募集送出入植の業務に政府が関わるようになった。これらの施策により移民の送出のみでなく、日本人移住地を建設して独立自営農として日本から直接移民を送出することも可能とした。渡航費の補助金給付も日本政府は手掛けた。1923年の関東大震災の罹災者を救済するために日本政府は、補助金を交付してブラジル移民を送出し、25年には全ブラジル移民に船賃と移民会社の取り扱い費用が全額交付されることになり国策移民体制を整えていった。27年には神戸に移民収容所を建設して、移民送出をより組織化し、同年サンパウロ州のコーヒー農園

が干ばつと霜害に遭遇すると、コーヒー栽培農の日本移民に低利子の貸し付けを行った。そして、32年、日本政府は渡航準備金を交付するようになり、日本移民は自己資金をまったく準備せずにブラジルに渡航することが可能となった。こうした施策の結果、国策としてのブラジル向け日本移民は最盛期を迎え、1928－34年に戦前期のブラジル向け日本移民の57％にあたる10万人余を送出し、32年と33年には、ポルトガル移民を上回る最多の移民をブラジルに送出したのである。ヴァルガスが国民国家の建設を目指していた時代で、外国移民の導入を制限し、国内の外国的要素を同化によってブラジル化しようとしていた時期の日本の国策移民の送出であった。

　日本移民が目指したサンパウロ州の奥地にはブラジル社会は構造化されておらず、自営農を目指した日本移民はブラジル社会とは孤立して社会の構造化を行った。日本の村落共同体を模して組、区からなる組織化を行い、この日本人共同体「植民地」の運営にあたったのは各植民地の「日本人会」であった。日本人会は、経済活動を円滑にするために産業組合を組織し、集団で輸出市場との交渉やあるいは国内向け市場との交渉にあたった。また、「日本学校」の運営建設も行った。ブラジルの社会が構造化されていない開拓前線にはブラジルの学校はなかった。蓄財を果たして帰国するつもりであった日本移民は日本の教育を子弟に施すために「日本学校」を設けたのである。当初は日本で教員経験のある者や多少の読み書きを熟せる者が教師となった。こうした「日本人会」が、サンパウロ州奥地を中心に、1932年に223カ所、40年には480カ所を数えていた。

　民族的同質性の高い日本人集団地のブラジル社会との接触は限られており、1935年当時、ブラジルの日本移民の90％は閉鎖的な農村社会で生活しており、ブラジルや世界情勢に関する情報の収集には限界と偏りがあった[19]。

　ヴァルガスが同化政策を通じて国内の外国的要素をブラジル化してブラジ

19　同時期、ペルーでは日本人の有業者の33.5％、メキシコでは39.2％、アルゼンチンでは30％が農業に従事していたのみで、都市に在住していた日本移民にはホスト社会との接触の機会が多かった。農村生活者が多かったブラジルの日本移民と比較するとその差は大きい（外務省領事移住部 1971: 170-171）。

ル社会に取り込もうしていた一方で、サンパウロ州奥地に出現した日本人「植民地」は、サンパウロ総領事館を通じて日本の経済組織や教育制度に組み込まれていった。コーヒーに代わるサンパウロの輸出商品作物となった綿花を、換金性が早いことに惹かれて日本移民は、盛んに栽培するようになった。1932年にはサンパウロ州生産量の3割以上を日本移民が生産するようになっていた。そして1935年には、日本から綿花買い付けのミッションがサンパウロを訪れて、買い付けの道を開いた。日本移民による綿花栽培はサンパウロ州の生産量の半分を占め、日本移民の生産する綿花が祖国日本の繊維産業の原材料として受け入れられたのである。さらに生糸生産にも日本の移民会社は日本から技術者を呼び寄せて着手し、製糸工場を設立して新たな日本移民の商品を作り出した。戦時中には米国向けの軍需産業の一つとして需要が拡大した。

1927年から29年にかけて各植民地の日本学校はサンパウロの総領事館を中心にネットワーク化され、日本の文部省は教員の派遣と教材の調達に対応した。教育ばかりでなく、日本移民の健康も日本政府が支援し、1939年には日本から医師を派遣して「日本病院」を落成させている[20]。

当時、「植民地」にあった日本移民の心象地図は、総領事館を通じて日本帝国につながっていた。「植民地」では、「日本学校」を舞台に新年祝賀会、紀元節、天長節など天皇崇拝の諸儀式が行われ、これら儀式を通じて「ニッポンジン」意識が共有された。「ニッポンジン」意識はブラジルに渡った日本移民が、コーヒー農園で「日本」と「非日本」とを区別しながら自己を取り囲む世界を認識する中で作り出したエスニック・アイデンティティであった[21]。

ブラジル社会に包括されていなかった日本人植民地は社会的にも文化的にも、時には経済活動ですら、日本と直結していたのである。ブラジル社会への同化政策を進め「ブラジル」という統一国家を建設しようとしていたヴァ

---

20 ブラジルの日本移民を多様な手段で支援を拡大する一方で、日本政府は30年代に満蒙開発のために日本移民を送出するようになっている。
21 日本移民はブラジルにあって、「ニッポンジン」と「ガイジン」という二分法によって移民した世界を認識していた。70年代においてもこの二分法は、サンパウロ市内で日本人移住地の生活を経験した日系人によって用いられていた。

ルガス政権下にあってこうした日本人「植民地」の佇まいは、「硫黄のごと
く不溶解な日本移民」あるいは「ブラジル社会のキスト（脳腫）」と非難された。
排日法と日本移民が捉えた外国移民二％割当て法の導入の根拠の一つにも
なった。ブラジル人エリートの中には、日本政府が移民事業の多様な側面に
介入していることに対して「日本はブラジルを植民地化している」と警告を
発する者も出現した。外国人移住地や外国移民のブラジル化が進められるよ
うになると、日本人植民地にブラジル政府の注意が向けられるようになった。
例えば、日本政府が支援して組織化された海外移住組合連合会のブラジル現
地会社であるブラ拓が、サンパウロ州奥地に建設した日本人集落「バストス
移住地」は人口1万人に満たない孤立した民族的集団地であった[22]。この小
さな日本人集落を1935年から40年にかけて、サンパウロ州知事、移植民審
議会副総裁、大統領の子息などが、公式、非公式の視察をしている。このよ
うにブラジル政府が日本人集団地に注意を向けるようになった状況の中で、
1942年、ブラジルは枢軸国との国交を断絶したのである。

　国交断絶とともに日本の外交官や移民会社の社員は交換船で帰国し、日本
移民は日本とのつながりが切れてしまった。公共の場での外国語の使用禁止
や枢軸国出身者の移動に対する制限が設けられていたブラジルで、日本移民
は日本語を使用したために、あるいは日本人数人が会話を交わしただけで、
スパイ容疑を受けて官憲に身柄を拘束される者が多数に上った。日本人はブ
ラジル社会から抑圧されていると感じ、同化政策は「ニッポンジン」を否定
するものだと解して、日本人はそのエスニシティ（「ニッポンジン意識」）を
強化させることになった。

　イタリア移民に代わる一時的移民のはずが結果的に日本移民は、戦中の中
断された時期を除けば、1908年から81年[23]まで実に70年余にわたってブラ
ジルに渡ったのである。脱アフリカ化を意図して開始されたブラジルにおけ

22　1937年の人口は9,242人（三田 2009: 105）。
23　国際協力事業団の現地法人Jamic移植民有限会社及びJamis信用金融株式会社が、ブ
　　ラジル政府の要請を受けて活動を停止したのは1981年で、日本の公的機関によるブラジ
　　ル向け日本移民送出が終了した。

る外国移民の導入は、ナショナリズムが展開するとともにブラジル国民の白人化が求められ、身体的にも文化的にもヨーロッパ移民とは違い、しかも孤立して集団を形成していた日本移民は偏見や差別の対象となった。特に、戦中は枢軸国民としてブラジル社会から抑圧され、戦後は日本の敗戦をめぐって日本移民の間で殺傷事件[24]が起こると、日本移民とその子孫の日系人は差別と偏見の対象に晒された。日系2世として戦時中にブラジルで誕生し、1950年代にサンパウロ州の地方都市でブラジルの公立学校での初等教育を出発点に、ブラジルの高等教育を受けて検事として活躍し、サンパウロ法曹界の重鎮となった人物が、幼少の頃にブラジル人の同級生から「ジャポネス」としてその身体的特徴故にいじめを受けたことを思い出として語っている（Harada 2013: 27）。日系ブラジル人は、ブラジル社会の階梯を上れば上るほどブラジルのエリート層の「ニッポンジン」に対するある種の抵抗を感じてはいたが、それを敢えて口にすることはなかった。しかし、1985年に軍事政権が終焉し、ブラジル社会で人種民族の多様性と平等が法律上保障されるようになると、社会階梯を上ることができた日系ブラジル人はそれをやっと口にするようになった。さらに、2008年に日本移民100周年を迎えた頃、日本経済の国際的プレゼンス、世界的な日本文化のブームなどと並んでブラジルにおける日本人及び日系人のプレゼンスが増し、日系人であることに誇りをもたらした[25]。ブラジルのナショナリズムの時代に形成された日本移民に対する偏見から日系人が解放されたのは、21世紀を迎えてからのことなのである。

24　「勝ち負け抗争」あるいは「シンドウレンメイ」事件と呼ばれる。殺害被害者23名、傷害被害者86名、国家騒乱罪により国外追放処分を受けたものは177名を数えた。日本人間の顕在的な対立は1952年のサンパウロ市創設400年祭日本人協力会の発足によって収まるが、潜在的な形ではその後も続いた。2世のブラジル人としての成長と1世の永住の決心によって70年代には日常的に話題に上ることはなくなった。21世紀に入る頃より、ブラジル人や日系2世、3世が、ブラジル人としての視点から研究対象として取り上げた研究成果が、発表されるようになった。

25　100周年の記念行事が行われた頃、日系人に対するブラジル社会の尊敬の眼差しを指摘して当時50代の日系女性に「日本人の子孫であることが誇らしいでしょう？」というと、ブラジルの最難関校の大学院を修了したその女性は「やっとね！」と返答した。このやりとりを当時70代の日系男性に話すと、「彼女の年代でもそうなんだ」と意外感を表した。

第4節 階級社会[1]と人種

近代階級社会の誕生と階級間格差

「黒人は奴隷、奴隷は黒人」「白人は奴隷主、奴隷主は白人」という人種と社会階級が直接結びついた奴隷制度が廃止され、近代的な階級社会が到来しても、人種と社会階級の相関性からブラジル社会が完全に解放されたのではなかった。奴隷制度の廃止後、黒人は奴隷という身分から法律上は解放されたが、賃金労働者としての訓練も市民についての教育もなされないままの解放であった。元奴隷主はそのまま農園の経営を継続し、元奴隷は賃金労働というものを理解することなく社会の底辺に位置づけられた。奴隷制社会の奴隷主層と奴隷との間の大きな社会・経済・文化格差は、共和制が導入された後も上層を形成した元奴隷主と下層を形成した元奴隷の隔たりには、まるで異なる国民のような大きな違いがみられ、20世紀の終焉を迎えてもブラジルの階級間の格差は続いていた。

共和制が敷かれてからのブラジルの近代社会階級構造を図式化したダルシー・リベイロは、社会階級の頂点に位置するわずかの人びとを、たくましい体力をもち、長寿で、見るからに美しい姿をし、洗練された行動と知性を備え、愛国者であると同時にコスモポリタンな習慣を身につけているとしている。これに対し下層の人びとを、脆弱な体力で、早い老いを迎え、その醜

---

1 本節では、「階級」を、歴史のある時代の人間集団の社会成層システムを意味する概念として用いる。A・ギデンズは、さまざまな人間集団の間で構造化された不平等を社会成層と定義づけ、この社会成層を構成する各グループを階層と呼んでいる。社会成層は複数の階層から構成され、ピラミッド型を形成している。

社会成層システムを歴史的にみた場合、基本的な成層システムとして①奴隷制②カースト制③身分制④階級を挙げることができる。前者3つの成層システムは、法的あるいは宗教的規定によって定められており、階層間の移動は難しい。④は経済的資源の分配によっており、階層間移動はより流動性に富む。いわば、個人の努力（のみではないが）によって原則階層は変化しうる。本節では階級の概念としてこの④を用いることとする（ギデンズ 2004: 354-355）。

い姿は極貧の中で生きている証で、粗野で通俗的で古臭い習慣の中で生きていると、上層と下層の対照的相違を描写している（Ribeiro 1995: 210）。リベイロはこの両者の間にさらに2つの中間の社会階層を挿入して、4つの社会階層を一覧にしてまとめている（図1-5）。すなわち、支配階層、中間階層、

図1–5　4つの社会階層

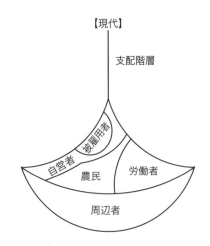

出所：Ribeiro（1995）, p. 211.

従属階層、被抑圧階層である。支配階層を構成する人口は少数であるが、社会全体にその影響力を及ぼすことができる社会、経済、政治的な力をもっている人びとである。例えば、企業家、伝統的大土地所有者、国会議員、テクノクラート、外国企業の現地社長などである。中間階層は社会緊張を緩和させたり、反対に深化させたりすることができる影響力をもってはいるが、変革に対して積極的ではなくむしろ秩序を維持する役割を果たす傾向がみられる。中小企業家、自由業者、役人や企業の被雇用者などがこの層にあたる。従属階層は、生産者として、消費者として、あるいは労働組合員として、日常の社会生活に統合されている人びとではあるが、社会に変更をもたらすよりも今もっているものを守ることや、あるいはさらに増やすことに関心がある。農村では農業労働者、分益農（分益小作人とも）、小土地所有者が、都市では工場労働者やサービス業者がこれにあたる。4番目の被抑圧階層は、社会生活から排除されている人びとの層である。生産システムに参入することや市場にアクセスしたいとは思っているが、それが叶わない。搾取や抑圧との戦いや社会刷新の役割が期待されるが、組織化することができない。ほとんどが非識字者であるために権利回復のために組織化する訓練を受けていないからである。この被抑圧階層を構成しているのは、過去においては奴隷であったが、今日では季節労働者、日雇い労働者、掃除人、家政婦といった不安定な準給与所得者である。この層は人種的には黒人、ムラトが多く、都市ではスラムやその周辺に住んでいる。

　さらにリベイロは、これら4社会階層の所得と各階層の人口分布を考慮した図形を提示した。ブラジルの社会階層を奴隷制時代のような単純な三角形とはせずに、漏斗を逆さにした形に似せて表している（図1-5【現代】）。頂点の細い部分を占めるのは少数の支配階層の人びとで、次に首の部分にあたるところを占めるのは、正規の労働者と消費者として経済システムに組み込まれている人びとである。漏斗の底の部分には経済や社会から周辺化された人びとが大部分で、正規の雇用者でなく、最低賃金も保障されていない人びとである。リベイロはこの社会階級構造を奴隷制後のブラジル社会として提示したのである。

　1990年代に入ってブラジルで経済リセッションが続いた時期に、ブラジ

表1-7　階層別所得分布

	人口（人）	割合（%）	各階層の所得の割合（%）	一人当たり所得（R$）
第1階層	26,148,116	15.4	45.1	887.00
第2階層	26,858,516	15.9	18.5	353.80
第3階層	92,697,671	54.7	32.0	177.60
第4階層	23,673,516	14.0	4.4	95.30
計/平均	169,369,819	100.0	100.0	303.50

出所：Quadros（2002），p. 6.

ルの社会階層を調査したクアドロス（Waldir José de Quadros）は、ブラジル
社会の所得分布と職業を分類しながら以下の4つの階層に分けている（表1
-7）。いわば、リベイロの4つの社会階級の図形を20世紀末のブラジルの社
会階層構造として数量化したものといえよう。

　所得の高い上位第1と第2階層を占める人口はそれぞれ約15％であるが、
これら2つの階層がそれぞれ占める所得を比較すると第1階層は第2階層の
2.5倍もの所得を得ていることになる。しかも、これら2つの階層が占める
人口の割合は約3割を占めているにすぎないが、所得はブラジルの総所得の
6割以上を占めている。人口の半分以上を占める第3階層の人びとの所得は、
人口約15％を占めるにすぎない第1階層の所得の2割程にしかならない。最
下層の第4階層が占める人口の割合は14％であるが、その所得は全体の4.4％
にすぎず、第1階層の占める所得の1割強にすぎない（Quadros 2002: 6）。

　不平等な教育機会、課税方法の問題、低賃金、不十分な所得の再分配策
などが、貧困の悪循環を招き、貧富の格差が改善されないままの歴史が繰
り返されてきたためである。さらに、債務問題とハイパーインフレーショ
ンによる治安の悪化やストリートチルドレンの問題、農村での土地なし農
民運動の激化など、社会問題が噴出した1980年代には、ジニ係数は0.634
（1989年）と最高値に達し、社会不安が広がった[2]。世界各国にブラジル人
が散らばるディアスポラ現象が起こったのもこの時期である。これを機会

2　1993年のボツワナ0.630、1995年のレソト0.632に匹敵する高い数値である（CIA,
World Factbook, 2013参照）。

に教育の普及やその他の社会政策を通じて所得の再分配に関する模索が始まり、軍事政権が終焉して再民主化が果たされると、1988年憲法が保障する自由、平等、正義を実現するための社会政策が実施されるようになった。1995年、まずカンピナス市とブラジリア連邦区の地方レベルで、低所得世帯に教育を保障する政策が導入された。2001年には連邦レベルで教育の機会を保障するこの政策が導入され、その後ブラジル経済の回復、成長とともに種々の社会保障制度が導入され、都市部でも農村部でも貧困層の生活環境が改善された[3]。以来、2001年（ジニ係数0.593）から2011年（ジニ係数0.533）まで、ブラジルのジニ係数は順調に下降をたどっており、2021年の数値は0.529となった[4]。

21世紀の新しい階層構造─新中間層の出現

カルドーゾ（Fernando Henrique Cardoso, 1931- ）がレアル・プランによってブラジル経済を安定化させると、1995年頃からブラジル経済は回復傾向を示し、2005年にGDPが世界で10位となり新興国BRICs[5]として注目されるようになった。さらに、2011年にはGDP世界7位となっている。これにともない、一人当たりの所得も拡大し、2001年のUS\$9,340が2005年にはUS\$11,080に、2008年のリーマンショック後にはUS\$13,300と順調に推移し、2014年にはUS\$16,150に達した[6]。

不平等指数が改善された2001年から2011年に、ブラジルの社会階層構造に変化が出現した。旧来の中産階級とは異なる価値観や行動様式をもった新たな

3　カルドーゾ政権以降ルセフ政権までに導入された社会福祉政策：Bolsa Família, Previdência Rural, Brasil Alfabetizado, Saúde da Família, Brasil Sorridente, Mais Educação, Rege Cegonha などがある。

4　1977年以降、ブラジルのジニ係数は、ハイパーインフレの時代の1988年、89年、90年の0.6を超えた数値を除き、常に0.5台の数値である。改善されたとはいえ、ブラジルはジニ係数を見る限り格差の大きい社会なのである。因みにWorld Bankの資料によれば、一番数値の低い国はスロバニアの0.232（2019年）で、日本の数値は0.329（2013年）である（https://data.worldbank.org/indicator/ 2023年4月30日閲覧）。

5　2009年の発効時にはBRICsと表記されたが、2011年に南アフリカ共和国が加盟して以来、BRICSと表記される。

6　*Folha de São Paulo*, 14 de fevereiro de 2016.

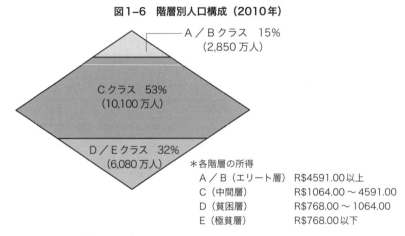

図1-6　階層別人口構成（2010年）

A／Bクラス　15%
（2,850万人）

Cクラス　53%
（10,100万人）

D／Eクラス　32%
（6,080万人）

＊各階層の所得
A／B（エリート層）　R$4591.00以上
C（中間層）　　　　R$1064.00～4591.00
D（貧困層）　　　　R$768.00～1064.00
E（極貧層）　　　　R$768.00以下

＊R$の数値は2010年のもの（出典：*Sociedade e Estudo*, vol.27, no.7. Brasilia, May/Aug. 2012）
出所：http://www.logisticadesmplicada.com/as-classes-sociais-e-a-desigual/（最終閲覧日2016年8月20日）

社会階層として「新中間層」が出現したのである。国連の貧富比5段階を用いてブラジルの社会階層はA、B、C、D、Eの5クラスに分けられて表示さるようになり、「新中間層」と呼ばれるようになった人びとは、所得が増えた結果DクラスからCクラスに上昇を果たした人びとである。貧困層のD／Eクラスは減少し、2010年末の調査によれば1,900万人が貧困層から脱して、Cクラスに上昇した。この結果、Cクラスに属する人は1億100万人を数え、これはブラジル総人口の53%に相当する数値である。人口分布を考慮してこの社会階層構造を図式化すると、Cクラスの上下にそれぞれA／Bクラス（2,850万人、15%）とD／Eクラス（6,080万人、32%）が位置する菱型となる（図1-6）。2018年でもこの階層と人口分布の構成は大きく変わっていない。高所得のA／Bクラスの人口は14.4%、Cクラスは55.3%、D／Eクラスは30.3%で、多少ではあるが、Cクラスへの人口移動が上の層と下の層の双方からあったことはわかる。

　購買力のあるCクラスが人口の半分を占めるようになり、ブラジルはあたかも「中産階級の国」であるかのように、消費ブーム（2006－12年）が到来した。2003年から2008年にかけて出現したCクラスの経済市場はR$1兆を超えるとされた。2008年に始まった世界的経済危機に際しては、その経済規模ゆ

えに危機的状況の減少に貢献したクラスとさえいわれる。消費行動はエリートのＡ／Ｂクラスと似ているが、外国製品よりも国産品を好む傾向がみられ、海外旅行、電子機器、車、オートバイ、不動産、美容などに関心を示す。親の世代より高い教育を受ける傾向がみられ、市場に出回っているクレジットカードの半分はこのクラスが所有している。しかもこのクラスの所得の４割以上は女性の就労によるもので、消費行動における女性の影響力が大きい。買い物は男性の仕事としてきた伝統的な中産階級以上のブラジル人の行動様式とは大きく異なっている。

　新中産階級の事例として、2009年にサンパウロ大都市圏の町São Bernardo do Campoの私立大学で起こった事件を挙げることができる。ミニスカートで登校した女子学生を「売春婦」として男子学生が受講を阻止した。親からも女子大学生らしからぬ服装ということで反対運動が起こり、女子学生は退学を余儀なくされた。憲法が保障している自由を侵害したとして、この事件の結果に異を唱える全国の女子学生が授業をボイコットする事態になった。ミニスカートの女子学生は、まさに「新中間層」の出身で、まず一族で初めての大学生であり、新興の私立大学に入学して観光学という新しい専門を専攻したこと、女子大学生の服装の定番とされるＴシャツにジーンズを装っていなかったというこれらのことは、まさに旧中産階級の行動様式とは異なるものであった。その後この女子学生は復学することなく、モデルやタレントとしてサンパウロ市内で生活した[7]。

　21世紀に入り中間層が拡大しはしたが、不平等な所得分配に大きな変化はみられなかった。消費ブームを迎えていた2009年の所得分配構造を表1-8にみてみると、所得が最低賃金以下の世帯が、全世帯の半分

表1-8　平均収入額による世帯分布（2009年）

収入（最低賃金の倍数）	単位：%
５カ月以上	5.1
３〜５カ月	6.0
２〜３カ月	8.3
１〜２カ月	24.8
１カ月まで	50.4

出所：*Almanaque Abril 2011*, p. 116.

7　当時の大学での騒動の様子はyoutubeで視聴できる。Mini-saia "gera" polémica numa universidade do Brasil（https://www.youtube.com/watch?v=klxjURo2dbY　最終閲覧日2024年1月11日）

を占めており、所得の分配が進んでいないことがわかる。例えば、こうした
格差は、ジニ係数に反映され、2011年には0.532、2012年にも0.526と、社会
の危険性や不安定性を示唆する数値0.5以上を示しているのである。

　確かに、20世紀末の再民主化以降の一連の社会政策によって所得格差には
ある程度の改善がみられるようになったが、先進諸国が享受しているジニ係数
0.2 〜 0.3という数値にみられるような所得分配の状況には至っていない。植民
地時代の輸出産業と、そのための奴隷制度によって作り出されてきた不平等
な社会格差という状況からの解放には、まだ時間と工夫が必要であるようだ。

● 社会階級と人種—住民の人種構成とその分布

　近代奴隷制が終焉し共和制が到来しても大きな階級格差を抱えてきたブラ
ジルでは、人種民族間の社会経済的格差も同様に継続してきた。

　今日、ブラジルの 地理統計院（IBGE）は、国勢調査では「人種及び皮膚の
色」に関して「白人」「黒人」「黄色人」「混血者」「先住民」の5種のカテゴリー
を用いている[8]。2013年の地理統計院の発表によれば、ブラジル住民の皮膚の
色あるいは人種による構成は、「白人」46.2%、「黒人」7.9%、「黄色人」0.4%、
「混血者」44.9%、「先住民」0.3%であった（表1–9）が、2021年には「白人」
の割合が43%と減じているのに対し、「黒人」9.1%、「混血者」47.0%と、非
白人の割合が増加する傾向がみられる（前掲表序－1参照）。ブラジル住民の
約99%に相当する白人、黒人、混血者の3カテゴリーに注目すると2013年、
2021年ともに、ブラジル住民の4割強が白人で、残り5割強が「ネグロ」[9]で、

8　ここで「混血者（パルド）」とは、「白人」でも「黒人」にも分類されない皮膚の色の
　住民で、ブラジル人が日常生活で用いるムラト、モレノ、カボクロなどの総称として用
　いているものである。日常生活でブラジル人は「混血者（パルド）」は用いない。因みに、
　「黄色人」とはアジア系住民を分類するカテゴリーであるが、大半は日系人である。「先
　住民」は、主要なブラジル社会や文化から排除され、固有の歴史と文化を形成してきた
　人びととその子孫である。1988年憲法に初めて先住民の権利の保護が謳われ、ブラジル
　国家社会に組み込まれた。1991年の国勢調査からひとつの独立したカテゴリーとなった。
9　2010年に混血者と黒人の総称として「ネグロ」を用いることが法律によって定められ
　た。奴隷制度廃止後、「奴隷」と同義語であった「ネグロ」は人種用語として使用が避
　けられ、単に黒い色を意味する「プレト」が用いられてきた歴史に終止符を打ったとい
　えよう。詳細は脚注11参照。

表1−9　ブラジルの人種構成（2013年）

単位：%

	白人	黒人	黄色人	混血者	先住民
ブラジル全体	46.2	7.9	0.4	44.9	0.3
北部	22.6	7.4	0.3	68.1	1.4
北東部	27.4	9.5	0.2	62.3	0.3
南東部	54.2	8.5	0.6	36.4	0.1
南部	76.3	4.1	0.5	18.9	0.2
中西部	40.3	6.8	0.5	52.2	0.2

出所：*Almanaque Abril 2015*, p. 129.

白人の割合を非白人の割合が凌駕する社会となっている。

　人口分布が開発の歴史を反映して地方によって多様であったと同様に、人種民族の分布も多様である。

　白人住民の割合が全国平均を上回る地方と下回る地方に二分できる（前掲表序−1参照）。南部（75.1%）と南東部（50.7%）は、白人住民の割合が全国平均（43.0%）を上回っている地方である。これに対し中西部（34.7%）、北部（17.7%）、北東部（24.7%）は、白人住民の割合が下回る地方である。次に混血住民の地方分布をみると、北部（73.4%）、北東部（63.1%）、中西部（55.8%）が全国平均（47.0%）を上回る一方で、平均を下回るのが南部（19.9%）、南東部（38.7%）である。黒人人口の割合が全国平均を上回っているのは、北東部（11.4%）と南東部（9.6%）である。南部では黒人の割合（4.4%）が極端に少ない。大雑把にいえば、白人人口が多い南部、南東部地方と、混血人口が多数を占める北部、北東部地方というように、住民の身体的特徴によって南と北に二分することができる。とりわけ南部の人種構成比は、他の4地方とは異なり、住民の8割弱が白人で、混血者と黒人を合わせたネグロの割合は2割強に留まっており、そこには「もう一つのブラジルの住民の景観」が存在するかのようである。

　こうした地方による住民の人種構成の相違は歴史を反映したものである。奴隷制大農園による植民地開発が早期に始まり、オランダ人の支配を受けた歴史をもつ北東部では混血化が早くから始まり、結果として今日でも北部と

並んで混血人口の占める割合が高い[10]。また黒人奴隷の大規模な市場があった同地方のバイア州サルヴァドルは、今日でも黒人人口が集中している都市で、ブラジル黒人文化の発信地となっている。南東部に黒人人口が目立つのは、18〜19世紀に奴隷労働による鉱業とコーヒー産業がこの地域で展開したためである。さらに20世紀には工業化が同地方を中心に発展し、雇用機会を求める国内人口の移動が、伝統的に多数の人口を抱えてきた北東部や同じ南東部のミナスジェライス州からリオやサンパウロに流入したためである。また、南東部と南部で白人人口の存在が顕著であるのは、先述したように19世紀後半から20世紀中頃までヨーロッパ移民がこれらの地方に導入されたためである。

●社会階級と身体的特徴の相関性

　奴隷制時代より今日まで続く住民の皮膚の色と社会階層との密接な関係はブラジル社会の顕著な特徴の一つとなってきた。ブラジルの社会学者ターレス・デ・アゼヴェド（Thales de Azevedo 1904-95）は、伝統的なブラジルの社会バイア州の調査研究を通じて人種と社会階級の関係を1966年に図式化して先駆的業績を残した。社会階級を上がるにしたがって、身体的特徴として皮膚の色の白い人が増え、反対に社会階級を下がると、有色人の割合が増大していくことを示した（16頁、図1-2）。

　アゼヴェドはこの図から階級と人種の関係を次のように説明している。上層階級を構成している人びとは、総人口の約10％を占め、大地主や大企業家、政府高官、官僚、自由業等の経済的・社会的に威信の高い職業に従事し、国民所得のおよそ50％を占めている。人種的にはヨーロッパ系の白人がその大半を占めており、黒人とか先住民の特徴をもつ人をみかけることはほとんどない。

　次に、中小地主として、あるいはいわゆるホワイトカラーとして中間層を構成している人びとは、総人口の約30％、国民所得の30％をそれぞれ占めている。

10　北部で混血人口の割合が大きいのは、先住民とその他の人種との混血が多いためである。

人種的には、白人、混血者[11]、黒人とすべてのタイプがみられ、特に、混血者の占める割合が大きい。しかし、白人がまだ多数を占めるグループである。

　最後の下層を構成している人びとは、工具、掃除人、日雇い労働者といった未熟練の肉体労働者がほとんどで、総人口の60％にあたる人びとが国民所得の20％を分けあって生活している。ここでは、白人は少数派で、大半はムラト[12]や黒人、あるいは先住民の身体的特徴をもっている人びとである。日常生活では、皮膚の色の異なる人たちが最も混じり合って生活しているグループである。

　こうした階層と人種の相関性は、21世紀になっても続いている。アゼヴェドの研究から半世紀過ぎた2010年の調査によれば、人種による非識字者の割合は、白人5.9％、混血者12.9％、黒人14.4％と、皮膚の色が濃くなるにしたがって高くなっており（*Almanaque Abril 2012*: 119）、教育の機会が皮膚の色によって平等ではないことを物語っている。さらに同じ教育年数を受けていても皮膚の色の違いによる所得の相違がみられる。12年以上の教育を受けた白人の所得は、同じ教育年数のネグロ（パルドとプレトの総称）の所得より31.7％高いことが指摘されている（*Almanaque Abril 2012*: 119）。結果として、10％の貧困人口のうち、白人は25％であるが、ネグロは74％に上っている。反対に、1％の富裕者のうち、82％が白人であるのに対し、ネグロでは16％にすぎない。こうした経済的指標と身体的特徴の相関性は、貧困層と富裕層にも白人とネグロの不平等な分布をもたらしている（Venturi, et al. 2004: 135）。ネグロが貧困層に占める割合が高いことを反映して、殺人に巻き込まれて被害者になるネグロの割合も高い。白人10万人中15.9人（絶対数14,650人）が殺害の被害者となっているのに対し、ネグロの場合は36.6人（絶対数32,349人）にも及ぶ（*Almanaque Abril 2012*: 119）。こうした格差は住居にも及び、ファヴェーラというブラジルのスラム街の住民は2010年の調査では1,140万人を数え、このうちアフリカ系住民が約7割（68.4％）を占めていた。

11　1960年の国勢調査の人種に関する調査では、「先住民」、「カボクロ」、「ムラト」、「モレノ」などの回答がみられたが、調査結果ではこれらすべてを「混血者（パルド）」とまとめて掲載している。

12　本来なら、上記にあるように「混血者」とされるが、アフリカ系住民であることをあえて意味するために「ムラト」を用いている。

● 社会成層と身体的特徴の相関性の歴史的展開

　皮膚の色と社会成層とのある種の相関性は、歴史的に密接な関係をもって展開してきたものである。

　19世紀末までプランテーション農業と奴隷制とを基盤にして形成されていたブラジルの社会は、植民者のポルトガル人が大土地所有者として奴隷主のカーストを構成し、アフリカの黒人（とその混血の子孫）は肉体労働者として奴隷カーストを構成するという二重カースト社会であった。このために、本来生物学上の人種的特徴を示す「ネグロ」という用語は、同時に「奴隷」という社会的地位をも意味するようになり、「奴隷」と「ネグロ」の用語はまったく同義語として当時のブラジル社会で用いられていた[13]。逆に、「奴隷主（セニョール）」はすなわち「白人（ブランコ）」を意味し、「白人」といえば、「奴隷主」であると解されていた。このように、社会的地位と身体的特徴とが、奴隷制時代のカースト社会の中で密接に結びつけられていた。その後、奴隷制度の廃止によってブラジルの社会はカースト社会から階級社会に制度上は変化したが、決して流動性の高い社会が出現したのではなかった。1872年の国勢調査で総人口の60％を占めていた非白人の大多数は、市民としての、または賃金労働者としての十分な訓練を受けずに奴隷から解放された。このために、非白人は都市や農村で不安定な未熟練労働者となるか、あるいは職のない都市の浮浪者となって社会階層の底辺に止まったのである。上層階級の白人も、根本的な変化に迫られたのではなかった。かつての奴隷主の白人たちは、経済的にも政治的にもその権力を失うことなく企業家や政府高官として上層階級を形成し続けた。結局、奴隷制度の廃止から共和制への政変は、奴隷主層の白人による白人のための改革にすぎなかった。こうして奴隷制度廃止後もブラジルの

13　奴隷廃止論者のジョアキン・ナブコ（Joaquim Nabuco, 1849-1910）は、奴隷制度廃止後に新しく市民となった黒人を表現するときに、奴隷というイメージを払拭するために従来の「ネグロ」の代わりに、人ではなく物の色の黒さのみを表現する「プレト」を使用するよう提唱している。このことは、人種分類の一カテゴリーであった「ネグロ（＝黒人）」が、「奴隷」という社会的立場を意味する言葉としても用いられていたことを物語っている。

社会階級構造の二階層システムは、「白人」かあるいは「非白人」かという
ブラジル住民の二重の人種区分と密接に結びついていたのである。

　ヨーロッパの人種主義の影響を受け、アフリカからの移民に門戸を閉ざし
ていたブラジル各州の移民政策は、非白人住民を社会階層の底辺に止めるこ
とになった。

　1920年代に始まるブラジルの工業化と都市化は、中小地主、企業経営者、
事務員、熟練労働者などから成る新しいタイプの中産階級をブラジルの社会
に形成し、ブラジルの大都市は流動性に富む社会に変貌した。奴隷制時代の
伝統を共有せずに新しい中産階級を形成した人びとは、勤労の精神と教育に
よって社会上昇を果たそうとしたヨーロッパ移民で、なかには上層階級の新
しいメンバーとなるものも出現した。19世紀末にイタリアからブラジルに
渡り、その息子の時代にはブラジルの国民総生産の1％を占める巨額な富を
築く移民も出現した。

　結果的には、都市化と工業化による社会上昇のチャンスは下層の有色の人
たちに平等に与えられなかった。ヨーロッパからの大量移民の時代が終焉
した後の1950年の国勢調査によれば、白人と分類された住民（61％）のうち
約5％が雇用主となっているのに対して、混血者（27％）では2％弱、さらに
黒人（11％）の場合には1％に達しておらず、人種の割合と社会上昇の機会
とはまったく相関していなかった。むしろ、社会上昇のチャンスを得られた
のは、イタリア移民の例が物語るように、19世紀末以来、元奴隷と肩を並
べて社会上昇の階段を上り始めたヨーロッパ移民とその子孫であった。1963
年の調査によれば、サンパウロの企業家の84％がイタリア、ドイツ、ポル
トガル、レバノンなどの移民一世と二世であった[14]。要するに、奴隷制時代
に形成された人種と社会階層の一種の相関関係は、その後の奴隷制度の廃止、
自由競争社会の出現にもかかわらず、今日に至るまで基本的には変わってい
ない。雇用形態と人種の関係を示した2021年の調査によれば（表1-10参照）、
就業者である雇用者の割合は人種による住民の割合をほぼ反映しているが、

14　Bresser Pereira, Luíz Carlos "Origens étnicas e sociais de empresário paulista",
Revista de Administração de Emresas 3（11）.

表1-10　人種と雇用形態

単位：%

人種	人種の割合	雇用者の割合	管理職の割合
白人	43.0	45.2	69.0
黒人	9.1	9.9	4.2
パルド	47.0	43.8	25.3
黒人またはパルド	56.1	53.8	29.5

出所：IBGE. *Pesquisa Naional por Amostra de Domicílios Contínua*, 2021

管理職に占める白人の割合は、黒人やパルドの割合を圧倒的に凌駕している。

ブラジルの人種差別や偏見とは

　米国や他のラテンアメリカ諸国と同様に奴隷制度の歴史をもちながら、ブラジルは長い間、人種差別も偏見もない国とされてきた。その理由は、米国のジム・クロウ法や南アフリカのアパルトヘイトのように可視化できる公の人種差別法や人種隔離政策がなかったからとされる[15]。さらに、ブラジルには「白人」と「黒人」といった2つの人種カテゴリーの間に「パルド」に代表されるようないくつもの中間のカテゴリーが存在しているために、米国や南アフリカのような人種差別制度が設けられなかったとされてきた。しかし、アフリカ系ブラジル人は現実に、就労、教育、所得、住居といった生活のすべての側面において不平等な状況に置かれ、社会的排除を余儀なくされてきた。ブラジルで人種差別や偏見の存在が認められ、社会的マイノリティとされてきた住民に市民として平等の権利を保障しようとする動きが目に見える形で展開するようになるのは、奴隷制度廃止から100年を経た20世紀末以降のことである。

　前掲のアゼヴェドの図1-2にみられるように、一つの社会階級構造にすべてのブラジル住民が散りばめられてはいるが、社会の底辺により多くの黒人が位置づけられているという現実を、ブラジル人は階級格差の問題とし、人種差別や偏見の結果ではないと了解してきた。時には、アフリカ系住民が

15　ただし奴隷の扱いについてはフェリッペ法令集や1633年規定に定められてはいた。

低所得層に集中しているが、それは偶然の出来事にすぎず、ブラジルは人種的な差別や偏見のない社会だと説明されてきた。

　一世紀以上にわたってブラジルの人種差別や偏見を見えなくしてきたのは、19世紀から20世紀に形成された2つの人種イデオロギー「白人化イデオロギー」と「人種民主主義」が関係している。ブラジル住民を白人化するために進められてきた異種族混交が、人種差別や偏見の不在の証と解されてきたのである。

　ところが、ブラジルの社会学者F・フェルナンデスは、第二次世界大戦後のブラジルの人種関係の調査を通じてブラジル社会の偏見や差別の存在を告発した。身体的特徴や人種に関する問題はブラジルには何ら存在しないものとしてきたブラジル人は、「ブラジルには人種偏見がないという偏見」をもっていると指摘した。したがって、偏見や差別と思える言動にブラジル人は、敏感にかつ神経質に反応するというのである（Fernandes 1970:379）。1951年、当時の首都リオで米国の黒人女性歌手がホテルで宿泊を断られる事件が起こった。すると直ちに国会議員のアフォンソ・アリノス（Afonso Arinos de Melo Franco, 1905-90）とジルベルト・フレイレは、人種や身体的特徴を理由に公共の場での差別行為を刑罰の対象とする法案を連名で国会に提出した。法案は直ちに承認され、人種差別を禁止したブラジル初の法アリノス法（Lei nº 1.390, de 13 de julho de 1951）として世に知られることとなった[16]。

 ## 人種民族調査の限界と挑戦

　人種差別や偏見は存在しないとしてきたブラジルでは、人種調査に関する項目に対し十分に配慮された国勢調査が行われてきたわけではない。20世紀に入り、人種に関する項目を加えた国勢調査が最初に行われたのは1940

16　同様のリアクションは今日でも、ある程度の社会的地位を築いた白人のブラジル人に日常的に観察される。ブラジル社会の人種民族的多様性を反映させて、「これ以上、○○系ブラジル人ばかりでなく、他の出身のブラジル人を求めよう」と主張すると、直ちに「差別は心に思っていればいいことで、口に出してはいけない」と感情的に反論する。反論する主が差別をもっていることを物語っている。

年で、「ブランコ（白人）」「プレト（黒人）」「パルド（混血者）」[17]「アマレロ
（黄色人）」の4カテゴリーで人種調査が行われた。ただし、各人種の数と地
域的分布が調査されたにすぎず、社会的指標との相関性は調査されなかった。
1950年の国勢調査では、社会的指標と人種の関係が調査され、就労、教育
のチャンスに白人がより恵まれていることを明らかにした。すでに経験的に
は感知されていたことがこの調査で数値化されたのである。黒人人口がブラ
ジル住民の11％（約1,400万人）を占めるのに対し、雇用主の立場にあった黒
人は全雇用主の0.9％、中等教育を受けた者は0.6％、大学教育では0.2％を占
めていたにすぎなかった。人口に占める黒人の割合が経済社会的側面に反映
されていないことが明らかとなったのである（Fernandes 1970: 388）。

　同時期にユネスコがナチズムを克服するために、当時偏見や差別がないと
されていたブラジルの人種関係の調査を行った。しかしユネスコが得た結果
は、ブラジルには皮膚の色に対する偏見が存在しているというものであった。
このユネスコの調査プロジェクトに参加したブラジル、米国、フランスの
研究者（例えば、Florestan Fernandes、Fernando Henrique Cardoso、Octavio
Ianni、Thales de Azevedo、Charles Wagley、Roger Bastideなど）は、その後
もブラジルの人種関係の社会学的考察を継続し、フレイレの人種民主主義を
超えようとした。

　F・フェルナンデスに代表されるマルクス主義的な研究者は、ブラジル社
会の不平等性を告発した。しかし、ブラジル社会の左傾化を懸念した軍部が
1964年にクーデターを起こして政権を掌握し（1964−85年）、言論統制を行っ
た。ブラジルの不平等な社会制度に異を唱える人物は遠ざけられた。1968
年以降、自由主義的あるいは左翼的な政治家や研究者、運動家は、職場を追
われるか亡命を余儀なくされた。人種民主主義を批判したF・フェルナンデ
ス、F・H・カルドーゾ、O・イアンニ（Octavio Ianni, 1926-2004）といった
サンパウロ学派による研究調査は中断された。ラテンアメリカでのキューバ

17　この1940年調査では、「先住民」、「カボクロ」、「ムラト」、「モレノ」と答えた被調査
　　者の回答のすべてを「パルド（混血者）」カテゴリーに分類している（*Almanaque Abril
　　2012*: 119）。

革命の拡大を懸念して、ブラジルのアフリカ系住民の共同体を支援していた米国の開発支援機関（Inter-American Foundation）も、人種民主主義のイメージを損なうものとしてブラジルから追放されている（Skidmore 1994: 163）。

　軍事政権は、1970年の国勢調査では人種に関する調査は行わないとした。その理由は、混血化が進み、さまざまな身体的特徴を有する住民が多数を占めるブラジルには、人種に関する統一した定義がないために、調査は不可能であるというものであった。人種に関する調査を除外しただけではなく、軍事政権はブラジルの誇りである人種民主主義のイメージを損なうすべての批判を検閲によって抹殺した。1980年の国勢調査でも、軍政府は人種に関する調査項目を削除しようした。しかし、経済が停滞したブラジルで軍事政権は、研究者やメディアやアフリカ系軍人の抵抗を無視することができなかった。80年の国勢調査で人種に関する調査は実行されたが、被調査者の4分の1に対してのみ人種に関する2項目の調査が許可された。この国勢調査の分析結果からアフリカ系住民に対する明白な差別の実態が明らかになったが、85年に再民主化が果たされるまで公にされることはなかった（Skidmore 1994: 161-162）。

　1980年の国勢調査の他にも人種と社会指標の相関性を明らかにする調査はなされていた。76年と82年の全国世帯サンプル調査（PNAD）は、ブラジルでは人種が生活様式を決定する要因となっていることを統計資料によって明らかにしていた（*Almanaque Abril 1990*: 138）。しかし、80年の調査結果と同様に、軍事政権下でこれらの調査結果は公にされなかった。

第5節 人種民主主義の克服と多様性の承認

民族文化の覚醒

　人種差別の存在が公にされない中で、ブラジル住民の間では人種的にも民族的にもブラジルは多様な社会であることを示す状況が、1960年代から70年代に展開した。

　50年代以降にブラジルでは工業化と都市化が進み、60年代末から70年代初めにかけての「ブラジルの奇跡」といわれた時期にはテレビの普及、識字率の改善[1]、自動車道路の発展、国内人口の移動による都市人口の増加[2]といった変化が、オリガーキー家族が支配する狭い世界で生活していたブラジル住民の心象世界を拡大し、ブラジルの多様性を認識することを可能とした。例えば、1963年から今日まで60年間続いているバラエティ番組がある。中産階級以下のブラジル人の日曜日夜の娯楽番組である。司会者の名を冠して「プログラマ・シルヴィオ・サントス（Programa Silvio Santos）」といわれるもので、現在の放映時間は午後8時から深夜12時までの4時間であるが、最盛期の70年代は20時間に及んだ。当時出演していた視聴者は、サンパウロやリオで暮らす地方出身の低所得層の人びとで、出演料を目的に他愛ないかくし芸を披露していた。話術の達者な司会者が、登場した視聴者の職業や出身地を、番組を盛り立てながら聞き出すというのが見所であった。登場する視聴者の職業は、男性ではタクシーの運転手や石工、女性では家政婦や工員が主であった。登場してくる視聴者の出身地を司会者は言葉巧みに聞き出し、一般視聴者にブラジルには多数の異なる町があることを印象づけるのに一役買っていた。さらにブラジルの地域的多様性の認識に拍車をかけたのが、この番組のプログラム

1　1950年の非識字率（15〜69歳）は50%、80年には30%に減少（三田 2005: 196）。さらに時間と共に非識字率は減少し、2019年には6.6%（1,100万人）とIBGEは調査結果を報告している。
2　1960年から70年の間に、都市人口が農村人口を上回った（三田 2005: 200）。2007年のIBGEの発表によれば、都市人口の割合は83%である。

の一つである都市対抗の美人コンテストである。白人、黒人、モレノ、ムラト
の女性を都市ごとに選出し、皮膚の色別にその美を競うというもので、ブラジ
ル住民の皮膚の色の多様性を物語っていた。このコンテストに登場する都市を
VTRで紹介することにより、視聴者にはブラジルにはさまざまな佇まいの町
が存在していることを知る機会となった。

　時を同じくして、移民は移住した先で溶け合うことはなく、それぞれの民
族性や文化を維持するというそれまでの同化論を退けるグレイザーとモイニ
ハンの共著『人種のるつぼを越えて──多民族社会アメリカ』が1963年に
米国で出版され、外国移民によって形成されてきた国々に大きな影響を与え
た[3]。その後これらの諸国では多文化主義政策が意識されるようになり、移
民の国としてブラジルも影響を受けた。

　ヴァルガス時代以来、公式見解は「存在するのはブラジル人のみ」とされ
てきたが、外国移民によって開発が進められてきた地方では、民族集団の存
在や民族文化は現実の生活では受け入れられていた（コラム1-4「多民族多文
化社会の『地域意識』と『国民意識』」参照）。

　外国移民が多数導入された南部のパラナ州では、各外国移民の民族文化が
継承されてきた。州都クリチバに小児精神病院設立が計画されたとき、建築
費用支援のために、パラナのエスニック集団が協力して「国際民俗祭（Festival
Internacional de Folclore）」を1958年に開催した。このエスニック集団によ
る祭は、ブラジルの全国版の写真週刊誌（O Cruzeiro）に掲載されて反響を呼
んだ。これが契機となり、1959年に州政府は州立劇場で同祭を「パラナ民
俗祭（Festival Folclórico do Paraná）」として開催し、以後州の公式行事となっ
た。現在は「パラナ民族芸能祭（Festival Folclórico de Etnias do Paraná）」の
名称で開催されている（コラム1-5「パラナ民族芸能祭と移民」参照）。この祭
を支えたのはポーランド、イタリア、ウクライナ、オランダ、ドイツ、日本、

3　Glazer, Nathan & Moynihan, Daniel Patrick, *Beyond the Melting Pot: The Negroes, Puerto Ricans, Jew,s, Italians and Irsh of New York City,* MIT Press, 1963.（グレイザー、ネイサン、ダニエル・P・モイニハン『人種のるつぼを越えて──多民族社会アメリカ』阿部齋・飯野正子共訳、南雲堂、1986年）

ポルトガルといった各民族の文化協会である。これにより各民族集団の結社がパラナ州によって公式に文化団体として認められた。

サンパウロ市では、日系人が集住し、日本製品や日本的商品を扱う店が軒を連ねていた「ガルボンブエノ街」（Rua Galvão Bueno）を、「東洋街」（Bairro Oriental[4]）という呼称に市が1969年に変更し、観光開発のための整備を行った。紅い鳥居に、提灯を模した街路灯、敷石は白と黒の巴柄と、ブラジル人が考える日本的シンボルで飾られた地区が登場し、日本文化協会の女性会員がお揃いの浴衣で盆踊りを披露したり、若者が「ヨサコイ・ソーラン（Yosakoi Soran）」を競う場ともなった。ヴァルガス時代にブラジル社会への同化が強いられていた状況とは異なり、そこには固有のエスニックな雰囲気の空間が求められ、名称もあえてブラジル文化とは離れたものを市が選択したのである。

1988年憲法の多人種多民族の承認

自由、平等、正義を謳う1988年憲法が発布されると、人種差別や偏見を認め、マイノリティ住民の平等を実現しようとする動きがブラジルで具体的に進められるようになった。

奴隷制度廃止100周年にあたる1988年、再民主化されたブラジルで新憲法が発布され、反人種主義を謳う条項（第5条XLI「人種主義の行為は保釈にも時効の対象にもならない犯罪である」）が初めて設けられ、国内の民族集団の文化表現を保障する条項（第25条）も設けられた。また新憲法が非識字者にも投票権を認めたことにより、教育機会を奪われ貧困から逃れることが難しかったアフリカ系ブラジル人や先住民に、社会上昇の機会が与えられることになった。

さらに新憲法は、現存する逃亡奴隷の共同体キロンボを文化的遺産として保護する条文（第216条V5）を定め、その実行機関として文化省がパルマレス文化財団（Fundação Cultural Palmares）を1988年に創設した。パルマレス財団はブラジルの多文化的状況を理解し、アフリカ系ブラジル住民の意識啓発に乗り出した。全国に隠れた形で存在してきた逃亡奴隷の共同体キロンボの存

4　当時、新移民として韓国や中国からの移民もこの地区に定住するようになっていた。

在を確認し、その土地所有を保障する手段も講じた。

　1988年を機に、アフリカ系住民の意識形成が促進されると同時に、ブラジルの黒人文化の確認が目指されるようになった。奴隷制時代に奴隷の農園からの逃亡や反乱を恐れて、黒人奴隷の取引には出身地の言語や文化を異にする奴隷が各農園に配された。この結果、奴隷としてあるいは黒人としてブラジルで育んだ文化[5]が、ブラジルの黒人文化としてアフリカ系住民のアイデンティティを形成するのにつながった。アフリカ系ブラジル人の文学も発表され、アフリカ系ブラジル人を対象にした雑誌2誌（*Raça Brasil*及び*Black Brasil*）が90年代半ばにも続いて出版され、ブラジル全国の書店に並んだ[6]。テレビ番組にも従来のように端役ではなく、主人公として登場するようになり、メディアでアフリカ系住民の存在が目立つようになった。91年の国勢調査実施を前に、調査には積極的に自分の皮膚の色を反映させた回答をしようとアフリカ系住民の運動家が呼びかけた。人種差別や偏見が隠ぺいされてきたブラジルでは、皮膚の色に関する調査で被調査者が「プレト」や「パルド」と答えるのを躊躇するために、アフリカ系住民の現実を反映してこなかったからである[7]。

　90年代に入ると憲法に則り社会的マイノリティに対する保護手段が講じられるようになった。女性の政治参加を促進するために女性候補者20％割当て制度（クオータ制）が1992年に導入され、その後、1995年にはアフリカ系住民の集中するサルヴァドル市は公立学校でのアフリカ系文化に関する科目の

5　例えば、現在ではブラジルを代表する文化となったカンドンブレ、カポエイラ、サンバなどがある。

6　70年代末頃から小説や詩を発表する作家（例えば、Fátima TrinchãoやConceição Evaristo）が登場するようになり、21世紀に入るとItamar Vieira Jr.やConceição Evaristo、さらに Jeferson Tenórioらがジャブチ賞を受賞している。*Raça Brasil*が2016年4月からタイトルを*Afro Brasil*に変更、*Black Brasil*は休刊後2006年より再刊開始している。1996年に登場した*Raça*は、業界最大の販売数を誇る。70年代末以降、*Raça*を含み10誌以上がアフリカ系ブラジル人を対象にした雑誌を刊行している。

7　IBGEの資料によれば、自己申告の調査によって2010年の白人の割合は47％、黒人7.5％、パルド43％であったが、2021年には白人43％、黒人9.1％、パルド47％となり、白人と答える者が減り、黒人、パルドと答える者が増えており、今や非白人系の人口が白人と答える住民の数を上回っている（http://educa.ibge.gov.br/ 参照）。

導入を可能とし、さらに先住民保護地区では先住民言語と歴史の科目の導入
も可能となった。こうした中で、D・リベイロの *O povo brasileiro*（1995）が発表
され、地方によって文化的にも身体的にも異なる特徴をもつブラジル住民の
姿が歴史的視点を踏まえて考察され、ブラジル国民の多様性を鳥瞰すること
が可能となった。これらの過程はブラジルにおける社会的マイノリティが承
認されたと同時に、マイノリティが人種民族の多様性の存在として承認され
た足跡でもある。

　世紀を跨ぎながらブラジル社会の差別や不平等を人種関係から分析する研
究成果が積極的に発表されるようになり、ブラジル社会の人種差別の実態が
語られるようになった。2003年に16歳以上のブラジル人5,003人（5行政地
方の中の266市）を対象にした調査（自己申告による皮膚の色の分布は「白人」
45％、「パルド」34％、「黒人」16％、「先住民」4％、「黄色人」1％）によれば、
被調査者の89％は「ブラジルは人種主義の国である」と認めている（Venturi,
et al. 2004: 138, 141）。そこで、自分の皮膚の色が否定的な事柄と結びついて
いるかどうかを問うと、黒人の49％、パルドの26％が結びついていると答
えたのに対し、白人では6％にすぎなかった。ところが、先住民ではこの
数値が46％に上り、アフリカ系住民と並んで先住民も身体的特徴やエスニ
シティが否定的属性と捉えられていることが明らかになった（Venturi, et al.
2004: 56）。こうした否定的属性が、教育水準や所得、あるいは住宅環境といっ
た社会的変数とも依然相関していることは前述したことで明らかであろう。

人種民族の不平等の克服

　人種差別を認めたブラジルでは、その差別を克服するための法が整えられ
ると同時に、アフリカ系住民に対し割当て制度のようなアファーマティブ・
アクションの具体的措置がとられるようになった。

　2001年に南アフリカのダーバンで開催された第3回人種主義及び人種民族
差別廃止国連会議にブラジル政府は多数の参加者を送って積極的に臨んだ。
会議で提案された黒人割当て制度を貧困と人種問題を解決する手段として、
1988年憲法が保障する障害者の雇用割当ての条項を適用して、就労と教育

の場に割当て制度の導入を図った。多様な職種で働く公務員の職場には割当て制度が、法令に基づき直ちに導入された。しかし、非白人人口の占める割合が限られてきた高等教育への導入は段階的となった。

　まず、リオデジャネイロ州が2000年に州法で州内の公立高校（市立及び州立高校）出身者に州立大学2校で入学定員の50％を割り当てることを定め、2004年の入学試験で実施された。次にこの公立学校出身者に対する割当て法は、黒人あるいは混血の学生に適用され、入学定員の40％を当該学生に割り当てる法を2001年に制定し、翌年実施された。その後、ブラジリア連邦大学やバイア州立大学でも経済的あるいは人種的弱者に対する割当て制度が導入された。2002年にはこの割当て制度が連邦法に盛り込まれ、その運用も単に入学のみではなく、奨学金や賞金の付与にも適用されるようになった。この割当て制度を導入している公立の大学その他の高等教育機関は、2012年現在で107校を数えていた。

　2010年には人種の平等と民族の権利を保障する法「人種平等法」（Lei nº 12.288, de 20 de julho de 2010）が、人種的、民族的、ジェンダー間の差別を克服するためのアファーマティブ・アクションを推進することを目的に制定された。同法はアフリカ系住民と先住民の教育と民族文化を保障することを具体的に定めている。すなわち、初等中等教育機関では「ネグロ」の歴史教育を義務化し、民族文化を維持してきた先住民にはその先住民言語と歴史の教育も希望すれば行えるものとした。この法で、これまで国勢調査に用いられてきた人種カテゴリーの「プレト」と「パルド」の総称として「ネグロ」を用いることを明文化し、社会的マイノリティを一括して把握できるようにした。

　他方、こうした人種割当て制度や人種平等法に対する反対の声も上がっている。その理由の一つは、すでにある人種主義をさらに深刻化することになるというものである。もう一つは、誰がこの保障の対象となるのか明確な基準がないとして反対しているものである。前者は、これまで人種主義はないとしてきたブラジルにその差別の存在を気づかせ、ブラジル社会が公平な社会を実現するために何と戦わなければならないかをはっきりさせたといえ

る。後者の問題は、ブラジルの曖昧な人種の概念に問題を投げかけているのである。2007年にブラジリア大学の選抜試験で問題が持ち上がった。一卵性双生児の受験生の一人は「ネグロ」として合格し、もう一人は「ネグロ」と認められず不合格となった。これは、ブラジルには身体的特徴によって分類する多数の人種のカテゴリーがあり、しかも客観的指標が存在しないために起こった問題である。この事件を受けて人種平等法では、マイノリティを一括した名称にして誰がマイノリティであるかをはっきりさせようとした。しかし、複数の人種のカテゴリーは依然として継続している。

　先に引用した2003年のブラジルの人種主義の研究書は、13の人種カテゴリーを拾い出していた（Venturi, et al., 2004: 138）。アフリカ系住民の人種カテゴリーだけでも被調査者は、自分の人種を「ムラト」「モレノ」「プレト」「パルド」「ネグロ」「モレノ・クラロ」「モレノ・エスクロ」「メスチソ」と8種を用いて回答した。「ムラト」は「モレノ」でないし、「プレト」でも「パルド」でもない。こうした多数の人種カテゴリーが明確な基準がないままに、主観的、あるいは習慣的に用いられているのがブラジル社会の現実である。例えば、次のような調査結果がある。1990年代から2000年に活躍した、かの有名なサッカー選手のロナウド（Luís Ronaldo Nazário de Lima, 1976- ）の自己認識は白人であるが、ブラジル人の54%はネグロと認識している。サルヴァドルの黒人音楽家を父親として誕生した女優でもありモデルでもあるカミーラ・ピタンガ（Camila Pitanga, 1977- ）の自己認識はネグロであるが、これに同意するブラジル人は27%である。歌手、女優、モデルとして多彩な才能を発揮しているタイス・アラウジョ（Taís Araújo, 1978- ）も、アフリカ系、オーストリア人、ポルトガル人と、複数の出自ではあるが、自己認識はネグロである。これに同意するブラジル人は54%である（*Datafolha*, 16/03/2016）。以上のようにアフリカ系住民の人種カテゴリーは本人の認識と他者の認識とは必ずしも一致しない。その身体的特徴が多様であると同時に、社会的経済的地位も考慮されるからである。

　複数の人種カテゴリーの存在を考えると、ブラジリア大学の事件が提起した誰がネグロなのかという問題は、今後も続くことになろう。現実には、「ネ

グロ」カテゴリーの概念は整理されることなく、ネグロ割当て制度は運用されていくしかない。ジェンダー問題も含めて割当て制度は、今のところ、ブラジルの社会不平等を解決する具体的手段の一つであり、人種間やジェンダー間にまだ大きな差があるとはいえ、統計上はネグロ住民や女性の社会上昇をもたらしている制度ではある。

　多人種多民族によって形成されてきた社会でありながら、ブラジルが自国の多文化性を認識するのは、ナショナリズムと人種民主主義から解放され、広大な国土内の移動が可能となったことにより心象世界が拡大し、異なる人種や民族のあり方を受け入れることができるようになってからである。ヴァルガス時代のナショナリズムを受け継いだ軍事政権が政治の舞台から退いたことで、正義を求めて平等を実現するための手立てを講じることが可能となったのである。

コラム1-4

多民族多文化社会の「地域意識」と「国民意識」

地域の多様性がアピールされたFIFAワールドカップ・ブラジル大会

　2014年6月12日、サッカーの祭典FIFAワールドカップがブラジルで幕を開けた。開会式では会場となった国内12都市に関連する音楽と舞踊のパフォーマンスがあり、ブラジルは海外に向けて地域的な多様性をアピールした。例えば、レシフェの代表的なカーニバル音楽の「フレヴォ（frevo）」に合わせ男女が傘をもって踊っていたし、ポルトアレグレの州の伝統的正装となっている「ピウシャ（pilcha）」をまとった男性がドレス姿の女性と共に華麗なステップを踏んでいた。

　しかしながら、ブラジルが「日本の反対側にある、多様性に富んだ国」[8]といわれるときの「多様性」は、移民国家であるゆえの国民の民族的背景の多様性であることが多く、国内の地域的多様性は二の次となってしまう。だが、この地域的多様性は、ブラジル人同士が集まるときなどには「お国自慢」の形となって、しばしば話題に上るものである。レシフェがあるペルナンブコ州の出身者は「ペルナンブカノ（pernambucano）」、ポルトアレグレがあるリオグランデドスル州出身者は「ガウショ（gaúcho）」だと自分をよび、生まれ育った地域を誇らし気に語る。相手が郷里を同じくするとわかると、同郷人の間の会話は一層弾むこととなる。その姿は日本人のお国自慢と変わらない。

地域主義の展開

　ブラジルでは、植民地時代から独立後の19世紀半ばまで、各地域はイギリスなど近代資本主義国の経済と直結し国内市場は形成されなかったため、地域ごとに完結した一社会が形成されてきた。それぞれの地域で独自の文化が育まれ、人びとの集合的アイデンティティ形成にも影響を与えた。

　こうした地域主義は国家統合の障害であるとし強力な中央集権の確立を目指したのが、1930年に軍事クーデターで大統領に就任したジェトゥリオ・ヴァルガスである。地域主義は、1889年にブラジルが帝政から共和政に移行してから、強化されていた。州を政治単位とする連邦制が敷かれ、州政府の権限が連邦政府の権限に対して大幅に優先されて、各州にはオリガーキー支配が確立していたためである。ヴァルガスは、1937年11月、21の州旗を燃

やしてそれらに替わって同数の国旗を掲揚したセレモニーを行って、国家統合を視覚的にもアピールした。

リオグランデドスル州における地域主義

そのヴァルガスは、リオグランデドスル州の出身である。この州はブラジルでも「特異な」存在として捉えられてきた。その「特異性」とは一般的に、①地理的特徴、②戦略的位置、③植民の過程、④経済、⑤ブラジル史との関係の5点に基づいている[9]。

リオグランデドスル州は、アルゼンチン、ウルグアイと1,727kmにもわたる国境を接し、この2つの国とは地理的に似た特徴を有している。文化的にも相似点があり、マテ茶を飲む習慣がその代表的なものである。そもそもこの地は1494年のトルデシリャス会議で引かれた想像の境界線ではスペイン領に属するとされていた。リオグランデドスル州はこのトルデシリャス線の境にあたり、ポルトガルにとって「国境地帯」として地政学的重要性をもった。入植も、領土防衛と開発を目的になされた。州の産業的な重要性が認識されるようになったのは、17世紀末である。ミナスジェライスで金鉱が発見されたことにより、役畜を供給する場として植民地経済で役割を得た。北東部のプランテーションで働く奴隷の基本的食料の一つであった干し肉の北東部での生産が18世紀末に干ばつで打撃を受けると、リオグランデドスルでの生産への投資熱が高まった。リオグランデドスルでは干し肉製造所（charqueada）が港も近く牧草地の広がるペロタスを中心に増え、19世紀に入ると干し肉はこの地域の主要な交易品となった。ブラジル独立後、競合するラプラタ諸国からの干し肉への高関税をリオの中央政府に求めていたリオグランデドスルであったが、中央政府はより安価な食料の確保のために輸入税を引き下げた。これによりリオグランデドスル産の干し肉の競争力が急落し、さらに中央政府は干し肉の製造に必要な塩の輸入には高関税をリオグランデドスル州内の土地の所有に対しては高い税金をかけていたこともあって、州内での不満が1835年の分離独立運動「ファラポスの乱（Revolta dos Farrapos）」の勃発へとつながったのである。

「地域意識」と「国民意識」の共存

今日ではリオグランデドスル州の産業は多角化し2013年では第3次産業が州の産業の6割強を占め、さらに、国内総生産からみて国内で第5位の経

済規模を誇る[10]。だからこそ、州を独立させて独自の発展路線を歩もうという声もきかれる。しかも、今日でも分離独立の歴史を想い起こさせるモノと時期が州内にはある。例えば、州旗は、国旗の色である緑と黄色を、分離独立運動で流された兵士の血をイメージした赤が分けているような形となっており、旗の中央には、聖典、槍と銃剣が描かれ、ファラポスの乱のモットーであった、「自由（LIBERDADE）」、「平等（IGUALDADE）」、「博愛（HUMANIDADE）」と、「リオグランデ共和国（REPÚBLICA RIO-GRANDENSE）」と乱の起きた日付である「1835年9月20日（20 DE SETEMBRO DE 1835）」が記されている。この9月20日は今日、州の祝日となっている。

　だが、こうした「分離独立」や「国境地帯」も、解釈の仕方で、ナショナル・アイデンティティである「ブラジリダーデ（brasilidade）」をガウショがもっていることの証明に利用される。リオグランデドスル州では、ヴァルガス政権下で国家統合が進められる中で、地域の歴史が再解釈された。リオグランデドスル州はスペイン系アメリカ世界を前にした「国境防衛者」で、ファラポスの乱を起こしながらも州はブラジルへの帰属を選択したとの言説が生まれた（Oliven 1992: 49）。「国境防衛者」とすることで、リオグランデドスル州の人びとは「地域意識」と「国民意識」が共存するアイデンティティ、すなわち「ガウショ・ブラジレイロ（gaúcho brasileiro）」を確立させようとしたのである。

　そうした「地域意識」と「国民意識」の共存は今日、促進されるべきものとなっている。多民族多文化国家としてブラジルが自己規定した1988年憲法制定以降、国内の多様な地域文化は国の富として捉えられるようになった。ワールドカップの開会式でのパフォーマンスはその姿勢を示したものであった。

8　日本の外務省の公式ウェブサイトの「わかる！国際情勢」というページでの表現である。このページでは、その時期に話題となっている国や海外事情を取り上げて、閲覧者にわかりやすく説明をしている。2014年のFIFAワールドカップ・ブラジル大会の開催を前にアップされた記事である。http://www.mofa.go.jp/mofaj/press/pr/wakaru/topics/vol115/index.html（最終閲覧日2016年9月6日）
9　この指摘については、Oliven（1992）を参照。
10　リオグランデドスル州の地域計画・開発局の統計ページを参照した。http://www.atlassocioeconomico.rs.gov.br/conteudo.asp?cod_menu_filho=818&cod_menu=817&tipo_menu=ECONOMIA&cod_conteudo=1468（最終閲覧日2016年9月21日）

パラナ民族芸能祭と移民

パラナ州と移民

　ブラジルにおける移民といえば、サンパウロ州のイタリア人と日本人、そしてサンタカタリナ州やリオグランデドスル州のドイツ人やイタリア人などが思い浮かぶ。しかし、その間に位置するパラナ州では、他とは少し異なる影響を見ることができる。同州には60を超える多様なエスニック・グループが存在するが、その州都クリチバが「エスニック・ラボラトリー」と呼ばれるように、それらのグループが同じ空間で混在していることである。特にクリチバは学都として知られ、サンパウロ州・パラナ州・サンタカタリナ州の移住地から、さまざまな背景をもつ移民子弟が高校や大学進学のために州都に集まってくる。1912年創立のパラナ連邦大学はブラジル最古の総合大学として知られているが、その歴史学科はブラジルにおける移民研究のメッカでもある。移民子弟の二世や三世世代を中心に、先祖の歴史をたどり記録に残す取り組みに関わっているからである。

　そうした若者たちを受け入れるための学生寮や互助組織なども、古くから整備されていた。各エスニック団体が運営する学生寮や、上京してきた学生自身による互助組織も各所にみられる。日系に関していえば、現在も活動を続けているクリチバ学生連盟（U. G. C.）は、1949年に日系二世の大学生によって設立され、学生間の互助組織としての機能のほか、積極的なボランティア活動を通じて地域社会に貢献し、多くの日系コミュニティリーダーを輩出してきた。現在（2023年）、会員は25名と少なくなってきたが、うち6名は非日系である。

移民文化の伝承

　1958年、オランダ領事夫人と大学生グループの発案による福祉イベントとして国際民族フェスティバルが行われたことも、こうした背景があった。まだテレビも普及していない娯楽の乏しい時代だったことから、この催しはたいへん好評を博した。そしてこれをきっかけとして、翌年から州政府の後援を得て模様替えし、州立劇場を使い第1回民俗祭として開催された。その

後、この催しは「エスニック民俗祭」「パラナ国際民族祭」と名称が変わる
が、1986年には現在の「パラナ民族芸能祭」として、さらに1990年代以降
は参加グループがほぼ移民関係団体となるイベントへと収斂されてくる。特
に1974年パラナ・エスニック連合協会（Associação Interétnica do Paraná：
AINTEPAR）が設立されると、エスニック・グループが互いに協力しながら文
化的伝統を守り伝えようとする動きが現れる。1997年からは、外国からの招
待グループの参加も始まり、1998年には日本から民俗芸能の会「こだま」が
参加している。グローバリゼーションの進展により、それぞれのエスニック・
グループが国際的なヨコの交流も模索している。またインターネットの普及
により、移民母国各地方の民族舞踊やその衣装、歌曲について情報を収集し、
それを自分たちのグループのレパートリーへと活用し、情報交流することも
始まっている。よさこいソーランや和太鼓がブラジルに広まったきっかけも
その流れである。

民族芸能による連帯と共生

　この民族芸能祭の特徴は2つある。一つは、屋外における催しではなく一
流の劇場における舞台上の公演であること。もう一つは、1週間程度の開催
期間に順番に行われ、各グループに約2時間という持ち時間が与えられてい
ることである。演目にすると20程度の演目を準備しなければならない。全体
構成を考えることはもちろんのこと、エスニック・コミュニティが一丸となっ
て組織的に取り組まなければ、到底対処できない。その意味で各エスニック
集団を連携や協働活動へと導く契機となる稀有なイベントである。いわばエ
スニック・グループ対抗の芸能オリンピックのようなもので、一年間を通し
た鍛錬の成果が試されると同時に、参加グループ間での友好の証ともなって
いる。言い換えれば、カリオカにとってのカーニバルのようなものだ。つまり、
競い合いと連帯の2つの要因が絡み合い、〇〇系というエスニック・コミュ
ニティを背負うことの誇りと、移民が皆ブラジル社会の一員であるという共
生意識が、このフェスティバルに象徴的に表れている。

ブラジルの「日本祭り」

ブラジルで市民権を得た「日本文化」

　週末のサンパウロ市リベルダージ地区の東洋街では日本食を提供する屋台が立ち並び、日系非日系を問わず人びとが食事を楽しんでいる。毎年7月には市内のコンベンションセンターで「日本祭り（Festival do Japão）」も開かれる。新型コロナウイルス感染症の流行により2020年と2021年には開催されなかったが、再開された2022年には会場の規模の拡大も計画され、18万2千人の来場者があった[11]。

　こうした風景を目にすると、「日本文化」がブラジルでいかに受け入れられているかを感じさせられる。しかしながら、「日本文化」がブラジルで市民権を得たのは、多民族多文化国家であることを宣言した1988年憲法制定を挟んだ時期のことであった。

　ブラジルでは独立以来、国民国家としてのブラジルの確立が模索され、ヴァルガス政権下では多様な背景をもつ国民が混淆し、文化的にも民族的にも同質な「ブラジル人」が近い未来に誕生することが期待された。そのようなナショナリズムの中で、日本移民が集団で居住し日本の生活習慣を維持しようとしていたことは国民国家建設に参加していないとみられたし、「日本人」や「日本」への否定的な見方は第二次世界大戦で連合国側となったブラジルが日本を含めた枢軸国と1942年に国交を断絶するとさらに強まった。その見方が変わったのは、戦後に復興と高度成長を遂げた日本に対するブラジルの関心が高まり、そして、ブラジルが多民族多文化国家として自己定義をして移民が維持してきた「日本文化」に対して肯定的な評価をするようになったことである。ブラジルの日系人の間では日本人の子孫としてのアイデンティティが強まり、ブラジル社会に向けた文化発信がなされるようになって、「日本文化」はブラジルで「市民権を得た」のである。

「日本祭り」の始まりと展開

　先述の日本祭りは「日本文化」の普及と新しい世代の間での伝統の維持を目的に開催されている。主催するのは、ブラジル日本都道府県連合会である。

県連と呼ばれるこの組織に現在、47都道府県すべての県人会、及び日系社会の7つの慈善団体が所属する。1998年に始まり、2002年からはサンパウロ州、2004年からはサンパウロ市の公式年中行事の一つともなっている。

「日本」の魅力の紹介

　「日本」の魅力をさまざまな面から伝えようと、2005年以降は祭りのテーマが毎年設定されているが、「魅力」を伝えるにもまず、食は欠かせない。食のブースを出すのが各県人会、そして慈善団体である。県人会の多くが各県の郷土料理を提供している。

　アニメやコスプレ大会も人気で、イベントに花を添えているのが、いわゆるミスコンである。州での予選を勝ち抜いた代表者たちが一堂に会し、「ミスニッケイブラジル（Miss Nikkey Brasil）」が選出される[12]。ミスコンテストは第二次世界大戦後より日系社会で開催され始め、当初は「卵祭り」や「柿祭り」といったイベントの中で行われていた。これらの祭りは独立農として働く日本人と子孫が生産物の販売促進を目的に開いたものだったが、ブラジル経済への積極的な参入は、日本文化の紹介も伴い、祭りの「女王（rainha）」の選出というイベントを盛り上げる方法も加わった（Mori e Inagaki 2008）。それ以降、ミスコンテストはさまざまな形で日系社会において展開されていくことになるが、彼／彼女らのコミュニティの象徴としての選出であることから日本人移民とその子孫が日本文化の継承について、日本人の子孫であることを考える機会として機能してきた（Mori e Inagaki 2008）[13]。

各地域の日本祭り

　Festival do Japãoを名とした、日本祭りは各地域にもある。日本人とその子孫の集住地で開催されており、「ブラジリア日本祭り（Festival do Japão Brasília）」、「ミナス日本祭り（Festival do Japão em Minas）」、2019年から開催されている比較的新しい「マトグロッソドスル日本祭り（Festival do Japão Mato Grosso do Sul）」がある[14]。名前はやや異なるが、「ジャパンフェスチ（Japan Fest）」（パラナ州マリリア）、「リオ祭り（Rio Matsuri）」（リオデジャネイロ州リオデジャネイロ）、「サルヴァドル日本文化祭り（Festival da Cultura

Japonesa de Salvador)」（バイア州サルヴァドル）があり、こうした地方での
祭りはミスコンの予選も行っている。

「日本祭り」の役割と今後の展望

　ミスコンに関しては若い世代が参加するが、高齢の世代もまた、別のイベ
ントに参加している。それは、どの日本祭りにおいても、高齢者の参加が奨
励されていることである。それは文化の伝達者としてだけでなく、体操など
の時間がもうけられ健康維持の最先端の取り組み者として、参加をしている。
高齢者をめぐって作られる文化も、「日本文化」の一つである。多様な世代を
巻き込んだイベントへと「日本祭り」は進化している。

11　日本祭りを主催するブラジル日本都道府県連合会が連合会の公式サイトで発表した
データによる。https://www.festivaldojapao.com/release/（最終閲覧日2023年2月14日）
12　サンパウロ州のみ、祭り当日に州の代表選出を行う。
13　ブラジルだけでなく、日本人は移民先でミスコンテストを開いている。一例として、
米国のサンフランシスコの「ミス桜祭りコンテスト（Cherry Blossom Festival Queen
Pageant）」がある。
14　ブラジリアとその衛星都市には、新首都建設の際に造成された食糧供給の衛星都市
に日本人とその子孫が移住した。

第2章

社会制度
―宗教と家族制度―

【扉写真】――――――――――――――――――――――――――――

両親が見守るなか代母に抱かれての洗礼式（提供：Cristiane Hoffmeister Rocha）

　宗主国ポルトガルから植民地ブラジルにもたらされたカトリック教会はブラジルの国家的統一性をもたらす基盤となり、家族制度はブラジル社会の重要な社会制度として続いてきた。本章では、これらの社会文化的に重要な役割を担った2つの制度を歴史的に概観し、同時にその社会的役割も把握する。

 第1節　宗教と社会

● カトリック文化の国

　ブラジルはその数において世界一のカトリック教徒の国である。2020年のIBGEの推計によればカトリック教徒は1億590万を数え、ブラジル総人口の半分を占めている（表2-1）。司祭は2万1,812人（2021年）、司教309人（2021年）、小教区1万2,013カ所（2021年）を数え、これらのブラジルのカトリック教会の世界を統括するのがブラジル全国司教会議（Conferência Nacional dos Bispos do Brasil：CNBB、創設1952年）である。さらにヴァチカンにはブラジル人の枢機卿7人を数え、国別にみれば、スペインと並ぶ3番目の数の枢機卿をローマに送り出している国である。ブラジル最初の枢機卿は1905

表2-1　ブラジル住民の信者数の割合の推移

単位：%

年	カトリック	福音 （含むペンテ及びネオペンテ）	その他*	宗教なし
1970	91.8	5.2	2.3	0.7
1980	89.0	6.6	2.8	1.6
1991	83.3	9.0	3.0	4.7
2000	73.9	15.6	3.2	7.3
2010	64.6	22.2	5.0	8.0
2020	50.0	31.0	9.0	10.0

*その他：ウンバンダ、カンドンブレ、生長の家、ユダヤ教、イスラム教など
出所：CPS/FGV a partir dos microdados da POF/IBGE 及び https://gl.globo.com/institucional/ sobre-o-gl.ghtm/

年に誕生し、ラテンアメリカ最初の枢機卿でもあった[1]。以来今日までにブラジル出身の枢機卿は24人を数えている。このようにブラジルは、カトリック教会の存在が大きい国である。

　カトリシズムはブラジル国民の生活様式に根付いている。国民の祝日は謝肉祭、灰の水曜日、聖金曜日、復活祭、聖霊降臨祭、死者の日、クリスマスと、多くはキリスト教に由来している。しかし移動祝日は、20世紀末以降市町村単位で開催され、観光に寄与するようになっている（表2-2）。国の定める休日ではなくなった6月祭（Festa Junina）[2]は、聖ヨハネ（São João）や聖アントニオ（Santo Antônio）、聖ペトロ（São Pedro）など複数の聖人を祝い、州によっては休日となっている。教会で、あるいは地域の集会所で、独特の衣装を身につけて焚火を囲んで踊ったり、花火や気球を上げたりして賑やかに催される6月の風物の一つとなっている。カトリック教会の儀礼である代父母制度は社会的相互支援の制度として機能してきたと同時に、ネポチズムのような社会正義に反することになる習慣を生み出す契機ともなってきた。離婚に対しブラジルのカトリック教会は長い間保守的な態度をとってきた。宗教婚を正式な婚姻としてきたブラジルで、共和制が到来すると婚姻解消の合法化の動きが生まれた。しかし、カトリック教会の抵抗に遭い、婚姻の解消ではなく、デスキテ（desquite）という婚姻関係は継続したままで別居のみを認める条項が1916年の民法に定められた。20世紀半ばに再度離婚法制定の動きが出てくると、女性側からの訴えを可能とはしたが、一定期間の別居を条件に一回のみの再婚を可能とする離婚法の制定（1977年）となった。書類申請のみによる直接離婚が可能になったのは2010年のことである（第2章第3節121頁参照）。また、聖地巡礼のような民間カトリック信仰も盛んである。サンパウロ州グアラチンゲタのノッサ・セニョーラ・アパレシダ教会やバイア州のノッソ・セニョール・ド・ボンフィン教会の祭日には巡礼する

1　Dom Joaquim Arcoverde de Albuquerque Cavalcante（1850-1930）のこと。父方母方いずれも、ペルナンブコの植民地時代から続く名門の出身。
2　田舎者祭（Festa Caipira）とも。ポルトガルから持ち込まれた夏至祭で、南半球のブラジルでは冬至祭となる。

表2-2　ブラジルの祝祭日

日付	日本語表記	ポルトガル語表記	備考
1月1日	元日	Confraternização Universal　慣用：Ano Novo	**新しい年の始まりを祝う日**
1月20日	聖セバスティアンの日	Dia de São Sebastião	リオデジャネイロ市のみ
1月25日	サンパウロ市記念日	Aniversário de São Paulo	サンパウロ市のみ
2月-3月中の火曜日	謝肉祭	Carnaval	移動祝日
2月-3月中の水曜日	灰の水曜日	Quarta-feira de Cinzas	移動祝日
3月-4月中の金曜日	聖金曜日	Paixão de Cristo　慣用：Sexta-feira Santa	移動祝日
3月-4月中の日曜日	復活祭	Páscoa	移動祝日
4月21日	チラデンテスの日	**Dia de Tiradentes**	**チラデンテスが処刑された日**
4月23日	聖ジョルジの日	Dia de São Jorge	リオデジャネイロ州のみ
5月1日	メーデー	**Dia do Trabalho**	**労働者の功績を称える日**
5月-6月中の日曜日	聖霊降臨祭	Pentecostes	移動祝日
5月-6月中の日曜日	聖三位一体の日曜日	Domingo da Santíssima Trindade	移動祝日
5月-6月中の木曜日	聖体の祝日	Corpus Christi	移動祝日
6月24日	6月祭（フェスタジュニナ）	Festa Junina　São João, Santo Antônio, São Pedro	ペルナンブコ州とアラゴアス州のみ
9月7日	**独立記念日**	**Dia da Independência**	
10月12日	**聖母アパレシダの日**	**Nossa Senhora Aparecida**	**子どもの日としても祝う**
11月2日	**死者の日**	**Dia de Finados**	**墓参**
11月15日	**共和制宣言記念日**	Proclamação da República	
11月20日	黒人自覚の日	Dia da Consciência Negra	リオデジャネイロ州、ロライマ州、アラゴアス州、アマゾナス州、マトグロッソ州、アマパ州のみ。休日に指定している都市もある。
12月25日	**クリスマス**	Natal	

※ゴシック文字の祝日は国の定めによるもの。その他は、市町村などによって制定された祝日。

人びとで賑わう[3]。

　信徒会イルマンダデは地域住民の葬儀やミサに協力して地域社会の社会保障の役割を担ってきた。都会では献金を募って教会を建てたり、慈善病院や高齢者施設の設立に貢献してきた。こうしたカトリック教徒の相互支援の活動は、結果的にブラジルの社会福祉政策整備の遅れにつながったともいえる。

　以上のように、社会の多様なレベルでカトリック教会の影響がみられるのではあるが、このことが必ずしもブラジル人が熱心なカトリックの信者であるからとはいえない[4]。むしろ多くのブラジル人は、伝統に従ってカトリック教徒であるといえよう。信仰に関する調査でカトリック信者と答えていても、同時にスピリチュアリストであったり、アフリカ系の呪術的宗教カンドンブレやマクンバの信奉者であったりする。カトリック信者と公言しながら、自宅には仏壇があり位牌が安置されていることもある。こうした日常生活に影響を与えかつ寛容なブラジルのキリスト教は、ブラジルの宗教の歴史と関係している。

歴史的考察

　植民地時代から帝政時代を通じて、教会は国家と家族制度に従属してきた。

　レコンキスタ運動が展開するなかで建国されたポルトガル王国は、インド航路を開発する過程で大西洋上に新しい土地（後のブラジル）を発見したことを1500年に宣言した。以来この新しい土地は、ポルトガル王国の植民地として開発されることになる。1530年以降本格的な植民地開発がブラジルで始まり、1549年に初代総督（Governador Geral）トメ・デ・ソウザ（Tomé de Sousa, 1503-79）と共に6人のイエズス会士が先住民の布教を目的に到着した。植民者のポルトガル人も宣教活動の対象であった。植民地時代から帝政

3　他にバイア州の洞窟の聖堂ボン・ジェジュス・ダ・ラッパやパラ州ベレンの大聖堂シリオ・デ・ノッサ・セニョーラ・デ・ナザレがある。後者にはブラジル最多の巡礼者200万人が参拝するという。

4　第二ヴァチカン公会議のメンバーを務め、数回にわたって教皇候補にもなったブラジルの司教ドン・アロイジオ・L・A・ロルシャイデル（Dom Aloísio Leo Arlindo Lorscheider, 1928-2007）は、ブラジルのカトリック教徒が人口の85％とされていた1980年代、「実際に、本当の信者は6％にすぎない」と言っていた。

時代を通じて宣教師の活動は、パドロアド（padroado）と呼ばれるポルトガル王国の保護と支配の下に置かれた。教会の建設、司教の任命に国王が干渉し、ローマ教会が国王の決定を承認するというものであった。時には教会の従属的状況が、国家との対立を招いた。先住民の奴隷化を進めようとする植民者のポルトガル人と先住民に対する宣教活動を推進しようとするイエズス会士とが対立し、ポルトガル王国の専制的なカリスマ政治家ポンバル侯（Sebastião de Carvalho, 1699-1782）は、1759年、イエズス会士を植民地ブラジルから追放した。当時の植民地で植民者の教育を担っていたのは教会のみであり、これにより植民地ブラジルでは教育の機会は奪われ、後のブラジルにおける教育の普及に影響を与えることになった。帝政時代には、ブラジルのカトリック教会をローマ教会から独立させようと帝国が動くが、そこまでの国家による教会に対する統制は叶わなかった。

　植民地時代には、カトリック教会は大農園の中に組み込まれた私的な教会でもあった。

　プランテーション農業によって植民地開発が進められるようになると、教会は家父長的家族制度に従属した。ヨーロッパ市場向けの農産物の栽培を専らとした大農園は、奴隷主でもある農園主家族とその社会経済力に従属する多数の親類縁者によって構成されていた。広大な農園には本国政府の行政権が及ばず、住民の生活は生から死に至るまで大農園内で完結していた。農園の奴隷主の館には礼拝堂が設けられ、洗礼式や婚礼さらに葬送のミサが執り行われた。奴隷主とその家族の遺体は礼拝堂の中に葬られ、その他の農園の住民の遺体は農園内に設けられた墓地に葬られた。大農園の礼拝堂を取り仕切る司祭は、往往にして農園主の親族であった[5]。時にはその司祭に配偶者や子どもがいることもあった。

　植民地時代に続き帝政時代でも教会は、国家に対峙できるような勢力を有していなかった。独立時の1824年憲法で、カトリック教会はブラジル帝国の国教と定められるが、皇帝がパドロアド権を有することに変わりはなかっ

5　教会と家族制度の関係については第2節以降を参照。

た。ところが、共和制の到来とともに両者の関係は変化した。

1864年、信徒会にフリーメーソンを入会させることを禁じたローマ教皇ピオ9世の勅書の扱いをめぐって、帝国政府とブラジルのカトリック教会が対立する宗教問題が発生した。当時帝国の首相で奴隷の出生自由法を成立させたリオ・ブランコ子爵（José Maria da Silva Paranhos, 1819-80）は、フリーメーソンの会員であったために信徒会からの追放を命じられる立場となった。1874年、リオ・ブランコ子爵はそれを命じたオリンダとベレンの司教を捕らえて、4年間の強制労働を命じた。このことによってリオ・ブランコ内閣は辞職に迫られた。首相の交代によって2人の司教は解放されたが、帝国と教会の関係は決定的に不安定となった。教会と国家の分離を主張する当時の共和主義運動は聖職者の支援を得ることになり、共和制の到来とともに政教分離が1890年に実現した。宗教の自由が認められると、カトリック教会以外の宗教が公の場に姿を現すこともあった。

共和制下で教会と国家の関係は安定したものとなった。白人によるラテン文化の国家建設を目指した共和国憲法は、ヨーロッパのラテン諸国から移民の導入を積極的に行って外国移民の選別を行った。ヴァルガスの国民国家化の一連の政策[6]は国家と教会の協力を可能とさせた。移民子弟のブラジル人化を促進するために公立学校で宗教教育の時間が設けられ、カトリックの教えに基づく教育が行われた。また、ヴァルガスがポピュリストの大統領として労働者階級の支援を受けたことから、それまでエリート層を主な信徒の基盤としてきたカトリック教会は、中間層や大衆にも目を向けるようになった。「カトリック選挙連合（Liga Eleitoral Católica：LEC）」を組織して1933年の憲法制定会議に議員を送り、カトリック教会は政治的影響を与えた。共産党の結党や労働者運動などの左翼的活動が活発化すると、こうした運動に反対する立場をとる教会は、右翼と左翼の活動を封じ込めたヴァルガスの「新国家体制」を支援した。

6　ナショナリゼーション政策とも記される。

政治的圧力団体としての教会

　第二次世界大戦の終了とともに米ソ対立が始まった。ブラジルでは、資本主義経済の発展によって生じた飢餓や失業といった社会問題が出現した。こうした政治社会的問題に教会は無関心ではいられなかった。1952年にブラジル全国司教会議（CNBB）が組織され、ブラジル全土のカトリック教会を統合する組織体が作られた（図2-1）。ブラジルの社会問題にブラジル教会全体として対応することが可能となった[7]。1959年にキューバ革命が成功すると、現実の社会に働き掛けようとするフランスのカトリック・アクションの影響を受けた「カトリック大学生グループ（Juventude Universitário

図2-1　ブラジル司教協議会（CNBB）地域区分（1992年）

出所：CERIS, *Anuário Católico do Brasil*, 1993, p. 889 より作成

7　これ以前は、個個の司教区がローマと直接に関係しており、ブラジルの全教会を統合するカトリック教会の組織は存在していなかった。

Católico：JUC)」が1960年に組織され、社会主義的運動の展開を目指した。その他にも、信徒の農村青年や労働者を動員する組織が形成され、農村の貧困問題と戦う「小農民同盟（Ligas Camponeses)」を支援したり、貧困に陥る状況を把握しようとする「キリスト教基礎共同体（Comunidades Eclesiais de Base：CEBs)」などが次々に出現した。CEBsは、後に貧困問題を抱えるラテンアメリカ諸国のみでなく世界各国に普及する社会組織となった。

　第二次世界大戦後の世界におけるソ連をリーダーとする社会主義の拡大は、ローマ・カトリック教会の方向性を再考させる機会となった。第二ヴァチカン公会議（1962 – 65年）が開催され、「支配する教会」から「仕える教会」へというローマ・カトリック教会の大きな方向の転換が発表された。これを受けてラテンアメリカでは「ラテンアメリカ司教会議（Conselho Episcopal Latino-Americana：CELAM)」が開催され、現世で被抑圧者を救うことも教会の使命とする「貧者の教会」と「解放の神学」が布教活動の柱に据えられた。以後、ラテンアメリカ諸国の教会は積極的に政治に関わるようになり、国によっては聖職者でありながら大臣にもなるという事例も出現した。

　ブラジルでは、ジャニオ・クアドロス（Jânio Quadoros、大統領期間1961年1月31日 – 8月25日）以来政治の世界は左傾化しており、ジョアン・ゴラール（João Goulart、大統領期間1961 – 64年）が大統領になると、軍部は容共的であると非難して1964年に反乱を起こした。国会を閉鎖して、軍部独裁体制を敷いた。政党や労働者学生組合の組織化は非合法化され、新聞やテレビの検閲によって国民は言論の自由を奪われ、政府を批判する者は捕らえられて拷問を受けたり、行方不明になったりした[8]。以来、1985年まで自由民主的な制度は封印された。一方では、軍政府は経済成長政策を採ったことから、戦後復興を目

8　独裁政権下の行方不明者を明らかにする国の委員会「国家真実委員会」（Comissão Nacional da Verdade）がルセフ大統領（Dilma Vana Rousseff, 大統領任期2011 – 16年）の下で組織化（2012 – 14年）され、被害者の調査が行われ、2014年に報告書が提出された。被害者となった女子学生の一人を主人公にした物語を遺族が、フィクションとして2014年に発表し、軍事独裁政権下の人権問題を告発している（Bernardo, Kucinski, *K: relato de uma busca*, São Paulo: Editora Cosac & Naify, 2014. 日本語訳『K.；消えた娘を追って』小高利根子訳、花伝社、2015年）。軍政権下で、政府の人権抑圧の責任は問わないとする立法がすでに制定されており、委員会は被害者を公にするだけにとどまった。

指して経済成長を果たしていた日本や旧西ドイツに肩を並べる経済成長を達しており、言論の自由は制限されながらも国民は豊かな経済生活を謳歌した。

　当初教会は政治に介入しなかったが、信者が拘留されたり、死亡者が出たり、聖職者自身の逮捕拘留も続き、司教館や司祭館、修道院の家宅捜査も行われるようになった。教会内では急進派や左派が次第に影響力をもつようになった。1974年、サンパウロ州司教団が人権保護を訴えて政府非難の声明を出すと、教会と政府の関係は一挙に緊張した。CNBBは当時、国民の利益と関心を代表しそれを表明できる唯一の全国的組織であった。1977年、CNBBの大会で教会は「大衆の教会」であることを確認し、「政治秩序に対するキリスト教徒の要請」として政府と対立する姿勢を明確にした。1979年からCNBBの進歩派による政治への働き掛けが始まった。人権キャンペーン、農業農地改革の要求[9]、都市の土地問題の解決、先住民保護といった諸問題を通じて政府批判を展開した。

　アムネスティ・インターナショナルがブラジルの人権問題に言及するようになり、国際的にもブラジルの軍事独裁体制は注目されるようになった。80年代に入り第二次オイルショックを乗り切れなかったブラジルの経済は悪化し、インフレが昂進した。教会は政治の自由化を訴えて世論の形成に貢献した。1982年に行われた総選挙で野党が躍進した。85年に間接選挙ながら大統領選挙が行われ、21年に及ぶ軍事政権は終了した。ブラジル政治の民主化に、CNBBは政治的圧力団体としての機能を果たしたのである。

9　土地をもてずに農業に従事する農民が農地獲得と農業改革を目指す社会運動が教会の支援を得てブラジル南部のリオグランデドスル州で始まり、この運動が80年代にパラナ州に広がると「土地なし農民運動（Movimento Sem Terra：MST）」として組織化された。その後ブラジル全土に広がった。さらに、土地の寡占化がみられる途上国の農地再分配の手段の一つとしてMSTは世界的な広がりをみせた。なお、MSTの他、Movimento dos Agricultores Sem Terraの名称も用いられた。都市で住宅に住めずに生活せざるを得ない住民による社会改革運動をこのMSTが、1997年に「家なし労働者運動（Movimento dos Trabalhadores Sem Teto：MTST）」と呼んで組織化すると、MSTはMovimento dos Trabalhadores Sem Terra（土地なし労働者運動）の略語としても用いられるようになった。

教会の変化

　民政化が実現されると、CEBsは130万人の署名を集めて1988年新憲法制定会議に農業改革と人権保護を訴え、早速、政治的圧力を加えた。ところが、1989年CNBBは総会を開き、農地改革は不十分とはしながらも新憲法の質的変化を認め、市民が意思を表明したり、その利益を守る合理的手段ができたと判断した。これにより教会は、必ずしも、国民の利益を代表したり、代弁する機関である必要はなくなった。政治が農業改革、都市の住宅問題、貧困の克服に乗り出したのである。教会が政治に介入する大義名分は失われたのである。

　社会における教会の役割の変化にともない、教会内では保守派が台頭し、政府と協調することで社会問題を解決しようとする姿勢がみられるようになった。社会正義と人権擁護を訴えて左傾化していったCNBBとローマ教会との関係はすでに80年代より微妙になっていた。ヴァチカンは、世界司教会議に出席するブラジルの司教を保守派の中から選出していたし、ブラジルの新たな司教には保守派の聖職者を任命していた。1991年にCNBBの執行部役員人事が行われ、保守派の司教が選出された。進歩派主導のブラジルのカトリック教会はその役割を終えたのである。また、世界の冷戦の終焉も教会の保守化回帰を可能とした要素であった。

宗教の多様化

　共和制導入とともに教会が国家から分離して以来、カトリック教徒の割合は統計上一貫して減少してきた。反対にプロテスタントやアフリカ系民間信仰、ユダヤ教、イスラム教、仏教などその他の宗教の信者が増え、脱カトリックの傾向がみられるようになった（前掲表2−1参照）。また同時に非宗教化ともいえる宗教をもたないとする者の割合も増加している。「宗教なし」と回答する者の中には、「特定の宗教の信者ではないが、神の存在は信じている」とする者もいる。表2−3にみられるように多様な宗教に対する調査が行われるようになったということは、ブラジルでは宗教においても多様化が顕在

表2-3　信仰と所得（2020年）

単位：%

	SM10カ月以上	SM5〜10カ月	SM3〜5カ月	SM2〜3カ月	SM2カ月以下
カトリック	2	9	17	21	46
福音派	2	7	17	21	48
心霊主義	10	21	26	22	22
アフリカ系宗教	10	8	22	30	34
無宗教	5	11	21	24	33
無神論	6	24	15	20	32

※被調査者の全てが所得を明言していないため、100％にならない。
　SM=salário mínimo（最低賃金）2020年の金額はR＄1,045.00（Lei 14.015/2020）
出所：https://religioespoder.org.br/artigo/a-influencia-das-religioes-no-brasil/（最終閲覧日2023年
　　4月20日）

化したということがいえる。

　プロテスタントの割合が増えているのは、死後の世界ではなく、今のこの現世における救いの手段を求めることができるからである。福音派のネオペンテコスタ教会であるユニバーサル・キリスト教会（Igreja Universal do Reino de Deus：IURD）は、1977年にリオに誕生した教会で、信徒数180万人とされ、ブラジルで最大の宗教団体の一つとされる。IURDは信者間の心情的一体化をミサを通して体験させると同時に、個人が直面する世俗的問題の相談にも乗り、ただ神に祈るばかりでなく、必要とあれば治療薬などを提供したりする。信者は積極的に喜捨をする。表2-3が示しているように福音派教会は、カトリック教会と同様に所得がSM3カ月以下の低所得層に主として信者を擁している。また海外、主としてポルトガル語圏ではあるが、布教活動も行っている。日本でもデカセギ現象にともない、布教活動がみられるようになった。

　さらに、現世的利益を祈祷するカンドンブレとかマクンバというアフリカ起源の呪術的宗教がある。カトリックの聖人や先住民の土着の信仰も取り入れられており、シンクレチズムが特徴である。ウンバンダのようにアフリカ的要素にカトリックの要素、さらに心霊主義（スピリティズム）も融合したアフリカ系宗教の呪術的宗教は、リオやサンパウロの都会で新しい信仰とし

てすべての所得層の人びとにみられるが、高所得層と低所得層の両所得層に広がっているのは特徴的である。19世紀に伝わったフランスのアラン・カルデック（Alan Kardec, 1808-69）の心霊主義は、いずれの所得層にも一定の割合の信奉者を得ている。

　ブラジルの再民主化以降、解放の神学はその影響力を失ったが、新たなカトリシズムが展開した。第二ヴァチカン公会議を契機に新たな教会のあり方が求められたとき、神とのより個人的な体験を通じてカトリシズムの伝統的実践を再現させようとする「カトリック・カリスマ刷新（Renovação Carismática Católica：RCC）」という運動が出現した。その始まりは、1967年に米国のデュケイン大学で行われた教員と学生による黙想会（修養会）とされ、70年代から80年代に世界に普及した。ブラジルでは社会政治的役割を担った解放の神学が後退する中で、新たなカトリック教会のあり方として普及した。それは、静かに祈る伝統的なカトリックのミサではなく、ポップな音楽と共にミサが挙行されるものとなった。歌と音楽によるミサを通じて神に祈ることができるのは若者には魅力的であろうが、21世紀に入り若者のカトリック教会離れは進んできた[10]。同時に、大都市では宗教そのものから遠ざかる若者が増える傾向がみられる[11]。

　500年を超えるブラジルの歴史の中で、カトリック教会はブラジル唯一の公的宗教として君臨してきたが、ブラジルが多様な出身の民族や人種によって形成されてきたと同様に、現実には多様な宗教がカトリック教会の影響を受けながら存在してきたのである。

　国家主義的な軍事政権が終焉して、民主化されたブラジル社会で多様な宗教が声を上げたといえよう。調査会社 Datafolha によれば、2013年のカトリック教徒が住民に占める割合はすでに6割を切って、57%と報告されている。同

10　Instituto Data Popular の調査（2010年）によれば、16 ～ 24歳の若い年代のブラジル人の44%が自身をカトリック教徒と考えなくなっていた。

11　Datafolha の2020年の調査によれば、16 ～ 24歳のブラジルの若者の25%が「宗教なし」と回答していた。特にサンパウロ市では30%が、リオでは34%が同様の回答をしていた。https://gl.globo.com/sp/sao-paulo/noticia/2022/05/09/（最終閲覧日2023年4月20日）

時に、「ブラジル人であることとカトリック教徒であることはすでに同じことではない」とコメントしている。依然大きな影響力をもちながらも、多数ある宗教の一つとしてブラジルのカトリック教会は今日位置づけられようとしているのかもしれない。カトリック教会が世俗的な役割を再度担うことになるのかどうかは、今後のブラジルの社会政治のあり方と関わってこよう。

第2節 家族制度の展開

植民地社会と家父長制家族の形成

　ブラジル社会が形成される過程で、家族制度は歴史的に重要な機能を果たしてきた。その理想の形態は上層階級の伝統的な親族関係（parentela）に求められてきた。この家族の理想的形態は、今日では都市の中産階級や下層階級の家族を捉えるときには役に立たない。しかし、これは長い間ブラジル人の文化的理想の一つとされてきたものであり、ブラジルの政治や経済活動においてしばしば観察されてきたネポチズモ（nepotismo）やフィリョチズモ（filhotismo）という縁故主義や同族登用主義のように、ブラジル人が人的かつ社会的関係を作り上げるときの基盤であり、また基本的な指針となってきた。ブラジル社会の「家族信仰」は、植民地時代の社会構造と密接な関係をもって形成されたものである。

　農産物砂糖の販路をヨーロッパに依存していた植民地ブラジルでは、土地所有は社会権力の基盤であり、それは「セニョール・デ・エンジェニョ（senhor de engenho）」と、ポルトガル本国の貴族に相当する称号をもって呼ばれた土地貴族の威信の根源となり、土地所有をめぐって植民地社会は組織化された。
　砂糖きび農園の所有者は、砂糖きび栽培と製糖の2つの生産部門に携わった。砂糖きび農園の膨大な労働力は、当初、先住民を奴隷にすることによって充当されたが、農園労働に適さなかったことと1570年の先住民保護政策によって先住民の奴隷化が禁止されて以来、アフリカから輸入された黒人奴隷によってそれは専ら充当されるようになった。アフリカの黒人を奴隷という商品にして、植民地の砂糖きび農園主にポルトガル商人が輸入販売することは、ポルトガル王国の重商主義政策に応える経済活動でもあった。ブラジルには、南米諸国のいかなる国よりも多数の黒人奴隷が導入された。奴隷貿易の行われた約300年間に、アフリカ大陸から新大陸に奴隷として売られたアフリカ人の38％がブラジルで取引されたものとみられている。

　ブラジルに奴隷制度が定着するのは17世紀で、北東部地方の沿岸地帯を中心に展開した砂糖きび農園に奴隷が導入された。その後、植民地ブラジルの輸出経済の中心地が、今日のミナスジェライス、サンパウロ諸州に相当する地域に移動し、さらにリオデジャネイロ、リオグランデドスル[1]などといった輸出産品生産の中心地に隣接する地域にもその経済的波及効果が及んだ。その結果、ブラジルの奴隷制度は地域的制度ではなく、植民地の全土的制度となった。

　奴隷制度は白人の奴隷主と先住民及び黒人の奴隷とから成る厳格なカースト社会を形成し、奴隷主と奴隷は、経済的、法的、政治的、社会的に不平等な関係によって秩序づけられた。他方、たとえ白人で自由民であっても豊富な奴隷労働力を有する大土地所有者となれなかった者は、自給自足の生存農業に従事するだけで、ヨーロッパ市場向けのモノカルチャー農業という植民地経済体制の外に置かれるか、大農園に社会経済的に依存する隷属的な農民として奴隷主と奴隷の間に位置づけられていた。こうして砂糖きび農園主を頂点とし、奴隷を底辺として、その間にラブラドル[2]、モラドル[3]あるいは永代借地人のフォレイロ（foreiro）を介在させるピラミッド型の階層社会構造をもつカースト社会は、1888年に奴隷制が廃止されるまでおよそ350年にわたって、ブラジルを支配した。

　初期の奴隷制社会の主要な舞台となった北東部地方の砂糖きび農園は、広大な砂糖きび園に製糖・火酒工場、農園の所有者セニョール・デ・エンジェニョの館カザ・グランデ（casa-grande）、労働力であると同時に農園主の財産である奴隷の居住する小屋センザラ（senzala）を備えていた。さらに、カ

1　トルデシリャス条約（1494年）以降、新大陸はポルトガル王国とイスパニア王国によって領有されるが、その後連合王国の出現（1580－1640年）によって新大陸の両王国の境界線は事実上無効となった。先住民の捕獲や鉱脈を求めて南米奥地を探検した奥地探検隊（バンデイランテ）や先住民のキリスト教布教を目指して奥地に分け入ったイエズス会士などの活動が、大陸の境界線の確定に多々影響を与えた。とりわけブラジル南部の地域は、スペイン領とポルトガル領が入り乱れる歴史を繰り返した。今日のリオグランデドスル州の地域がポルトガル領に確定するのは19世紀に入ってからのことである。
2　labrador：自分の土地はもっているが製糖設備をもつ資力のない農民で、栽培した砂糖きびを加工した産品の一部を加工賃として大農園主に納めなければならなかった。
3　morador：農場内に住み土地を借りて農業を営むが、その土地の賃貸料は労働によって支払う貧農。

図2-2　ノゲイラ砂糖きび農園のカザ・グランデの見取り図（ペルナンブコ）

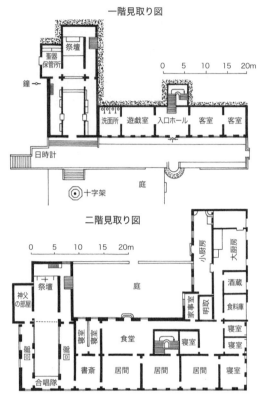

出所：三田（1989）217頁.

ザ・グランデ内には奴隷主の家族の多数の居室の他に、礼拝堂が設けられていた(図2-2)。往々にして奴隷主一族と親族関係にある司祭が常駐し、カザ・グランデの人びとと日常生活を共にしていた。奴隷主の家族は礼拝堂内かあるいは、館の近辺に設けられた墓所に埋葬された。奴隷は広大な農園のはずれに埋められた。このようにカザ・グランデは、生から死に至るまで、植民地時代のブラジル住民の基本的な欲求を満たす諸機能を備えていた。前出のペルナンブコ出身の社会史家G・フレイレは、カザ・グランデの多様な社会的機能を次のように述べている。「カザ・グランデは大家族の住居であると同時に病院であり、教会であり、孤児院であった。さらに、先住民の襲撃に

際しては城塞ともなった。固い石や煉瓦の厚い城壁をめぐらした館は宝石や
貨幣など貴重品を保管する銀行でもあった」（Freyre 1963: 232-233）。

　また、広大な植民地ブラジルに点在した砂糖きび農園には、植民地政府の
行政権が現実には及ばなかったばかりでなく、陸路の発達していなかった植
民地時代には、他の農園と相互に連絡することはきわめて困難なことであっ
た。各砂糖きび農園は孤立し、それ自体が独立した一つの生産体であると同
時に、一つの完結した共同体を形成していた。したがって、植民地時代の砂
糖きび農園は生産の場であっただけではなく、政治、社会、文化の単位でも
あり、19世紀前半まで続いた植民地時代のブラジル住民の宇宙であり、世
界であった。このように孤立した植民地の小宇宙であるカザ・グランデ内の
社会関係は、家父長支配によって秩序づけられていた。

専制的な家父長の人間関係

　家父長制家族は、基本的には血族と姻族によって構成されていた（図2-3）。

図2-3　家父長制家族のモデル

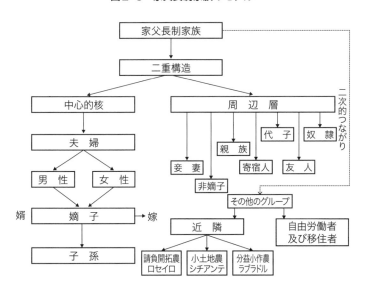

出所：三田（1989）218頁.

その中心的核は、家族の長、その妻、嫡子、係から成っていた。この核の周辺に家父長制家族の補助的成員として親族、非嫡子あるいは家人の子ども、代父母、捨て子、友人、寄宿人（agregados）、雇い人、奴隷がおり、家父長制家族は多様な構成員を集合させた拡大家族でもあった。さらに、この家父長的拡大家族の影響下に零細農ラブラドル、モラドル、ロセイロ[4]、シチアンテ[5]、自由労働者、移住者といった貧農が組み込まれるというかなり複雑な様相を呈する家族構造であった。

　血のつながりも婚姻関係もないが、その他の社会的な関係によってつながっていた擬制親族をも含む家父長制拡大家族の家長は妻、子ども、その他の従者に対して絶対的な権威を行使して一族の財産の管理、増大を計り、家族の系図と名誉を保持することがその主要な役割であった。家長の権威は絶対的で、生殺与奪権さえ有していた。ペルナンブコのある家長レイタンは、ある日、自宅の裏庭にハンカチが翻っているのをみた。そのハンカチは娘が干したものであった。それがどこかのドン・ファンに対する娘からの合図であると確信したレイタンは、自分の名誉を汚すものだとして直ちに、ナイフを抜いて娘の胸を刺してしまった（Freyre 1978: 422）。

　こうしたカザ・グランデ内の秩序は、基本的にはイベリア半島からもたらされた家父長制を基盤にしていた。さらに植民地のブラジルでは、植民地政府の権限が砂糖きび農園内に及ばず、白人女性が稀少であったために、カザ・グランデの家長の権力はさらに強化された。まさに、家長は法的にも精神的にもドンだったのである。

　ブラジルの植民地時代で家族が政治、経済、社会の単位である以上、婚姻は重要な役割を担うものであった。すなわち、それは財産の分散を防ぎ、時には増大につながり、一族の成員を増やすことで政治力及び社会的威信の拡大につながった。また、奴隷制社会では婚姻は一族の高貴な血統を守る役割も担っていた。したがって、婚姻は個人的事柄ではなく、きわめて社会的、かつ政治的事柄であり、家長に配偶者の決定権が握られていた。こうした目

4　roceiro：小農地を耕作すると同時に大農園の小作人となって生活する農民。
5　pequeno sitiante：小土地所有者。

的を達成するための好ましい手段として、自集団内に婚姻相手を求める内婚制がとられた。同時に、家族内以外に自分の世界をもてなかった家父長制下の女性にとって、同じ屋根の下に住むオジやイトコは、初めて出会う異性でもあった。パライバ渓谷のコーヒー大農園主の一族7世代（1780－1900年）の婚姻62件のうち、親族間の婚姻は26件を数え、その内訳はイトコ婚20件、オジ・姪婚3件、オバ・甥婚1件、兄嫁婚2件であった（Hahner 1976: 66）。

　婚姻による新しい結合が一族に政治的に有利である以上は、その婚姻は早期になされることが期待され、子どもの早熟が好まれた。19世紀ブラジルの独立時代、リオで生活をしたフランス人医師は、ブラジルには「子ども」がいないと書き残している（Freyre 1978: 411）。ブラジルの家父長制度下では子どもとして扱われるのは5歳までで、それ以後は大人になるためのさまざまな訓練を受け、10歳くらいには大人としての態度と行動が期待されていた[6]。しかも男性には、性的早熟も期待されていた。女性は12〜14歳が結婚の時期とみなされていた。娘が15歳を過ぎても未婚でいると、両親は聖人に願をかけたり、場合によっては修道院に送った。婚姻が一族の結束を強化する目的であったことは、12〜14歳の少女の結婚が30歳や40歳、時には70歳のオジやポルトガル大商人との間で行われた記録をみても充分に理解できよう（Freyre 1978: 341-349, 371）。

　結婚披露宴はカザ・グランデの最も見栄を張る行事で、その宴は一週間も続いた。それは、一族の社会的威信を示す機会であった。花嫁道具で飾られた寝室を披露し、牛、豚、七面鳥を殺して宴に供し、テーブルはたくさんのデザートで飾られた。カザ・グランデの中では白人奴隷主たちがヨーロッパ風のダンスを舞い、中庭では奴隷たちがアフリカの踊りを踊って結婚を祝った。喜びの印として奴隷が解放され、また花嫁には奴隷が贈られた。

　華やかな結婚披露宴とは対照的に、花嫁にとって結婚は、父親の圧政から夫の圧政へと移行する儀式でもあった。娘時代はすべての自発的行為は否定され、幼い子どもと同様に常に父親に依存する者として扱われた。年上の人に口応えをしたり、目立つ娘には抓（つね）るなどの体罰が加えられた。内気で謙遜

6　1960年代当時でも、10歳の男子が、20歳を過ぎた女性の荷物を「男ですから」といって持ち、車道側を歩いてエスコートに努めていた。

であることが好ましいとされた。このため、家族以外の人の前では声すら上げることができなかった。娘の部屋は外部に面した窓のない家の内部に設けられ、夜は不寝番がついた。当時ブラジルの農村を訪れた外国人の記録によれば、一週間まったくその家の女性に一人として出会うことがなかったという（Leite 1984: 43）。

奴隷主に「セニョール（Senhor）」の敬称をもって話すことが奴隷に義務づけられていたと同様に、奴隷主の子どもたちにも両親を「父上（Senhor Pai）」、「母上（Senhora Mãe）」と呼ぶことが強いられていた。「お父さん（Papai）」、「お母さん（Mamãe）」と呼ぶことが許されたのは幼児期の5歳までであった。12〜13歳で幼い妻になると、奴隷主の自分の夫を女性は奴隷同様「ご主人様（Senhor）」と敬称で呼ばねばならなかった。しかし、精神的にも肉体的にも母親になるには未熟であったカザ・グランデの幼い妻は出産と同時に死ぬか、たとえ無事出産できても人形ではなく、本物の乳児を育てることは不可能であった。奴隷主の子どもの養育を一手に引き受けたのは、「黒いお母さん」と呼ばれた黒人の女奴隷であった。

家父長制社会では外部世界は男の世界であって、女の世界はそこにはなかった。女性の役割は、さまざまな家事の采配を振ることであった。19世紀の奴隷主の家族生活を記録した司祭ロペス・ガマ（Lopes Gama）は、当時伝統的な習慣が崩れて、土地貴族の女性たちが家事を疎かにして社交生活に専念し始めたことに憤慨し、家族の良き母親としてあるべき姿を次のように書いている。「朝4時には起きて奴隷たちに一日の家事をいいつけなければならない。薪を割り、竈の準備をさせ、カンジャ（canja: 日本の粥に類似したもの）の材料となる鶏を選び、夕飯の支度をさせなければならない。そして家の者の衣服を縫ったり、繕ったりすることや、石鹸、蝋燭、ワイン、リキュール、ケーキ、ゼリーなどを作ることを奴隷に指示しなければならない。こうしたことは、すべて奴隷主の妻が監視していなければならないことで、時には鞭を手にしてすることである」（Freyre 1936: 102）。

このように家父長制下の女性の世界は家の中に限られていた。出産と家事が女性の主要な役割とされ、その世界は家族及び親族、司祭、奴隷との接触

のみに限られ、自由は制限されていた。精神的にも物理的にも、女性は幽閉
された生活を余儀なくされていたのである。

　妻や娘が男性の圧政下に置かれたのとは対照的に、男性には最大の自由が
与えられていた。女奴隷との性的交渉は頻繁に行われ、妻はそれを黙認しな
ければならなかった。夫にとって、こうした放縦を謳歌するのに妻の存在が
多少でも不都合であれば、妻を修道院に入れてしまうことさえあった。かく
して家長は一族の数を増し、政治及び経済的力を増大するのであるが、この
ことは家父長家族内に嫡子と非嫡子が一緒に生活するという、ブラジルの奴
隷制社会の特異な家族形態を出現させることとなった。

　先述したように19世紀中頃、ブラジルに滞在したイギリス人女性は家父
長制家族の日常生活を描写した中で、若い母親が、自分の子どもと一緒に庶
子を分け隔たることなく育てているのを見て驚いたと同時に、それをブラジ
ル社会の庶子[7]に対する寛容な態度と評価している（Leite 1984: 43）。

　未成年の男子も父親の圧政の下に置かれた。女性と同様に父親を「セニョー
ル（Senhor）」の敬称を付けて呼ばねばならず、年上の人の前では口を挟む
ことも許されなかった。結婚するまで、父親の前でタバコを吸うには許しが
必要であった。同様に、髭をたくわえるのにも、父親の許可を得なければな
らなかった。先述のイギリス女性は次のようにブラジルの親子関係を記録し
ている。「口髭をたくわえた息子が、父親の前で喫煙の許可を得る光景に出
会うことは珍しいことではなかった。両親は常に息子たちを三人称で呼んだ。
また自分自身をも子どもたちの前では三人称で扱い、時にはセニョール、セ
ニョーラの敬称を自分自身に使用した。こうしたことはすべての社会階層の
人びとの間でみられることであった」（Freyre 1936: 67）。

　家父長制社会では成人男性と未成年男性との社会的距離は大きく、それは
あたかも人種やカーストが異なるかのように違っていた。このため、成人し
た男性の威信の大きい家父長制社会では幼児期が短く、早熟が好まれたので
ある。若者は青年ではなく老人を真似た。髭をはやし、老眼鏡をかけ、もっ

7　ほとんどは白人の奴隷主と黒人の女奴隷との間に生まれた混血児。

111

たいぶった顔つきをして、青年期のすべての輝きや喜びを隠してしまったような雰囲気を漂わせていた。なかには未成熟であることを隠すために、髭を書いている者さえいた。

　成人していない息子に対する父親の支配は生殺にも及んだ。家長は家族の大義のためには絶対者であった。エンジェニョのカシューの樹の下で、多くの父親は家父長主義の過酷で悲しい行動をとらねばならなかった。黒人奴隷ばかりでなく、自分の息子や娘を殺させた。ミナスジェライスのカピタニアの金鉱地帯ピタンギ（Pitangui）で、18世紀初頭に起こったことである。翁の敬称をもって呼ばれる奴隷主タイパという家長がいた。その娘マルガリーダは、ポルトガル王国から来た若者と結婚した。ある日、一人の女性がポルトガルからこのピタンギにやって来た。その女性は娘婿のポルトガルの妻であった。タイパ翁はこのとき、自分で斧をもち出してきて、その婿を二つに割り、一つを娘に、もう一つは夫を探しにきた女性に与えたという（Freyre 1936: 69-70）。このように、家長の自分の家族に対する管理は、非情なものでさえあった。

● パレンテラとその機能

　一族の成員数と結束力が政治経済力を維持増大する機能を果たす植民地社会では、強力な家父長権を中心にして親族、擬制親族が結束する一大家族網は、重要な役割を担っていた。広範な親族網によってつながっていた家父長的拡大家族パレンテラ（parentela）は、必ずしも親族関係にあるものだけをその構成員としていたのではなかった。パレンテラは、カトリックの儀式を通じて成立する宗教上の親子関係によっても拡大した。

　洗礼式、結婚式、初聖体、堅信式といったカトリックの儀式が行われるたびに、宗教上の親（代父母）が宗教上の子（代子）に洗礼名を授け、アパドリニャメント（apadrinhamento）と呼ばれる精神的親子関係が生涯にわたって両者の間に成立する。この宗教上のアパドリニャメントを通じて代父母（padrinho、madrinha）と代子（afilhado）さらに、その代子の両親と代父母との間に、親族と同様の社会関係が現実の生活の中にも生じることになる。この制度は代父母制（compadrio）と呼ばれ、ブラジルでは、一族の権力や結

束を維持強化するための一つの社会制度として有効に機能した。

　代父母は代子の健康、教育、将来に気を配り、自分の子どもの一人として就職の面倒をみたり、結婚の支援をしたり、相続人にしたりして、代子の生涯にわたって保護と援助を与えた。他方、代子は自分の両親と同じように、代父母の幸福を祈り、尊敬し、時には両親以上に人生の相談相手として頼り、代父母が老いて必要とあればその面倒をみた。生物学上の両親とこの宗教上の親は、相互に代父母（compadre、comadre）と呼び合い、子どもを挟んで両親と代父母の間にも、相互援助と支持の関係が成立した。

　年長の兄が弟や妹の代父母になったり、あるいは、祖父母、オジ夫婦や遠いイトコとその配偶者が、代父母になった。それは、すでに存在している親族関係を維持強化した。異なる親族間で宗教上の親子関係が結ばれると、それぞれの親族網が拡大した。上層階層の人びとは、この代父母制を通じて一族の結束を強化すると同時に、自分自身とその子孫を、他の上層階層のパレンテラの構成員として親族網の拡大を図った。つまり、代父母制は同一社会集団内の親族関係を強化し補強する機能を果たしたと同時に、同じ社会階層に属する集団間では新たな擬制親族関係を成立させ、それぞれの家族の拡大と強化をもたらすものとして機能したのである。

　下層階層の人びとは、自分の子どもの代父母に上層階層の人を選んだ。このことによって、擬制親族関係が、社会階層の異なる社会集団間で成立した。代父母制を通じて、多くの貧しい人びとや黒人、あるいは庶子、孤児は、富裕で社会的威信のある代父母の保護を生涯にわたって得ることができた。大農園に経済的に依存していた貧農は、通常、パトロンである農園主を自分の子どもの代父母に選んだ。代父母となった農園主は、代子とその両親に支援と援助を与える義務を負い、代子とその両親は代父母に対し忠誠を尽くすことが義務であった。このように、代父母制は、下層の人びとと上層の人びととの間に成立していた土地所有者と小作人といった単なる経済的関係を超えて社会的関係も成立させ、パトロン・クライアント関係[8]を深化させるのに役立ったのである。

8　保護と忠誠に基づく非合理的な顧客主義。

　都市化及び工業化された社会とは違って、学校や病院といった機能分化した合理的な組織や機関をもたなかった19世紀末までのブラジル社会では、パレンテラの下に暮らすということは、より多くの人に助けを求めることができることを意味した。19世紀末の奴隷制度終焉の頃リオの町で生活したフランス人が、ブラジル人の最大の徳としてブラジルの家族の相互扶助の光景を次のように描いている。「親族のだれかが生活に窮していると、その一族の全員で助け手を差し延べる。数カ月ではなく数年にわたって、貧しい親類を宿泊させ面倒をみている家族の光景は、ブラジルでは至極自然なことである。なかには親族関係がはっきりしない者もいるが、そうした者にも親族と変わらない援助が与えられるのである」（Leite 1984: 62）。ブラジルの家父長制家族制度下で頻繁にみられた寡婦となった兄嫁と義弟との結婚も、一族の財産の分散を防ぐと同時に、寡婦となった兄嫁にとっては生き残る手段でもあった。同様に、植民地社会の社会経済的機能のほとんどの役割を担っていた家父長的拡大家族は、その家族の周辺グループを構成していた貧困の自由人に社会経済的便宜を提供する役割を果たしていたのである。

　外敵の防衛を私的に解決しなければならなかった植民地社会では、成年男子は潜在的に戦士であり、男子の増加と結束の強化は一族の政治力の拡大をもたらした。家長の威信はその影響下にある人的量によって計られ、それにより家長は政治的影響力を行使することができた。したがって家長は、親族、友人、代子、寄宿人、奴隷などによって構成されるより広範な人的広がりを維持拡大しようとした。この結果、家父長的拡大家族内の権利と義務の複雑なシステムができあがっていったのである。

● 社会的勢力としてのパレンテラ

　植民地時代の大土地所有制を基盤に成立展開した家父長支配によるブラジルの拡大家族は、19世紀初めに独立が達成され、大土地所有者が都市生活を始めると、その結束の根源を次第に失い、家父長権の絶対性は揺らいだ。妻と子どもの無条件の服従はなくなった。しかし、20世紀前半まで、この家父長的拡大家族は、政治及び経済的エリート集団として国家の政治、経済

界を牛耳っていたのである。

　ポルトガルから独立しても、ヨーロッパの消費市場に依存した輸出農業というブラジルの経済形態は、根本的に変わらなかった。植民地時代はポルトガル商人に特権が与えられており、植民地の農園主は植民地産品の交易がもたらす利益の不平等な受益者であったが、独立によって、その利益の大部分を手中に収めることができるようにはなった。大土地を所有するということは、独立後も社会経済的威信の根源であることには変わりなく、帝国政府内における政治権力の背景となった。

　1889年に共和制が樹立されると、州政府の政策が連邦政府を優越する地方主義政治が展開するようになった。

　大土地所有者として多数の家族成員や従者を従えて住民の投票行動をコントロールできた地方ボスのコロネル（coronel）[9]と、連邦あるいは州の議会のオリガーキー政治家とは政治的につながっていた。

　コロネルに経済的にも社会的にも依存していた親族、代父母、代子、寄宿人、小農民は、保護者であるコロネルが支援する候補者に投票して保護者の温情に応えることが義務づけられていた。有権者が投票を行うのに必要な諸費用は、コロネルが負った。選挙のための書類の準備、投票所までの交通費や宿泊費、食事、投票に行くために仕事ができなかったことに対する補償、さらに衣類や靴、帽子にいたるまで、コロネルが面倒をみた。お金がなく、選挙に直接利害のない小農民は、容易にコロネルの支持する候補者に投票した。このように、コロネルは不正選挙手段（voto de cabresto）を用いて、連邦や州政治を牛耳るオリガーキー政治家と結びついた候補者の勝利を保障した。コロネルの温情に対し、オリガーキー政治家は州や連邦政府内の役職を

9　陸軍の一つの階級。帝政時代に国民軍が創設されたとき、私兵を有していた大土地所有者に、この陸軍大佐の階級が与えられた。植民地時代、帝政時代を通じて各地のパレンテラは土地の所有をめぐって対立し、しばしば武装闘争に及んだ。このため大土地所有者は自分のパレンテラ内に、私兵として組織された武力を有しており、これが国民軍に編成された。1891年に共和国憲法が制定されると、制限があるとはいえ（識字者で21歳以上の男性）選挙制度が導入され、国会議員、地方議員、大統領、州知事、市長が有権者によって選出されることとなった。地方の政治ボスであるコロネルは、一族の票を保護と支援の取引の手段にこの選挙制度を利用した。

準備し、コロネルはこの職に自分の親族や代子、友人を任命した。市の行政はコロネルが支配し、パレンテラの構成員を市役所職員に任命し、公共予算はコロネルの関心に従って使用された。こうした大土地所有者による地方政治支配という地方ボス政治（coronelismo）は、旧共和制時代（1889－1930年）のオリガーキー支配の基盤となっていたのである。

　サンパウロのプラド家は、旧共和制時代を特徴づけるオリガーキー政治を最も享受した一族である。「カフェー・コン・レイチ政治（Política do café com leite）」を確立したといわれる大統領カンポス・サレス（Manuel F. Campos Sales, 1898-1902）も、その前任者のプルデンテ・モライス（Prudente José de Morais, 1884-98）も、「カフェー・コン・レイチ政治」の最後の大統領となったワシントン・ルイス（Washington Luís P. de Sousa, 1926-30）も、プラド家の親族網とつながっていた。経済集団もまたパレンテラの支配を受けた。もともと主要なパレンテラの多くは、砂糖きび大農園やコーヒー大農園、あるいは広大な牧場の所有者として出発した。これらのパレンテラは、植民地時代と帝政時代を通じて、奴隷制大農園をその経済的基盤としていた。帝政時代から旧共和制時代に、ブラジルの大土地所有者の間に都市生活が浸透すると、パレンテラの影響は農村から都市に拡大した。ブラジルの商工業は家族によって所有され、経営された。ビジネスの世界で、親族は常に相互に助け合うことが期待された。顧客を探したり、政府の書類が必要なとき、イトコや代父、さらにその知り合いを頼った。こうした好意には好意をもって応えることが期待され、必要とあれば、イトコや代父の知り合いの就職の面倒をみた。ブラジルの経済界に君臨したマタラッソ、クレスピ、モライス、ピラーレスといったヨーロッパ移民出身の一族は、伝統的なブラジルの家族と姻戚関係を結び、20世紀に入って新たに上流階級のメンバーとなった。

　このように、パレンテラは政治的にも経済的にも一つの利益集団として機能した。自分の親族の必要に応じて援助することを怠ったり、自分の顧客や従属者の保護ができないということは、パトロンとしての影響力を後退させると同時に、その能力を減少させることになる。ネポチズモやフィリョチズモは不正義であるどころか、影響力を有する家族の構成員の第一の義務なのである。

ネポチズモにしろフィリョチズモにしろ、それは、親族と従属者に対する人間的義務を現したものである。この同族登用主義あるいは縁故主義は、必ずしも、単に親族の利益を拡大するためにだけ行われたのではなかった。重要なポストに就いた人は、有能で忠実な配下を確保しようとした。そのために、自分の親類縁者の中から、それに相応しい人を探し出すのである。それは自分が知っている最良の人物だからなのである。このように同族登用は必ずしも悪とはみなされず、有能な人材を確保するための最も合理的な方法と考えられてきたのである。

パレンテラと伝統的な社会問題

植民地時代の大土地制度を基盤にして形成されたパレンテラは、ブラジルの家族制度の中で、社会、政治、経済のすべての側面にわたって重要な役割を果たしてきた。

1950年代においても、広大な親族網のつながりの存在は指摘されていた。ブラジルで最も保守的な都市の一つとされるサルヴァドル市で行われた調査によれば、ある伝統的な家の成員は290人の親族（内53人はすでに死亡）の名を挙げることができ、かつ記憶だけで系図の関係を正確に述べることができた（Willems 1953: 343）。また、ブラジルで最も都市化の進んだサンパウロ市で行われた調査では、サンパウロの人びとは30〜500人の親族をもち、その大部分が同じ都市に住み、頻繁なコミュニケーションを保っており、結婚、洗礼、卒業などのいわゆる「家族の集まり」ではこれらの親族が集い、一族の結束を再確認する[10]。

一大親族網を維持するのに重要な機能を果たした「好意のやりとり」は、ネポチズモというブラジル社会の固有の価値観を生み出した。長い間、ブラジル人はこの弊害を訴えてきているが、個人的にはそれにかなりの期待を寄せているのも事実である。「ブラジルはアミゴ（友人）の社会である」とブラジル人自身がいう言葉の中に、ネポチズモが隠されている。1930年のヴァ

10　2016年にサンパウロ市で行った筆者の調査でも、70代の女性は4世代56人の生死、氏名、親族関係を挙げることができた。

ルガス革命によってサンパウロのコーヒー・オリガーキーによる連邦政府の支配は終焉するが、ネポチズモはその後も、ブラジルの伝統的な政治形態の一つとして根強く残った。リオデジャネイロ州知事を務めたブリゾラ（Leonel Brizola）はリオグランデドスル州の知事の任にあった時（1958 - 62年）、義兄のゴラール（João Goulart）は大統領（1961 - 64年）であった。1964年の軍事革命まで、ヴァルガスの一族の名は、歴代のブラジル政府の中にみられた。民政復帰後、最初の大統領となったサルネイ（José Sarney, 大統領期間1985 - 90年）が、その政権を維持するのにネポチズモに走ったことは有名である。70 - 80年代にブラジルでフェミニズムが盛んに唱えられる中で、多数の女性市長が誕生し、ブラジル政治の進歩性を反映したものと歓迎されたが、その多くは地方権力者コロネルの影響下にあったものである。

　植民地時代に富と権力の分散を防ぐ手段として発展してきた家父長的拡大家族は、ブラジルが独立を経て帝政、共和制と移行する中で、政治的、経済的エリート集団となった。しかし、このことは一方では、特定の社会集団に富と権力が集中してきたことを物語っている。軍事政権下でもその後の再民主化後でも、ブラジルの社会問題として指摘されてきた国民間の不平等な所得分配の歴史的原因の一つになっているのが、この擬制親族大家族パレンテラの存在であったといえる。

　20世紀中頃以降の工業化と都市化の発展にともなってブラジルでは、核家族化と世帯の小規模化が展開してきた。1960年に世帯の成員数は5.2人であったが、1980年には4.4人、1991年には3.9人に、2010年には3.3人となり、各世帯の子どもの数は2人に達していない（次節表2-6参照）。かつてのような大家族が全世帯に占める割合は少なくなっている。しかし、ブラジルの世帯が総体的に小規模化の道を歩んできたとはいえ、それは必ずしもブラジル人の考える「家族」の範囲が縮小してきたことを意味してはいない。典型的なサンパウロ市の中産階級の結婚式には、400人に及ぶ花嫁花婿双方の親族の参列がみられたりする。これら親族の多くはサンパウロ市内やその周辺地域に住んでいる。各世帯は小さくなっても、世帯と世帯のつながりが親族のつながりとして依然として維持されているのである。

第3節　今日の多様な家族形態

ジェンダーとしての女性の解放

　ブラジルでは数世紀にわたって男性は支配する性、女性は従属する性として扱われてきた。しかし20世紀に生起した社会・経済・文化の多様な変化は、こうしたブラジルの根強いジェンダー偏見や差別に見直しを迫り、結果的に多様な家族形態を生み出した。

　1960年代に農産物を基盤とした一次産品経済から工業とサービス産業を基盤にした経済が進展し都市化が促進されると、女性は女性の居場所とされた家庭から出て、教育の場や労働市場、あるいは政治の場にも進出を果たす可能性を手にした。とはいえ、偏見や差別から女性が完全に自由になったのではなかった。60年代末まで女性であるということは、母親と家庭という私的世界と密接に結びついていることを意味していた。女性が通りや公園、あるいはカフェをひとりで自由に出歩くことは決して好ましいことではなく、特別な女性と観られた。離婚が認められない当時でも、結婚そのものに女性は夢を託していた。

　70年代に権威主義的な軍事政権下で拷問などによる人権侵害と経済停滞による高いインフレに直面したブラジル女性は、家庭にある女性として社会運動を開始した。生活の困窮を訴えると同時に、失踪した夫や息子や兄弟の消息を政府に迫った。1975年に第一回世界女性会議がメキシコで開催されると、ブラジル国内では女性の社会的立場を客観的に捉え、女性を支援しようとする機関がリオやサンパウロを中心に誕生した。時期を同じくして、植民地時代以来婚姻の解消が認められてこなかったブラジルでようやく、一定の期間の別居を経た後に婚姻の解消が認められる離婚の規定が1977年に憲法に盛られた。この規定により女性からの離婚の訴えも可能となった。さらに市や州レベルのみではなく、国家レベルで女性の権利を支援擁護する機関「女性の

権利に関する国家審議会」(Conselho Nacional dos Direitos da Mulher：CNDM)
が1985年に創設された。権威主義政権下にあっても70年代から80年代にかけ
て女性の社会進出が進んだ。とはいえ、CNDMの強い要請にもかかわらず、
1916年のブラジル初の民法で制定された夫を家長とし、妻を夫の協力者とす
る不平等なジェンダー規定に変更が加えられることはなかった。

　21年にわたった権威主義体制（1964 – 85年）が終焉し、新しいブラジルの指
針が現行憲法である1988年憲法によって示された。市民権をはく奪した前政
権に対する反省から編纂された88年憲法は、ブラジルの民主化と男女の平等
な権利を明示した。第1編の基本的原則で「出自、人種、性別、皮膚の色、年
齢に関する偏見及び他のあらゆる形態の差別なく、すべての者の福祉を促進
すること」（第3条Ⅳ）と差別を否定したうえで、ブラジル国内に居住するすべ
ての人びとの法の前の平等を保障し（第Ⅱ編第Ⅰ章第5条）、さらに男女は権利
及び義務において平等であると改めて定めている（同第5条Ⅰ）。そして第226
条では家族を社会の基礎と位置づけ、その家族は国家の保護の対象であると
謳い、その第5項では、夫婦共同体に関連する権利及び義務は、男女平等に行
使されると定めた。これら第5条第1項と第226条第5項は、両性の平等を保
障すると同時に、共和国ブラジルとして初めて女性の人権の保護を謳ったも
ので、それ故にCNDMは憲法発布25年を迎えた2013年に88年憲法をマグナ・
カルタと呼んでいる。この女性のためのマグナ・カルタの下でブラジルの女
性を取り巻く社会経済文化環境は変化した。

離婚法の成立と家族形態の多様化

　植民地時代以来婚姻の解消が認められてこなかったブラジルで、1977年
に婚姻の解消を認める憲法改正が行われたことは、その後のブラジルの家族
形態に多様な影響を与えることになった。

　ブラジルでは1889年に帝政から共和国に移行すると同時に政教分離が宣
言され、それまで教会の専権事項とされてきた婚姻に対し、行政登録を必要
とする民事婚の規定が制定された。その後、1893年以来婚姻の解消を認め
る議案が数回にわたり議会に提出されたが、カトリック教会の影響を受けた

ブラジルではなかなか婚姻の解消は認められることにはならなかった。1916年、婚姻そのものは解消されないが、デスキテ（desquite）という夫婦の別居が合法化されるに至った。とはいうものの婚姻の解消はその後も認められず、1934年、46年、67年のいずれの憲法にもそのまま引き継がれた。1969年と75年と、二度にわたって一定期間の別居が認められれば婚姻は解消され再婚を可能とする法案が国会に提出されたが、いずれの法案も国会で必要な賛成数を獲得することができなかった。婚姻関係を継続したままでの別居生活というのが、当時のブラジルの現実の離婚であった。

　1977年ついに憲法が改正され、デスキテは別居（separação）と呼称を変え、一定期間の別居を離婚の条件として婚姻の解消が認められ、一度のみではあったが再婚が可能となった（Lei nº 6.515, de 26 de dezembro de 1977）。この離婚規定はほとんど変更が加えられずに1988年の新憲法第226条第6項に盛られ、1年以上の法律上の別居または2年以上の事実上の別居を条件に婚姻の解消が認められた。さらに同条の第3項及び4項では、それぞれ内縁家族と片親家族も家族共同体として国家の保護の対象にすると具体的に謳われた。以後いくつかの法令を通じて婚姻解消の条件が段階的に緩和され、最終的には2010年の憲法改正（Emenda Constitucional nº 66, de 13 de Julho de 2010）によって、憲法第226条第6項が離婚の条件としていた一定期間の別居が不要とされ、行政機関に離婚届を提出することによる「直接離婚」がブラジルで承認されることになった。

　この時期の別居と離婚件数には大きな変化がみられた（表2-4）。1997年以来9万件から10万件で推移していた別居件数が2010年には5万8,000件に急減した。さらに「直接離婚」が承認された翌11年には7,000件台に激減している。これに対し1997年以来増加していた離婚件数は、2010年の18万件から11年には27万件に激増し、12年には34万件を数えて10年の倍の件数に達した。これに対し婚姻件数には大きな変化はなく、急増する離婚とは対照的に2011年には10年の5％増、2012年には11年の1.4％増に留まった。2012年には婚姻3件に対し離婚（含む別居）1件の割合で成立しているということになる。要するに、2010年の「直接離婚」を認めた憲法改正は、ブラ

ジルの家族制度に大きな影響を与える一要素となった。この結果は家族形態
の多様化につながっている。

　2010年以前の統計ではあるが、IBGEは世帯形態を表2-5にみられるよう

表2-4　婚姻、別居、離婚件数の推移（1997 - 2012年）

年	婚姻数	別居数	離婚数
1997	724,638	89,635	104,307
1998	698,614	89,384	103,860
1999	788,744	90,092	121,933
2000	732,730	96,207	121,417
2001	710,116	96,110	122,791
2002	715,166	97,260	126,503
2003	748,981	100,985	135,564
2004	806,968	93,525	130,527
2005	835,846	100,448	150,714
2006	889,828	101,820	162,244
2007	916,006	91,749	152,291
2008	959,901	90,421	153,811
2009	935,116	85,504	139,641
2010	977,620	58,153	179,866
2011	1,026,736	7,175	274,047
2012	1,041,440	1,604	341,600

出所：*Almanaque Abril 2012* p. 117, e *2014* p. 123.

表2-5　家族形態の変化（1981 - 2005年）

年	1981	1990	2001	2005
世帯数	29,992,893	40,741,397	53,591,096	607,911,191
	100%	100%	100%	100%
世帯形態（%）				
①夫婦と子ども	60.00	56.80	50.10	47.25
②シングルマザー	10.76	12.99	16.78	17.10
③夫婦のみ	11.08	11.83	12.99	14.30
④単身	5.46	6.50	8.62	10.90
⑤夫婦・子ども・親族	6.98	5.90	4.70	4.00
⑥シングルマザーと親族	1.92	2.18	2.81	2.90
⑦シングルファーザー	1.69	1.78	1.94	2.00
⑧夫婦と親族	1.56	1.47	1.62	1.67
⑨シングルファーザーと親族	0.31	0.32	0.28	0.30
⑩親族関係にない2人以上	0.81	0.14	0.09	0.09

出所：Sorj（2007）p. 579.

に10種類に分類して統計をとっている。これらの10種類の世帯の中で増加傾向がみられる片親世帯や単身世帯は、部分的ではあるが離婚と結びついた結果である。特にシングルマザー世帯の占める割合の増加は、離婚の影響がより強い。さらにこの表には掲載されていない11番目の新たな家族世帯の形態がある。それは継ぎ接ぎ家族あるいはパッチワーク・ファミリーと呼ばれるもので、離婚と再婚が合法化されたことによって出現した新しい家族の形態である。つまり、子どもを連れて再婚し、再婚した相手にも子どもがいるステップ・ファミリーにさらにそこに新たな命が誕生するという家族形態である。2007年にブラジルの211の都市で16歳以上の女性2,093人を対象にした調査によれば、継ぎ接ぎ家族の割合は2％で、41人を数えた[1]。また2000年の統計によれば、どちらか一方が再婚という形の婚姻形態は全婚姻の11.7％を占めていたのに対し、2012年には21.8％に増えていた。いずれにしても離婚と再婚の合法化はより多様な家族形態が出現し、内縁世帯も含めこれらすべての家族形態が合法的な家族として国家の保護の対象となったのである。11年に、新たな家族形態として同性の内縁世帯も異性間による婚姻によって形成された世帯と同じ法的権利を有すると認める判断をブラジルの最高裁判所が下した。その後2013年には、同性婚カップルによる婚姻届を各役所は拒否しないことをブラジル司法審議会（Conselho Nacional de Justiça）が決定している。これらは、自由と平等と人間の尊厳を保障する現行憲法の規定に基づき、ブラジルの司法機関が下した決断であった（コラム2-1「同性婚と『家族』」参照）。

家族構造の小規模化

　表2-5から読み解くことができるもう一つの家族の動向はその規模の縮小化である。20世紀末以来の代表的なブラジルの家族形態である一組の夫婦とその子どもという核家族は依然全世帯の形態の中で大きな割合を占めてはいるものの、世紀の変わり目にその占める割合が半分となり、その後

1　*Revisita família brasileira*,（Folha de São Paulo）7 de outubro de 2007, p. 58.

**表2-6 家族規模の縮小化
(1960－2011年)**

単位：人

年	世帯の家族数
1960	5.2
1970	5.0
1980	4.4
1991	3.9
2000	3.8
2010	3.3
2011	3.0

出所：Nascimento, Arlindo Mello do, "População e família brasileira: ontem e hoje", *XV Encontro Nacional de Estudos Populacionais*, ABEP, em Set. de 2006, p. 15 http://7a12.ibge.gov.br/vamos-conhecer-o-brasil, http://www.noticias.uol.com.br/cotidiano/ultimas-noticias/2012/09/21/（最終閲覧日2015年12月8日）

も減少を続け2013年の統計では45％に下がっている。次に続いてブラジルの家族形態の中で大きい割合を占めるのはシングルマザーの世帯で、1981年の約10％から2005年の17％と、確実にその割合が拡大したが、2011年と2015年には16％程に留まっている。子どものいない夫婦のみの世帯もシングルマザー世帯に続いて高い割合を占める家族形態で、1990年の12％から2005年には14％に、2015年には19％に拡大している。さらに単身世帯も着実に拡大傾向を示している。これらの結果、表2-6にみられるように家族成員数が1980年代以降

着実に減少し、2010年には平均家族数が3.3人に、2011年には3人となっている。数字上は一世帯の子どもの数はすでに2人に達していないことになる。要するに80年代以降、ブラジルでは家族世帯の小規模化が進んできたのである。こうした変化の背景にあるものとしていくつかの要因を指摘することができる。

　まず、70年代以降に急速な出生率の低下と都市化が並行して起こったことである。輸出向け農業産品を伝統的に経済基盤としてきたブラジルでは軍事政権下の60年代に工業化が促進され、雇用の機会を求めて農村からリオやサンパウロといった大都市に人口が流入してきた。40年代には農村人口が都市人口を7：3と圧倒的に凌駕していたが、60年代には6：4と都市人口の割合が増加し、70年代には5：6と農村人口と都市人口の割合は逆転した。その後も都市人口は拡大を続け、2013年には都市人口の割合が84％を超えていた（*Almanaque Abril 2015*: 136）。こうした都市人口の増加にともなって合計特殊出生率の低下が1970年の5.8人に始まり、80年には4.4人、90年には

70年の半分の2.9人に下がり、2010年には1.8人と、現在の人口を維持することができないとされる数値にまで減少し、さらに2020年には1.5人にまで減少している（表2-7）。

ブラジルでは植民地時代から20世紀半ば頃まで、3世代や傍系親族が同居する複数家族による大世帯の家族が構成されてきた。社会福祉政策が整っていない時代には親族による相互扶助が必要とされ、必然的に家族の規模は大きくなった。ところが、都市化による雇用機会の創出や教育の普及とこれにともなう女性就労の可能性によって、多数の同居親族を抱えて相互に助け合うことは必ずしも必要ではなくなり、むしろ女性の就労にとってはリプロダクションの期間が短いことは就労に復帰するには有利なこととなった（コラム2-2「政治的な争点となった人工妊娠中絶」参照）。同時にそれまでの家族成員間の相互扶助に代わり、行政が社会福祉政策を展開することにより貧困家庭を救済し、さらに就学前教育を含む基礎教育を制度的に保障することで女性の就労を支援する体制が整えられてきた。こうして都市化と教育及び福祉政策の普及は確実に女性の合計特殊出生率の低下をもたらし、家族の小規模化に結びついてきた。

表2-7　合計特殊出生率の推移（1940-2020年）

単位：人

年	出生率
1940	6.2
1950	6.2
1960	6.3
1970	5.8
1980	4.4
1990	2.9
2000	2.3
2010	1.8
2020	1.5

出所：*Almanaque Abril 2007*, p. 144 及び *Almanaque Abril 2014*, p. 121 及び https://cidades.ibge.gov.br/brasil/paranoma（最終閲覧日2023年4月20日）

家族形態と貧困

社会福祉政策が家族の小規模化につながったとはいえ、すべての世帯が福祉政策の恩恵に浴しているわけではなく、いくつかの家族形態と貧困の相関性がみられる。IBGEの2005年データによれば、夫婦と子どもからなる核家族に続いて大きな割合を占めるシングルマザー世帯の貧困率は35.4％と、

家族形態別ではその割合が最も高い[2]。次いで貧困率の高い家族形態はいわゆる夫婦と子どもからなる核家族で、この家族形態の30％が貧困ラインにある。この傾向は2010年においても大きな変化はみられなかった。ところが、同じシングルマザー世帯でも祖父母世代が同居している場合の貧困率は27.5％になる。興味深いことに子どもと夫婦という代表的な家族形態よりも貧困の割合は低くなっているのである。夫のいない片親世帯では祖父母やその他の同居する親族が子どもの世話をしたり、生活費の一部を負担したりして何らかの埋め合わせがなされているからと考えられる。とりわけ同居する祖父母の世代が子どもの世話を引き受ければ、シングルマザーは就労の機会を手にすることになる。反対に貧困率が低い家族形態は子どものいない夫婦で、貧困率は9％である。最も貧困率の低い家族形態は一人世帯（6.2％）である。要するに働き手と扶養家族の有無が貧困と関係する主な要因となっていることがわかる（Bruschini 2007: 582）。

　こうした貧困世帯対策としてブラジルでは国際的に注目されている「条件付き現金給付（Conditional Cash Transfer：CCT）」政策の一つ、家族給付金プログラム（Programa Bolsa Família 以下、ボルサ・ファミリア）が、GDPの0.4％を費やして2003年以来連邦レベルのプログラムとして展開されている。このプログラムの先駆けは通学支援プログラムで、1995年にサンパウロ州のカンピナス市と首都のブラジリアが地方自治体のCCT政策として導入したものである[3]。これらは2001年にボルサ・エスコーラとして連邦プログラムに取り入れられている（その後の展開については第3章第2節参照）。

　2003年の連邦政府のボルサ・ファミリアの導入によって2004年まで常に3割以上（33.7％）に及んでいた貧困人口が、2005年以降減少し、2009年には約2割（21.4％）に、2012年には1割台（16％）と減少しており[4]、結果とし

2　2005年の貧困ラインは推定値で世帯員1人当たりの所得が月163レアル（≒US$62）。2021年の貧困ラインの推定値は月R＄200（約US＄44）。
3　1995年に導入されたカンピナス市のCCTはPrograme da Alimentação Escolar、ブラジリアのそれはPrograma Bolsa Família para Educaçãoと称された。
4　http://brasildebate.com.br/estudos-mostram（最終閲覧日2014年10月10日）

て児童労働の減少にもつながったと評価されている。

　ところが、ボルサ・ファミリア導入後18年を経た2021年、貧困人口が増加し、人口の29.4%を占めるに至った[5]。同時に人口の半分を占めていた中間層は減少した。そこで新ボルサ・ファミリアが2023年3月に導入され、貧困家庭への支給と同時に、0〜18歳までの扶養家族、さらに妊婦も支給の対象としている。COVID-19に対する対応策が十分に取られることがなかったことが、ボルサ・ファミリアの新たな出発となったとされている。

5　https://agenciadenoticias.ibge.gov. br/agencia-noticias/2012-agencia-de-noticias/noticias/
35687em-2021-pobreza-tem-aumento（最終閲覧日2023年4月11日）

コラム2-1

同性婚と「家族」

より多様化した「家族」

　ブラジルの「家族」は、同性カップルによっても築かれ始めている。2011年、連邦最高裁判所は同性カップルの権利に関する憲法訴訟の判決を出した。同性カップル間の内縁関係を「家族団体（entidade familiar）」として認め、異性間の非婚カップルによる「安定した結合（união estável）」に認められてきた、相続などの法的権利を与えた（マシャド2018）。養子縁組についても可能性が開かれてきた。民法典は、いわゆる事実婚である安定した結合を婚姻として届けられるための便宜をはかってきたことから、2013年には国家司法審議会が、同性カップルからの要請があれば身分登記官と裁判官は婚姻に関する諸手続を拒んではならないとし、通達を発出した（マシャド2018）。

自身のセクシャリティの表明

　これらの背景には、レズビアン、ゲイ、バイセクシャル、トランスジェンダー（LGBT）など、性的マイノリティとして社会に位置づけられてきた人びとが自身のセクシャリティや自認する性を尊重する生き方を表明することになったことが関係している。サンパウロで開催される、性的マイノリティの市民としての権利を訴える「LGBT＋・プライド・パレード（Parada do Orgulho LGBT＋）」は世界的にも知られている[6]。

　しかしながら、性的マイノリティに対する偏見や差別はいまだに強く、2023年にルーラ政権が発足すると、LGBTQIA＋権利局（Secretaria Nacional dos Direitos das Pessoas LGBTQIA＋）が人権・市民権省（Ministério dos Direitos Humanos e da Cidadania）に設置された。

「家族」の定義をめぐって

　性的マイノリティへの権利保障においてブラジルではまず同性間の家族が承認され、次に同性間の婚姻が認められたという経緯により、性的マイノリティの問題が「個人」のこととしてだけではなく「家族」のあり方をめぐった議論を強く引き起こしてきた。しかしながら今なお、2002年に施行された

現行の民法典の家族法の第1723条は「家族団体」として認める内縁関係を「男女間の安定した結合」によるもの、と規定している[7]。連邦最高裁判所の判断と法の齟齬があるのはブラジルでは法典を重視するシビルローの伝統に原則として従っているためであるが、法源として判例法が重視されている（マシャド 2018: 21）。

　こうして拡がりつつあった「家族」の概念を狭めようと、2013年には、「婚姻あるいは安定した結合による一人の男性と一人の女性から成り、あるいは両親のいずれかとその卑属をもって形成する共同体から成る、社会的な集団を家族団体」とする「家族法典（Estatuto da Família）」がアンデルソン・フェレイラ議員によって下院に提出された[8]。2013年法律案第6583号（PL 6583/2013）といわれるこの法律案の問題点として、今後同性カップルの養子となった子どもが法で守られなくなること、これにより同性カップルによる養子縁組を難しくすること、ホモフォビア（同性愛嫌悪）の様相を呈していること、同性カップルだけでなくオジオバ・メイオイで構成されているような家族にも影響が及ぶこと、実子と養子間の不平等を生じさせることなどが指摘されている[9]。

「家族」のための法整備に向けて

　すでに述べたように、ブラジルにはシビルローの伝統があり、判例拘束性があるコモンローの米国で2015年に連邦最高裁判所が同性婚を禁止する州法を違憲とし同性婚を国の憲法の下の権利として認めるとすべての州にて同性婚が事実上合法へ、といったような展開にはならなかった。

　米国とブラジルの法制度が異なる点のもう一つとして、ブラジルを含むラテンアメリカの法は、特定の道徳観を奨励する教育的な性質を有している。そのため、ジェンダーに関する法がかわると、同時にジェンダーの役割や関係の定義と理解そのものがかわってしまうこととなる（Htun 2003: 9-11）。2013年の法案はプロテスタント系の議員から出されたもので、同性カップルと養子縁組によって築かれる「家族」に対して、キリスト教の性役割によって形成された家族観を守ろうとする人びとの価値観を反映しているのである。

しかし、ブラジルの国民には、信仰の面でも多様性がみられる。多様な角度から「家族」とはなにかを見つめ直し、国民一人ひとりが生きやすく能力を発揮できる社会の実現に向けての法整備を考える必要があるだろう。

6　パレードを組織するのは、NGO「サンパウロ・LGBT・プライド・パレード協会（Associação da Parada do Orgulho LGBT de São Paulo)」で、「ゲイ・プライド・パレード（Parada do Orgulho Gay)」の名で1997年に始まった。
7　大統領府のウェブサイトで確認できる。http://www.planalto.gov.br/ccivil_03/LEIS/2002/L10406.htm（最終閲覧日2023年7月30日）
8　法案の審議状況については下院のウェブサイトで確認できる。https://www.camara.leg.br/proposicoesWeb/fichadetramitacao?idProposicao=597005（最終閲覧日2023年7月30日）
9　ブラジルの雑誌*CartaCapital*のオンライン版の記事で挙げられた問題点である。http://www.cartacapital.com.br/sociedade/estatuto-da-familia-afugenta-casais-homossexuais-da-fila-de-adocao-4053.html（最終閲覧日2016年8月17日）

政治的な争点となった人工妊娠中絶

「女性の特有の能力」としての「妻」・「母親」という役割を女性に求めたカトリック教会

　ブラジルでは女性の社会進出にともない、教育面、家庭内でのジェンダー間平等もすすめられてきた。そもそも女性が家庭外で報酬をともなう活動に参加することに対し、カトリック教会は20世紀半ばまで、妻としてまた母としての女性の本質に反するとして、否定的な立場をとっていた（ローシャイタ 1985: 227）。1950、60年代になると、カトリック教会も、女性が被抑圧者として社会に位置づけられてきたとしてそれを問題化するとともに、女性の社会進出を支援、家庭内の男女の平等を唱えてきた。ヨハネ23世の1963年の回勅「地上の平和」では女性の社会的・経済的自立に好意的な態度が、1962年から65年にかけて開催された第二ヴァチカン公会議では女性の社会参加を支援する姿勢が示された（ローシャイタ 1985: 227-229）。ただし、教会が唱えるのは女性が生来もつ特質に基づいた平等性であり、女性特有の能力としての「妻」と「母親」という伝統的な役割については女性に求め続けた（ローシャイタ 1985: 235）。ブラジルを含めラテンアメリカでは、聖母マリアを女性の理想像とし、処女、妻、母を崇めるマリア信仰も根強い（ローシャイタ 1985: 235）。

人工妊娠中絶をめぐる論争

　女性に妻と母としての役割を求めるカトリック教会は、人工妊娠中絶は罪とし、その合法化・自由化に強く反対している。ブラジルでは、1940年に定められた刑法で、強姦や母体に生命の危険が及ぶ際の中絶は刑事罰の対象ではなくなった。2012年、連邦最高裁判所は胎児が無脳症の場合の中絶を認めたが、それ以外は「生命に対する犯罪」となる。

　人工妊娠中絶を「非犯罪化」するだけでなく、「自由化」を求める声があがっている。「自由化」というのは、隣国ウルグアイのように「社会的」理由での中絶も認めるなど、中絶が認められる理由を増やして刑事罰の対象を少なくするということである（Htun 2003: 142-144）。こうした声をあげる女性たち

は、人工妊娠中絶を「権利」として捉えている。女性たちはさらに、国を超えて他のラテンアメリカ諸国の女性たちと連携している。その結果、2020年にアルゼンチンでは妊娠14週目まで、2022年にコロンビアでは妊娠24週目までの人工妊娠中絶が合法となった。

　人工妊娠中絶の自由化には、カトリック教会のほかに、より保守的で政治への関与に積極的なペンテコステ派からの強い反対もある（Htun 2003: 170）。トランスナショナルに展開する反中絶運動もこの論争に関わっている。すでに人工妊娠中絶を自由化した欧米の国々での反中絶運動がトランスナショナルなネットワークを築き、ブラジルを含むラテンアメリカでの自由化を阻止しようとしているのである（Htun 2003: 8-9）。

人権と健康をめぐって

　ブラジルでは、キリスト教の団体や信者が選挙の重要な支持基盤であることから、人工妊娠中絶は近年、政治的な争点となっている（近田 2016: 218）。2022年の大統領選挙でも、候補者の人工妊娠中絶への立場が問われたが、有権者を前にデリケートな問題となった。

　また、人工妊娠中絶は1988年憲法が保障している国民の健康問題との関連からも議論されている。なぜなら、中絶には母体の健康が関わるためである。女性が経済的に裕福な場合、人工妊娠中絶が合法となっている国へ渡航し中絶手術を受けることがある。金銭的に余裕がない女性は特に、非合法で中絶を行う医者に頼むことがあり、それが結果として母体に危害を及ぼすことがある（Htun 2003: 6, 160-161）。

　合法で中絶手術を受けられる場合、例えば、強姦による妊娠の場合であるが、医療機関によって手術が拒まれるという問題が生じていた。公立病院で中絶手術を受けるための行政上の手続きが1998年まで定められなかったため、後の刑事訴追を恐れて医者は手術をすることを拒んだのである。そこで1988年、保健省はすべての公立病院に法で認められたケースの中絶を要求した（Htun 2003: 156-157）。アルゼンチンの人工妊娠中絶に関する法律には、中絶手術を遅延したり、拒否するなどした医療従事者が処罰の対象となることが明記されている。

　医療機関はかつて警察への「通報者」でもあった。しかしながら、2023年、連邦高等裁判所は、自身で中絶を試み体調を崩した女性を診察した医療機関による通報をめぐる裁判にて、「通報」は医師が従うべき守秘義務に反するとした。医師が提供したカルテを「犯罪」の証拠の一つとして女性は起訴されていたが、医師の情報提供の部分は無効であり、刑法に基づいた訴えも中断されるべきと判断した。

　近年では、妊婦への身体的及び精神的負担を理由として、無脳症以外の、胎児が生まれた後に生き延びる可能性がない病気を抱えている場合にも、中絶を認めていいのではないかという議論も交わされている。

　こうした妊産婦の健康という議論が高まっているのは、女性が出産の回数を管理し自身の性と生殖に関する権利と健康を求める「リプロダクティヴヘルス／ライツ」が、1994年の国連国際人口・開発会議で一般的に認知されるようになったことが大きい（加藤 2005: 88-89）。ただし、それでも人工妊娠中絶については、カトリック教会などの反対もあり、女性の権利という形での語りが阻まれる。しかしながら、こうした行動綱領や「リプロダクティヴヘルス／ライツ」という言葉そのものができたことにより、人工妊娠中絶をはじめとする女性の性と生殖に関する議論がブラジルで政治的にできる余地が生まれたと指摘される（Htun 2003: 149-150）。

第3章

社会的公正への挑戦

第1節 都市化と人口移動

都市化と地域格差

　ブラジルに存在する社会格差を捉える際、植民地としての歴史や家父長制に由来する社会階層間の格差とともに、都市化と人口移動により生まれた地域格差も重要な概念である。地域格差には北部・北東部・中西部と南部・南東部という大地域間の格差に加え、農村と都市の格差という側面がある。人種間・社会階層間格差に地域格差という側面が重なることで、ブラジルの不平等の状況は複雑化した。

　植民地としての歴史をもつ多くの国家において、独立後の国家形成と経済発展にともなう都市化と人口移動は急激に進展し、それまでの社会システムや伝統的生活様式を変化させる結果を招いた。ブラジルもその例外ではない。植民地時代、沿岸地域から内陸部へと開発が進められるとともに南東部を中心に都市が形成され、産業化とともに発展をみせた。内陸部と都市を結ぶインフラが整備され、それが経路となって農村から多くの雇用機会を提供する都市へと人口が移動した。さらに、主要生産物の産地の変化にともなう北東部から南東部へと労働者の移動は、都市における新たな貧困層を誕生させ、ブラジルの格差の特徴を形作った。

都市の形成と発展

　都市は経済活動の中心地域と結びつく形で発展する。北東部バイア州の州都サルヴァドルは1549年に植民地ブラジルの総督府として誕生した都市である。植民地ブラジルにおいて、大土地所有制によるプランテーション栽培で生産される砂糖きびの時代に栄えていた場所は、北東部を中心とする湾岸部であった。16世紀には、先住民の捕獲と貴金属発掘を目的とした奥地探検隊（バンデイランテ、第1章コラム1-2「キロンボ・ドス・パルマレス」参照）が沿岸部から内陸部への人口移動を作り出す。

　17世紀末にミナスジェライス州で金やダイヤモンドなどの鉱物資源が発見され、ブラジルは金の時代を迎える。その積出港として発展したリオデジャネイロは、サルヴァドルに代わり1763年に総督府となった。19世紀に入り、フランス軍のリスボン侵攻から逃れてポルトガル王室はブラジルに移動した。王室ははじめサルヴァドルに置かれたが、後にリオに移った。リオは1808年に帝国の首都となる。その後1822年の王子ドン・ペドロの独立宣言により、リオはブラジル国家における初の首都となった。

　奥地探検隊による内陸部の開発は、20世紀のブラジル国家発展の動力となるサンパウロ市の発展をもたらした。1554年にコレジオの建設のもと布教活動の拠点として発展したサンパウロは、16世紀から17世紀にかけて奥地探検隊の基地として、18世紀には通商を担う隊商（トロペイロ：tropeiro）の中継地点として発展する場所となった。しかし、サンパウロ州の経済を飛躍的に発展させたのは、19世紀に始まるコーヒーの時代の到来である。リオデジャネイロ州、ミナスジェライス州そしてサンパウロ州に広がったコーヒー栽培の発展により、内陸部の生産地とコーヒー豆の積出港であるサントスとの間に輸送インフラが敷設され、サンパウロはその中継地点となった（三田 1991: 134）。1867年にはサンパウロからサントスまで、1872年にはサンパウロ市西部の拠点としてカンピナスやソロカバとサンパウロをつなぐ鉄道が開通した。こうしてコーヒーの生産地と輸出港間の物流は進化し、農場経営を担う南東部、特にサンパウロ州の大農園主はコーヒー・ブームの恩恵を受けて資本を蓄積し、ミナスジェライス州の鉱山主や農園主といった有力者とともに1889年に始まる第一共和制期には政治的権力を手にすることとなった。

　19世紀から20世紀初頭を頂点として栄えた南東部のコーヒー生産は、リオ以南の地域の人口を増加させた。しかし、この時期の人口移動は国内の大規模な移動[1]ではなく、農場の賃金労働者として導入された国境を越えた人口移動、すなわち外国移民であった（第1章参照）。共和制が始まり自由人と

1　第1章で述べられているように、経済サイクルの移動にともない、奴隷制度をそのまま鉱山開発、コーヒー生産に導入する形式で、社会階級を温存した形での人口移動形態がみられた。

なった北東部の奴隷出身者の多くが南東部に移動する国内人口移動は、もう少し後のことである。

農村から都市への人口移動

コーヒー生産の興隆によりサンパウロ州内では鉄道網の拠点が中継地として発展を遂げ、州内の大農場主が資本を蓄積し、工業化の土台が築かれる。1929年の世界恐慌によるコーヒー価格暴落の後、1930年に幕を開けたヴァルガス革命により、ブラジルは国家として本格的な工業化の時代を迎える。ナショナリズムと工業化はサンパウロを工業都市として発展させ、多くの資本家が工業に投資した。サンパウロで産業分野における就労の機会が増大すると、コーヒー農園の契約労働から離れた外国移民の中には農村地域から都市における工業労働者として生活する者も現れた。この頃から徐々に、農村部から都市部への人口移動の動きが現れた。

第二次世界大戦後、南東部の都市を中心とする工業化の進展とそれにともなう雇用機会の増大が起こると、生活向上の機会を求めて都市部に流入する人口移動もみられるようになった。その結果、1960年代から70年代にかけて、都市部と農村部の人口の割合は逆転した（図3-1）。北東部の小作農や零細農民は農業労働に見切りをつけ、都市に移動した。その多くはサンパウ

図3-1　都市人口と農村人口の推移

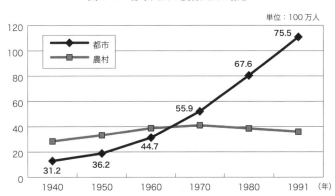

注：グラフ内の**ゴチック**の数値は、総人口に占める都市の人口の割合（％）
出所：IBGE, *Indicadores sociais-uma análise da década de 1980.*

図3-2　1970年代の人口移動

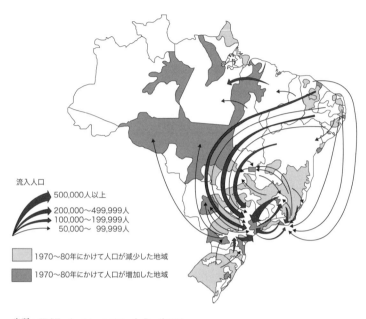

出所：IBGE, *Anuário estatístico do Brasil 1992*

ロやリオを中心とする南東部の都市であった。軍事政権下の高度経済成長期
「ブラジルの奇跡（1968 – 73年）」には、北東部から南東部への一極集中型の
人口移動が起こった（図3-2）。

都市化とスラム形成

　1970年代から80年代を頂点とする、北東部の農村から南東部の都市への国
内移民の流入により、都市の人口は急速に拡大した。農村で暮らす人びとは
より良い雇用を求めて都市に移動して来たが、工業部門の雇用吸収には限界
があり、さらに労働の現場で求められる労働力は熟練労働者であった。国内
移住者の大半は農業の経験しかなく、一般教育や職業教育をほとんど受けて
いない未熟練の労働者であり、外国移民との差は歴然であった。都市の労働
市場で労働条件の良い雇用を得たのは外国移民としてブラジルに移住した人
びととその子孫であり、これに対して国内の農村からの移住者は労働条件の

良い雇用を得ることはできなかった。しかも労働力の供給量が増大したことで賃金は低下し、仮に何らかの雇用に就けたとしても収入はごく僅かであり、非正規雇用がその多くを占めた（小池 1991: 309; 奥田 2009: 138）。

　外国移民とその子孫が都市部で労働者として安定した雇用を獲得し、蓄財とともに高い教育機会を得て社会的上昇を果たし、企業家として自ら事業を起こす者が多数現れる一方で、植民地時代に底辺にあった社会階級のルーツをもつ国内移住者とその子弟は都市に移動してもより高い社会階層への上昇はできず、結果として都市における貧困層を形成するに至った。

　都市に移動してきた人びとの多くは、そもそも資産や収入がなかったことから土地を不法に占拠して生活の拠点とした。こうしてブラジルではスラム地区、低所得者層の居住地が最初にリオで形成されていった。サンパウロにおけるスラム形成はもう少し後で、ヴァルガス革命後、とりわけ1950年代以降急速な工業化のなかで生まれたインフォーマル・セクター（非正規部門）に就労する人々が郊外の土地を占拠したことに始まる（三田 1991: 148）。このようにファヴェーラと呼ばれるスラムの人口数が急増したのは20世紀後半のことであり、後述の幹線道路の建設といったインフラ整備の発展がそれを加速した。また、その要因として三田は、テレビの普及により都市のもつ洗練されたイメージと都市生活の豊かさがブラジル全土に伝播し、農村で生活する住民の世界観を変え都市へと移動させたとして、メディアの影響力を強調している（三田 2005: 196-197）。

　人びとがファヴェーラを形成する場所は、基礎的インフラが欠如している地域である。不法占拠できる土地は商業的な利用価値が低く、あるいは林地や湿地、起伏が激しいなど居住地として魅力の無い場所である。そのような場所にレンガや木片など自力で工面した建築材料を使って簡素な家屋を建て、電気は不法に公共の電源（電柱）から引く。上水は水汲みによって確保するが、下水設備がなく汚水はそのまま各世帯から流されるなど、不衛生な住環境の場所である。また、基礎インフラの欠如は住環境に留まらない。人間が生活する上で必要な教育機関、保健衛生設備もコミュニティ内には存在しなかった。土地を正式に所有していないため、土地所有者や行政の指示が

あれば強制撤去も免れない。こうしてファヴェーラの住民は、日々不安定性と隣り合わせの生活を送ることとなる。

　また、大都市のスラムは「行政の管理下にない街」であり、麻薬組織など不法な活動を行う犯罪組織が侵入し拠点とする場合も多い。「ファヴェーラは危険な場所」といわれる所以はここにある。ファヴェーラは貧困層の居住地にすぎず、本来危険な場所ではないのだが、こうした犯罪組織の参入が「ファヴェーラは治安の悪い場所」というイメージを形成することになる。当該地域の「治安」に不安を抱いているのは、犯罪組織とは無関係に生活している、あるいは強制的に関係をもたされている住民自身である。

● 北部、中西部をめぐる開発

　20世紀のブラジルが経験したもう一つの人口分布の変化が、北部と中西部の開発にともなう人口移動である。北東部には植民地時代に大農園が作られ、コーヒー経済を基礎に南東部は工業化を達成した。南部は自営開拓移民として外国移民が導入された。これらの地域と比較して、その大部分がアマゾン熱帯林やセラード（サバンナ）である北部と中西部は、一部の地域を除いて20世紀までほとんど手付かずの場所であった。

　北部では19世紀末のゴム・ブームを契機とし、アマゾン川流域を中心にいくつかの大規模な都市が形成され、発展を遂げた（植民地時代を含む開発についてはコラム3-2「北東部及び北部の貧困の歴史的背景」参照）。米国で自動車産業が興隆し、タイヤの需要とともに天然ゴムの価値が上昇すると、アマゾナス州マナウスを拠点としてゴム採取業がこの地域の主要産業となり、その労働を目的として北東部からの人口移動がみられた。ゴム採取労働者はゴム林の所有者のもとで野生ゴムの樹液を集める作業に従事した。すでに奴隷制は終焉していたが、アマゾン奥地の森林で使役される労働者の生活は奴隷に近いものであり、最低限の生活は保障されたものの、社会的上昇に必要な教育の機会を得る環境ではなかった。さらに、20世紀初頭にブラジルから持ち出されたゴムの木によって東南アジアでのプランテーションが成功すると、ブラジルのゴム・ブームは早くも終わりを迎える。

　アマゾン地域の開発が国家事業として進められたのは1930年のヴァルガス革命後のことである。ナショナリズムを推進するヴァルガスは、国家統合のためにブラジルの中西部を開拓するアマゾン開発の必要性を唱えた（西沢・小池ほか 2005: 40）。戦後の開発の時代となる1953年、アマゾン経済開発庁（Superintendência do Plano de Valorização Econômica da Amazônia: SPVEA）を設置し、北部の9つの州を含む「法定アマゾン」[2]という地域区分を制定し開発政策に着手した。しかし、アマゾン地域の開発が本格化するのは、1964年の軍事政権以降である。

　1966年にブランコ（Castelo Branco）政権（1964 - 67年）は「アマゾン作戦（Operação Amazônia）」と銘打ち、国家統合と国防を目的に、アマゾンを取り込むさまざまな政策を開始した。1967年にはマナウスに関税自由地区を設立し、外国資本の誘致に力を入れた。アマゾン横断道路、国道BR163号線、BR364号線といった主要幹線道路が建設され、南から北、東から西へと、アマゾンへの道を切り開いた[3]。こうしたアマゾン地域の開発は、はじめは干ばつに苦しむ北東部から北部への人口移動[4]の促進を意図するものでもあったが、その後この地に多く流入したのは東南部や南部の国内移民や企業であった。アマゾン開発に投資した法人に対し所得税を減免する優遇措置は、牧畜、鉱業など企業のアマゾン進出を促した。

　中西部の開発も、戦後に始まる。それを代表するのは、1960年の首都ブラジリア建設であろう。1956年クビシェッキ（Juscelino Kubitschek）政権（1956 - 61年）は、「50年の進歩を5年で」をスローガンとするメタス計画（Plano de Metas）により工業化、近代化を進めた。ブラジリア建設はその象徴的存在となり、新首都構築という壮大なプロジェクトの建設労働力として北部、

2　現在のアマゾナス州、パラ州、ロライマ州、アマパ州、アクレ州、ロンドニア州、トカンチンス州の北部7州に中西部のマトグロッソ州、北東部のマラニョン州の一部（西経44度以西）で構成される（IBGEウェブサイトより）。
3　アマゾン横断道路（Transamazônica BR230）はパライバ州とアマゾナス州、国道BR163号線はパラ州とマトグロッソ州、BR364号線はマトグロッソ州からロンドニア州をつなぐ輸送網となった。
4　メディチ（Emílio Garrastazu Médici）政権の「土地なき人を人なき土地へ（Uma terra sem homens para homens sem terra）」など。

北東部から人口が移動した。しかし首都建設の雇用は期間限定であり、政府の用意した建設労働者のための居住地も首都完成後には閉鎖され、労働者はブラジリア周辺の土地を不法占拠することで居住を継続することとなった（奥田 2009: 135-136）。

アマゾン地域では縦横に道路が建設されたが、それに先立ちブラジリア建設の1960年に北部と中西部を結ぶベレン―ブラジリア国道（BR-010）が開通し、ブラジリアを中心として北東部、北部を結ぶ国道が建設された。こうして、未開の地であった北部、中西部はさまざまな国家開発の舞台として資源開発、農牧畜業のために利用される空間となった。1974年、農牧畜業、農鉱業、鉱工業の中心地としてアマゾンを開発する「ポラマゾニア計画（Polamazônia：アマゾン農牧業・農鉱業拠点プログラム）」が開始され、熱帯林を伐採し牛を飼育する牧場造成のための開発が始められた。1980年にはポロノロエステ計画（Polonoroeste：北西部統合開発計画）として農牧林業、農鉱業開発の拠点が作られた。また、パラ州の鉄鉱山開発を中心とする大カラジャス計画（Programa Grande Carajás）も、資源大国としての威信と巨万の富をブラジル国家にもたらす開発事業の代表的存在となった。

●大規模農業開発と人の移動

70年代以降、中西部を拠点として推進された農業開発は大規模機械化農業としての特徴をもっていた。軍事政権は、酸性土壌で、栄養分が少なく、降水量が季節に大きく偏るため、それまで農業に適さない土地としてみなされ「不毛の大地」と呼ばれてきた広大なセラード（cerrado）の開発に価値を見出した。セラード地帯の広大で平坦な土地は機械化に適し、石灰の投入が土壌を中性化し、化学肥料の投入が土壌を豊かにし、灌漑が乾季の水不足を解消する。こうしてセラードの欠点が解決され、中西部を世界の穀倉地帯へと変化させた。1975年のポロセントロ（Polocentro）計画は日本の技術、資金援助による日伯セラード農業開発事業によってスタートし、両政府の肝いりで大豆生産のための世界的拠点を作り上げた（本郷・細野 2012）。

広大なセラード地域がブラジルの農業の新天地として魅力をもったこと

で、その富を求めて南部からの人口移動が始まった。しかし、彼らの多くは農業労働者ではなく農場主、農業資本家などであった（Soares 2004）。大規模機械化農業は、土地と設備を購入できる、そのための融資を受けることができる社会階層が参入できる産業である。そうした農業は多くの労働力を必要とせず、雇用増加をもたらすものではない。こうして中西部、アマゾンの開発は大きな経済機会の獲得を目的とする南部移民を流入させた。他方で、資金や技術をもたない人びとは、自らの暮らしを維持するために都市に流出する道を選ぶこととなる。とりわけ中西部での農業開発からより大きな利益を受けたのは、多国籍穀物メジャー（穀物を主要取引する巨大商社）と大農園主である。中西部とアマゾンで実行されてきた開発は、大規模農園主や企業に大きな利益をもたらしたが、小規模な農家や貧困層にはほとんど利益をもたらさなかった。このことはブラジルでさらなる格差の拡大を引き起こす結果をもたらした。

● 環境破壊と先住民への影響

『アマゾン─民族・征服・環境の歴史』の著者であるジャーナリストのヘミングは、「飛行機、チェーン・ソー、ブルドーザーという三つの発明品」がアマゾンの破壊をもたらしたとする（ヘミング 2010: 422）。飛行機によって広大な未開の地へのアクセスを容易とした。瞬く間に森林を平坦な土地に変貌させるチェーン・ソーとブルドーザーの導入は、森林伐採により生態系を短期間に破壊し、この場所を生活の地としていた先住民の生活圏に急速な変化をもたらした。輸送網として敷設された幹線道路に木材伐採や農場開拓のために入った開拓者は、道路に沿って、森林の内部に入り込む。その結果、幹線道路から垂直方向に魚の骨（フィッシュボーン）のように道が作られ、森林破壊が進む。先住民保護区では法律によって開発は規制されているが、現実には違法な開発が後を絶たない。保護区に隣接する地域で大豆を栽培する大規模な農場などが作られると、それらは河川の流れや水量を変化させ、金など鉱物の採取が水汚染をもたらし、先住民の生命と生活を脅かしている（コラム3-1「先住民の暮らしと権利」参照）。

　セラード開発も、深刻な環境問題との関係性が注目されて久しい。農業に
は不適とされた地域であったセラード生物群系は、この地域独自の固有種を
多くもつ生物多様性の宝庫である。大規模な農地の造成、大量の農薬使用、
遺伝子組み換え種子の投入は、太古から住んでいた生物を絶滅の危機に追い
やる。セラードでは大規模開発以前に細々と農業が営まれてきたが、それら
は一掃された。アマゾンとともに中西部にも多くの先住民が住んでいるが、
開発は、結果として先住民の暮らしを圧迫し、生活そのものを破壊する影響
をもたらしている。

　このように、特に戦後の開発の時代の影響を受けて、ブラジル全土におい
て顕著な都市化と地域間の人口移動が引き起こされた。それは植民地時代以
来の社会階級間格差を受け継ぎながらも、ブラジルの全土に複雑な社会階
層の変化をもたらした。一時期南東部への一極集中がみられた人口移動は、

図3-3　1995 – 2000年の人口移動

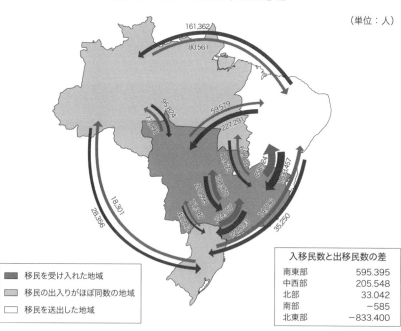

（単位：人）

入移民数と出移民数の差	
南東部	595.395
中西部	205.548
北部	33.042
南部	−585
北東部	−833.400

■ 移民を受け入れた地域
■ 移民の出入りがほぼ同数の地域
□ 移民を送出した地域

出所：*Almanaque Abril 2003*

1990年代以降は地域間の相互の人口移動へと姿を変えている（図3-3）。

　加えて近年著しいのは、中都市の成長と人口移動の分散化である。2000年代以降、産業の分散化が進んだことで人口移動の目的地が多様化し、州間の人口移動よりも内陸部や大都市近郊の中規模都市の中心部への近距離の移動がみられるようになった（IBGE 2018）。2010年から2022年にかけて、人口数10万人以上50万人未満の中規模の都市の数は245から278に増加した[5]。州外の移動後に出身州に戻る流れが特に北東部の州でみられ[6]、それまでの地域間の人口移動の流れは変化をみせるようになった。なお、ブラジルは2022年、アメリカ大陸で最も紛争・暴力と災害を理由とする国内移動人口数が多かったことも指摘されている[7]。

　ブラジルの都市化と人口移動の歴史を概観したときに共通するのは、20世紀末までの歴史においてブラジルを資源大国という位置にまで押し上げた開発の軌跡は、社会階層間の格差を縮小するどころかそれを拡大するものであり、社会の底辺に置かれていた人びとの社会的上昇を促すものではなかったということである。都市でも農村でも、北部でも中西部でもどの地域でも、貧困層が社会階梯を上るための政策は不十分にしか取り組まれず、その結果、社会的不平等の問題が今日まで継続されてきたのである（第1章第4節）。

　こうした開発政策が方向転換するのは、軍事政権が終了し民政移管を迎え、初めて市民社会との連携により新しいブラジルに作られた1988年憲法の発布後のことである（第1章第5節）。

5　50万人以上の大都市は38から41に増加。5千人以上2万人未満の都市は2613から2536の減少をみせた（IBGE website "Censo 2010: Principais resultados" 及び IBGE 2023b）。ただしこれにはムニシピオの合併も関係する。

6　2009年、この数値はペルナンブコ州、セルジッペ州、リオグランデドノルテ州、パライバ州で20%を超えていた（*O Globo*, Nordeste é região com maior retorno de migrantes, segundo IBGE, 15 de julho de 2011.）。

7　主にゴイアス州にみられる土地紛争を原因とする5,600人、自然災害による708,000人（The Internal Displacement Monitoring Centre, 2023 Global Report on Internal Displacement, IDMC, 2023.）。

コラム 3 - 1

先住民の暮らしと権利

　ポルトガルによる「発見」以前からブラジルの地で暮らしていた先住民族の文化は、ブラジル社会の基層文化の一つであり、ブラジルの言語、文化に影響を与えてきた。1991年センサス以降、自らを先住民と申告する人口数は増加しており、2022年では169万3535人（人口全体の0.83%に相当）である（IBGE 2023a）[8]。アマゾン地域の中心部であるアマゾナス州やパラ州、先住民人口の多いボリビアやペルーと国境を接しているアクレ州やロンドニア州など、ブラジルの先住民の多くが北部に暮らしており（44.48%）、次に多いのは北東部である（31.22%）[9]。ただし、実際には26州と連邦直轄区すべての地域に先住民の集住地が存在している。305の民族、274の言語という数字からも、民族の多様性をみることができる。また、5歳以上の先住民の約17.5%はポルトガル語を話さないとされ、先住民保護区として政府が定めた先住民の土地（Terras Indígenas）に居住する人口を対象にすると、この割合は28.8%に増加する[10]。「発見」から500年経過した今でも、独自の文化と伝統を守る暮らしを営んでいる先住民族がブラジルには存在しているのである。

　先住民の歴史は、収奪の歴史でもある。ブラジル「発見」後、先住民の人びとは奴隷労働力として搾取され[11]、土地を奪われ、生活環境を破壊されてきた。アマゾン開発の時代、保護の対象として扱われてきた先住民は、民主化を求める社会運動の中で自らの権利を政府に求める当事者運動を作り上げてきた。先住民連合（União das Nações Indígenas：UNI）をはじめとする先住民運動組織が中心となり、1980年代に先住民の生活と文化の尊重を国家に誓約させる時代が到来した。先住民として初めて下院議員に選出されたシャバンテ族のジュルーナ（Mário Juruna）、内務大臣と面談し先住民の権利を求めたカヤポ族のラオニ（Raoni Metyktire）[12]、UNI代表として憲法制定議会議員を務めたクレナック族のアイルトン・クレナック（Ailton Krenak）のように、先住民としてのアイデンティティの尊重と生きる権利を要求する活動家が国内外で注目された[13]。

　民主化以降、1988年憲法をもとに社会的マイノリティの権利が守られる

法整備が進められ、先住民の人口数の多い地域では先住民言語による教育が進められるなど、多様性を尊重する各種の政策が進められている。しかしながら、学校がコミュニティから遠い場所にあることなどの理由から、中等教育まで継続して就学する生徒が少ないことは、先住民教育の普及の課題でもあった。教育省は2003年以降、先住民が多く居住する地域の基礎教育機関の教員を先住民出身者から育成し、コミュニティ近隣の公教育の充実を図るプログラムを開始した。北部や北東部を中心に先住民学校教育を専門とする教職修士課程を設立する大学が増加し、先住民族出身の教員が生まれている。先住民族出身の教員に期待されることは、先住民としてのエスニック・アイデンティティの肯定、歴史的記憶の奪回、基礎教育における先住民の言語と知識の重視を促進することであり、社会文化的多様性といった先住民教育の特色を学校教育に融合するための人材としての役割を務めることにある[14]。

　多様性を尊重する社会政策が実践されている一方で、アマゾンに目を向けると、先住民の暮らしと権利よりも国家の経済成長を優先する開発政策が継続されてきた。シングー川流域の先住民の暮らしに多大な影響を及ぼすベロモンチ水力発電所の建設にみられるような先住民の土地のさらなる開発を目標に据える政府[15]と、抗議活動を行う先住民族との間の衝突は深刻化し続けていたが、2023年発足の第3次ルーラ政権によって、アマゾンの環境保全と先住民の権利を尊重する政策の大きな方向転換が期待されている。

　先住民省（Ministério dos povos indígenas）が新設され、グアジャジャラ族のルーツをもつ女性先住民活動家で下院議員に当選した直後のソニア・グアジャジャラ（Sônia Guajajara）が初代大臣に任命された。政治世界への進出は、「『当事者が国家権力の内側から動かしていく』という新たな力」を得ることを意味する（下郷 2023）。先住民の人びとによるアマゾン開発への抵抗運動も継続されている[16]。10月には、クレナックがブラジル文学界における権威とされるブラジル文学アカデミーの永久会員に、先住民として初めて選出されている。

　ルーラの就任式に壇上に登場したラオニ[17]は、生涯をかけて「命の森を守れ」というメッセージを世界に訴え続けている[18]。森を守ることは地球のそして次世代の未来を守ることであり、ブラジルの先住民はその守り人である。

古来よりブラジルの大地と自然との共存、共生を最優先する生活を営み続けてきた先住民は、我々が持続可能な社会のあり方を模索するとき、かけがえのない知恵を与えてくれる存在である。

---

8 2010年センサスの数（896,917人）から増加した理由には、先住民の土地（Terras Indígenas）以外の調査地における自己認識による回答選択肢の導入など、センサスの実施の精密化も影響している。

9 州別ではアマゾナス州に全先住民人口数の28.98%（490,854人）、バイア州に13.53%（229,103人）が集中している。

10 IBGE（2013）*O Brasil Indígena*, IBGE（http://www.indigenas.ibge.gov.br/, 最終閲覧日2023年11月27日）。

11 先住民の捕獲や奴隷化、イエズス会士によるカトリック化については奥地探検隊（バンデイランテ）が関係している。第2章第2節脚注1を参照。

12 ラオニ及び後述のグアジャジャラについては下郷さとみ「先住民族の命の源である森を守る──ラオニ・メトゥティレ」「先住民社会とフェミニズム」（小池ほか 2022: 293-318）を参照。

13 IBGE（2007）, *Brasil: 500 anos de povoamento*, Rio de janeiro: IBGE, p. 56.

14 SECAD/MEC（2007）*Educação Escolar Indígena: diversidade sociocultural indígena ressignificando a escola*, CADERNOS SECAD 3, Secretaria de Educação Continuada, Alfabetização e Diversidade, Brasília: Ministério da Educação, p. 37.

15 先住民政策は環境政策とともにルセフ政権期にすでに後退していたが、テメル政権下及びボルソナロ政権下では国立先住民保護財団（FUNAI）の弱体化が進められ、先住民の権利を奪う政策が推進された（小池 2017, 2023）。

16 同年5月に下院で可決された先住民の土地への権利を侵害する法案への抵抗運動として、7月24日から28日まで、アマゾン南東部カヤポ民族の村で「ブラジル先住民族大集会」が開催された（下郷 2023）。

17 就任式では通常、前大統領から新大統領へと大統領綬が渡される慣例があるが、ボルソナロが米国へ出国し不在のため、男女8人の「民衆代表」がその役目を果たした。ラオニのほかに、10歳の黒人少年、溶接工、料理人、工芸家、ゴミ収集を生業とする黒人女性、足に障がいをもつインフルエンサー、公立校のみの教育歴をもち海外での教歴を持つ語学教師が壇上に上がった（*Folha de São Paulo*, "Raoni, catadora, menino, cozinheira, influenciador da inclusão; saiba quem passou faixa a Lula", 1 de janeiro de 2023.）。

18 下郷前掲論文314頁を参照。

コラム 3-2

北東部及び北部の貧困の歴史的背景[19]

経済サイクル

　ブラジルの経済史の一側面として特定の経済活動がある期間重要なものとなり、その結果ある特定の地域が繁栄するという現象が出現した。それら特定の経済的活動と地域は、時系列に従って以下7つの経済サイクルによって示すことができる。

① 16世紀～17世紀の植民地ブラジルの森林の薬草 (Drogas de Sertão) のアマゾン地域での採取、ヨーロッパへの送出。労働力は先住民。

② 1500－1530年の今日の北東部及び北部でのブラジル木 (Pau-brasil) 採取のサイクル。消費市場はヨーロッパ。労働力は先住民。

③ 16世紀半ば～18世紀末のサトウキビ・サイクルで主に北東部で栽培し、粗糖にしてヨーロッパに輸出。労働力はアフリカ奴隷。

④ 18世紀の金サイクルで、今日のミナスジェライス州、ゴイアス州、マトグロッソドスル州で採掘。労働力はアフリカ奴隷。

⑤ 18世紀末～19世紀初めの綿花サイクルで、現在のマラニャン州、セアラ州、バイア州、パラ州、ペルナンブコ州でヨーロッパの繊維産業の原料として栽培、輸出。労働力はアフリカ奴隷。

⑥ 18世紀末～20世紀のコーヒーサイクルで、サンパウロのパライバ渓谷及びサンパウロ北西部での栽培、輸出。労働力はアフリカ奴隷と自由労働者。

⑦ 19世紀末～20世紀初め及び第二次大戦中の2時期のゴムサイクル。ヨーロッパ及び米国に輸出され、北部のポルトベリョ、マナウス、ベレンといった町の繁栄をもたらす。労働力は自由労働者。

薬草・ブラジル木の時代

　ブラジルの歴史の中で特定の経済活動が重要な役割を担った地域は、金サイクルとコーヒーサイクルを除き、現在の北東部と北部である。北部地方も北東部地方もポルトガルの植民地として16世紀早々に開発が始まった地域である。ヨーロッパ向けの香辛料や薬草及び染料原木が先住民の労働力を用い

て採取され、ヨーロッパに搬送された。

　主にベニノキ、クローブ、シナモン、ココア、ガラナ、ブラジルナッツといった香辛料が、アマゾン地域で採取された。フランス、イギリス、オランダといったヨーロッパ諸国による密輸を防ぐためにポルトガルは、1616年、アマゾン川の河口にベレン市建設のきっかけとなる砦を建設している。

　樹脂から赤色染料が抽出されるブラジル木は、化学染料が開発されていなかった当時のヨーロッパで高い需要があった。このブラジル木を求めてフランスとの間で争奪戦さえ展開している[20]。商業的価値が注目されたことにより、ポルトガルはブラジル木搬送のための交易所（feitoria）を開設している。また異説もあるが、赤い炎を意味するブラーザ（brasa）が「ブラジル」という国名の語源ともいわれる。それは伐採と送出に関わった船乗りや商人が「ブラジル（木）の土地（Terra do Brasil）」と呼んでいたことからとされる[21]。

北東部のサトウキビ栽培

　17世紀になるとポルトガル領のマデイラ島からサトウキビが移植され、輸出向けの砂糖製造が北東部で始まった。北部のベレンでもサトウキビ栽培が行われたが、森林と河川に阻まれて農園が拡大できず、河川を利用して採集された薬草の輸出が続けられた。

　北東部にはアフリカ奴隷の労働力を用いた広大な土地での海外市場向けのモノカルチャー経済が定着した。ペルナンブコやバイアのカピタニア（capitania）で砂糖農園（engenho de açúcar）が増加していった。18世紀中頃まで北東部地方は、植民地ブラジルで最も豊かな地域であった。しかし、オランダ、フランス、イギリスが、ブラジルからサトウキビをカリブ海地域に持ち出した結果、ブラジルの砂糖の輸出が減少した。さらに今日のミナスジェライスやゴイアス、マトグロッソといった内陸部に領土を拡大することになった金鉱の発見によって砂糖経済は衰退した。経済の軸が北東部海岸地帯から内陸部に異動した。

金の時代

　啓蒙専制時代にあったポルトガルは、長らく待ち望んだ金鉱の発見によって植民地ブラジルでの徴税管理を厳しく行い、本国でのマニファクチュアの

推進を目指した。植民地ブラジルのカピタニア制が廃止され、総督府はサルヴァドルからリオデジャネイロに移され、金経済下の植民地支配が強化された。文化的にはクレオール語が禁止されてポルトガル語のみの使用が強制された。こうした啓蒙専制支配下で、ヨーロッパの啓蒙思想の影響を受けたエリート層の間では、「ミナスの陰謀」のような植民地支配に異を唱えるような事件も勃発するようになった。18世紀末には金鉱が枯渇し、金の時代は終了した。そこで植民地ブラジルは、新たな海外市場向けの一次産品の開発が必要になった。

綿花栽培からコーヒー栽培へ

イギリスの植民地であった米国が独立を達成したことにより、イギリスでは主要な産業綿織物の原料である綿花の入手が困難となった。この綿花の需要に応える目的で北部、北東部ではアフリカ奴隷の労働力を用いてプランテーション農業が行われた。ところが19世紀になるとブラジルでコーヒー生産が拡大したために、綿花は植民地の主要な生産物ではなくなった[22]。

コーヒー栽培がブラジル南東部でブラジルの新たな経済活動となるのは19世紀半ばからである。最初にブラジルにコーヒーが持ち込まれたのは1727年で、今日のフランス領ギアナからバイアにコーヒーの苗が持ち込まれた。バイアからサンパウロのパライバ渓谷にコーヒー栽培が導入されるまではもっぱら自家消費用として栽培されていた。

パライバ渓谷が輸出用コーヒー栽培の最初の中心地となったのは、1820年代のことである。奴隷労働力を用いて従来の輸出農業と同じ形態で栽培され、出荷物のコーヒーはロバ隊がリオデジャネイロの港まで運んだ。豊かなコーヒー農園主は「コーヒー貴族（Barão de Café）」と呼ばれたが、1870年代にはこの地のコーヒー栽培は衰退した。その後新たなコーヒー栽培地はサンパウロの北西部に移動し、肥沃な土壌、適正な気候、新しい栽培技術のもとで、ブラジルのコーヒー栽培は最盛期を迎えた。

コーヒー栽培地が移動する間に、宗主国ポルトガルと植民地ブラジルの政治的関係が大きく変化した。1808年のポルトガル王家の亡命によって、それまで植民地ブラジルで禁止されていた工業生産が可能になった。さらに、1815年にはブラジルはポルトガル連合王国の一員となり、1822年には独立

を達成した。奴隷貿易がイギリスの圧力で1850年に禁止されたため必要な奴隷労働力を北東部から補いながら、新たな労働力として海外移民が自由労働者としてコーヒー栽培に導入されるようになった。移民労働者と輸出産品コーヒー輸送のために港と農園のある奥地との間を結ぶ鉄道が、リオデジャネイロやサンパウロに建設された。こうしたことを背景にサンパウロ北西部でのコーヒー栽培は、大きな社会経済変化を南東部にもたらした。

移民労働者はリオデジャネイロやサンパウロの町で労働者となり、貨幣経済を拡大させた。コーヒーサイクルは、それ以前の経済サイクルとは異なり、南東部の工業発展のための資本を準備し、都市化や工業化をもたらした。コーヒー輸出は1929年の世界大恐慌によって減少するが、工業化という新たな経済活動が南東部で発展する可能性をもたらしたのである。

アマゾンのゴム・ブーム

植民地開発の初めよりゴムの原料になるラテックスが採取できるゴムの木の存在は知られていたが、ゴムサイクルといわれるようになる商業向けに利用されるようになるのは19世紀に入ってからで、フランス、英国、米国がそれぞれラテックスを用いた工業産品を開発したことによってブラジルのラテックスに対する需要が高まった。

19世紀末から20世紀初めには第一次ゴム・ブームがアマゾンで展開した。奴隷制度が終焉をしていく中で必要とされる労働力は数十万人に及び、北東部からの人口移動とイタリアやレバノンからの移民によって充当された。このラテックスの貿易によって当時のブラジルには存在しなかった都会、「アメリカのパリ」といわれたベレンや「熱帯のパリ」といわれたマナウスが出現した。街灯が点灯し、路面電車が走り、上下水道も整い、美術館や映画館も建設され、「アマゾンのベルエポック」と当時は呼ばれた[23]。

アマゾンからのゴムの木の種の密輸を何度も繰り返していたイギリスが、植民地のマレー半島でその栽培に成功すると、アマゾンのラテックスの価格は暴落した。その後、第二次世界大戦中に一時期、ブラジルのラテックスが米国で注目されるが、ゴムの世界的需要に合成ゴムが対応するようになり、かつてのような繁栄を極めることはなかった[24]。

北部や北東部で出現した5つの経済サイクルは、海外市場への商品の送出

が衰退すると同時に、地域的な衰退にもつながった。この結果、早くから開発が始まった地方でありながら北部や北東部地方は貧困地域に没することになった。南東部や南部[25]が19世紀以降経験した経済サイクルとは、対照的な結果であった。

19　図序-1「大地方区分」参照。

20　当時を舞台として描かれたフランスの歴史小説『ブラジルの赤』はこの「ブラジル木」を意味している。フランスが現在のリオに建設した植民地「南極フランス（France Antartique, França Antártica）」を拠点にポルトガル人との攻防や先住民との関わりなどが描かれており、フランスのゴングール賞を受賞している（Jean-Christophe Rugin, *Rouge Bresil*, 2001, 野口雄司訳、早川書房、2002年）。

21　ブラジル木の伐採はかなり激しく行われ、19世紀にはほとんどがこの地から姿を消した。絶滅したとされていたブラジル木が、1928年にペルナンブコの先住民によって発見されたが、どの程度ブラジル木が自生しているのかは未だわかっていない。現在は国際自然保護連合（IUCN）が絶滅危惧種に指定しており、バイオリンやチェロの弓に利用する現在の利用方法に異を唱えている。

22　ただし、今日でもブラジルでは、バイア、サンパウロ、ミナスジェライス、ピアウイ、マトグロッソドスル、パラナ、ゴイアスの諸州で綿花栽培が行われており、ブラジルは、インド、中国、米国、パキスタンと並ぶ主要な綿花生産国である。

23　この時代の象徴的な建物にマナウスのアマゾナス劇場がある。イタリアやフランスから資材や建築業者を招聘し、1896年に客席数701人のオペラハウスを完成させた。ベレンではミラノのスカラ座に着想を得た平和劇場（Teatro da Paz：パラグアイ戦争の戦勝を意図しての命名）がラテンアメリカ最大の自由市場とされるヴェール・オ・ペゾ市場（Mercado do Ver-O- Peso　課税のために輸出入商品の重さを量ったことからの命名）と共に当時の繁栄を物語っている。

24　その後北部では、60年代、70年代に地域の経済発展を促進する目的で、国費が投じられてマナウスに工業地帯（ZFM）が建設され、物流の拡大のためのアマゾン横断道路も建設され、南東部に集中した工業化と発展が目指された。21世紀に入ってアマゾン地域の開発をめぐって地球規模の環境問題と関係づけて議論されており、バイオテクノロジーや持続可能な生産に投資が行われてこなかったマナウスの工業地帯は微妙な立場に置かれている。

25　南部はスペインとの領土紛争が長く続いたところで、18世紀にアソーレス移民を導入してポルトガルは領土の確保を図った。イエズス会の先住民教化村や放牧場が出現したが、人口は少なかった。独立後、ドイツ移民、イタリア移民が導入され、共和国後はロシア、ポーランド、スウェーデンからの移民が導入され、農業と牧畜が主要産業となった。18世紀の金の時代には、ミナスジェライスに農産物や干し肉（charque）を供給している。19世紀には入移民によって人口が増加し、工業化も進められ、20世紀には南東部に続くブラジル第2の経済地域となっている。

民主化と社会開発

1988年憲法にみる民主化の思想

　植民地としての歴史、帝政、共和制、そして1964年から1985年の21年間にわたる軍事独裁政権へと続く約500年の歴史の中で、ブラジルには3つの格差が形成されてきた。まず、奴隷制と大土地所有制により、エリート層の白人が富裕層、黒人、混血、先住民が貧困層に属するという図式にみられる人種・民族間の社会格差であり、これがブラジルの不平等の最大の特徴である（第1章）。次に、大土地所有制によるプランテーションの発展した北東部、大規模機械化農業が展開され、多くの人びとが貧困状態に置かれているアマゾン・サバンナである北部・中西部と、コーヒー生産地が生み出した富を背景に工業化の進展した南東部、自営開拓移民である外国移民の多い南部との地域間格差である（本章第1節）。最後に、小農、小作農中心の農村部と雇用機会のある都市部の格差である（本章第1節）。都市にも貧困層は存在する。都市という社会構造においても、社会格差の根源的要因である人種・民族間の格差は維持された。1930年代以降ブラジルでは工業化による開発が目指されたが、そこでは経済成長が優先され、格差を是正するための抜本的な政策、例えば所得分配政策や土地改革といった社会政策はほとんど行われなかった。1985年の民政移管と1988年憲法の発布は、それまでのブラジルの社会格差の構造が少しずつではあるが着実に変化を遂げるターニングポイントとなった。

　1988年憲法は、すべての人の基本的人権を保障する憲法として策定された。軍事政権の終焉により、過ちの歴史を二度と繰り返してはならない、人びとの生存と自由への権利を守ること、民主的で平等な社会の構築が最重要項目であるとし、全国民を対象とする社会保障の普遍化を謳った。基本原則第3条において、「Ⅰ　自由、公正および連帯の社会を建設すること」「Ⅱ　国家の発展を保障すること」「Ⅲ　貧困および周辺化を根絶し、社会的およ

び地域的不平等を縮小すること」「Ⅳ　出自、人種、性別、皮膚の色、年齢
に関する偏見および他のあらゆる形態の差別なしに、全ての者の福祉を促進
すること」の4つをブラジル連邦共和国の基本目的とした[1]。また、新憲
法は地方自治の尊重と市民社会の政治参加を保障するためにムニシピオを州と
同等の政治行政単位として明確に位置づけ、その結果として各行政レベルで
の審議会が分野別に設置されることとなった（堀坂 2013: 39-40, 42）。この憲
法策定の瞬間から、公正な社会の実現と、市民参加による社会構築へのブラ
ジルの挑戦が始まったといってもよい。

　しかしながら、1988年憲法に示された社会的不平等の克服のための諸政
策はなかなか実現しなかった。この時期ブラジルは「失われた10年」経済
不況の渦中にあり、インフレが社会的不平等を強めた。さらに政権交代が
相次ぎ、長期的な視野をもつ社会開発政策の策定を困難にしていた。まず、
1990年の直接選挙で北東部アラゴアス州の州知事であったコロル（Fernando
Collor de Mello）が大統領に選出されるが、就任後2年で汚職疑惑により弾劾
裁判が起き、辞任に追い込まれることとなった。副大統領から大統領になっ
たフランコ（Itamar Franco）政権になって、経済安定化政策として導入され
た「レアルプラン（Plano Real）」が実行され、長年続いたハイパーインフレ
が収束した。フランコ政権下でこの経済政策を実現した財務大臣であったカ
ルドーゾ（Fernando Henrique Cardoso）は、1994年の選挙で大統領に選出さ
れた。

● 民政移管後の社会開発政策

　ブラジル社会民主党（PSDB）のカルドーゾは、大統領の再選を可能にす
る憲法修正案により、1995年から1998年、及び1999年から2002年までの二
期を務めた大統領である。彼は計8年間政権を担い、ブラジルの民主化と社
会開発の実現、特に教育分野における社会指標の改善に向けて積極的に動い
た大統領である。従属論派として社会学者のキャリアを歩んできたカルドー

1　日本語訳は、矢谷（1991）49 - 50頁。

ゾは「ブラジルは貧しい国ではなく、不平等な国」とその問題を捉え、経済成長と社会的公正を同時に実現する社会自由主義の思想のもと、格差是正に取り組んだ。社会自由主義とは、社会民主主義と異なり、経済を市場に委ねる一方で、国家が社会分野でその役割を果たす政治体制である。

　カルドーゾが社会自由主義国家を目指す上で重要視したものは、国家、市場、市民社会から構成される社会の多元性であった（小池 2014: 25-28）。社会政策プログラムを策定し実施するプロセスに、連邦政府、ムニシピオ、民間企業、地域社会の住民組織、NGOといったさまざまなアクターが相互協力し、社会的公正の実現にそれぞれの責任を負うことを義務とした1988年憲法で示された連帯の思想を強調し、民主的プロセスを重視する開発政策の実現を目指した。1995年の「連帯するコミュニティ（Comunidade Solidária）」、1999年の「活動するコミュニティ（Comunidade Ativa）」、2000年からは「アルボラーダ計画（Projeto Alvorada）」など、カルドーゾ政権下の社会開発プログラムは特に地域社会のイニシアティブを重視した政策といえる（子安 2004: 237-239）。

　連帯を指針とする社会政策の実施は、1988年憲法で示された地方分権化の施策でもある。教育、保健、社会福祉分野での社会政策に関する政策立案に際し、連邦政府、州、ムニシピオの各レベルにおいて審議会が設置され、その構成員の半数は市民社会のメンバーとされた。こうして、1988年憲法制定後より、市民社会組織は社会開発、特に地域開発の重要なアクターとして認識されることとなり、開発の目的は市民社会への社会的還元、つまり貧困撲滅と社会的公正の実現のための具体的施策がとられる素地が作られた。

　カルドーゾが大統領に就任した90年代は、国際的に経済開発中心主義から社会開発、人間開発を重視する開発のパラダイム転換がみられた時期でもあった。カルドーゾは国連開発計画（UNDP）の人間開発指数（Human Development Index：HDI）を貧困状況の分析に用いる指標として導入し、ブラジル国内における貧困層の所在を可視化し、支援対象者の正確な絞り込みを行った。1990年の人間開発指標の採用、2000年のミレニアム開発宣言、2015年の持続可能な開発目標にみられる国連の指針と方法論の国家発展へ

の適用は、民主化以降のブラジルの社会開発の方向性を確立した。2002年にカルドーゾ大統領は「人間開発に最も貢献した人物」としてUNDPからマーブブル・ハク賞を受賞している。

カルドーゾの後、労働者党（Partido dos Trabalhadores：PT）のルーラ（Luiz Inácio Lula da Silva）が4回目の出馬となった2002年大統領選を制し、ブラジルに初の左翼政権が誕生した。ルーラは2003年から2006年、再選後2007年から2010年までの二期にわたり、計8年間政権を担った。2011年からは同党のルセフ（Dilma Vana Rousseff）が政権の座に就いた。労働者党政権は、カルドーゾ政権で進められた社会開発政策と経済自由化を保持しつつ、教育、貧困・飢餓、住環境といった人間の基本的ニーズを包括する社会開発政策の統合と、受益者層の拡大に尽力した。政策実施に関しても引き続き市民社会との対話を重視する姿勢を全面に出し、2003年には経済社会開発審議会（Conselho de Desenvolvimento Econômico e Social：CDES）を発足させた。このように、民主化後の社会開発の施策は、貧困対策の総合化とともに、諸アクター間の連帯、特に市民社会の参加を重視する方針に基づいて行われてきた。そして「市民の憲法」と呼ばれる1988年憲法制定後、ブラジルの社会的公正への挑戦は連続する政権において継続性をもって取り組まれてきたのである。

● 条件付き現金給付政策

カルドーゾ政権から継続して施行され、1990年以降文字通りブラジルの貧困の現状を大きく変化させてきた政府政策が、条件付き現金給付（Conditional Cash Transfer：CCT）政策である。CCTとは、低所得層の世帯に対し、児童生徒の継続的就学や予防接種、医療機関の受診など一定の条件のもと、定額の補助金を給付するシステムである（第1章第4節）[2]。

ムニシピオのレベルで1995年に導入されていたCCTでは一人当たり所得が最低賃金の二分の一以下で、かつ初等教育（当時7歳から15歳）の年齢層の子弟のいる世帯に対する給付が行われていた。同時期、就学年齢層の児童

2　ブラジルのCCTについては近田（2015）、また年金、社会扶助については子安（2005）、近田（2013）を参照。

が就労する児童労働の解決を目的として1996年に国際労働機関（ILO）の協力を得た児童労働撲滅プログラムが広く実施されており、連邦政府は2001年に本CCTをボルサ・エスコーラ（Bolsa Escola）という名称で全国レベルの連邦政府政策として導入した（田村 2004: 146-147）。保健診療への参加を促進するCCTとしては、2001年に食糧手当プログラムが開始された。

　就学を条件とするもののほかに、食糧支援、保健衛生分野のセイフティネットとして作用するCCTの種類が多くなり、またそれぞれの管轄省が別とされていたことでその非効率性が問題視されていた。ルーラ政権は2003年、カルドーゾ時代からすでに実施されていた上記のボルサ・エスコーラ、食糧手当プログラム、ガス手当プログラムに加え、自政権の「飢餓ゼロプログラム」の食糧カードプログラムの複数の現金給付政策を、ボルサ・ファミリア（Bolsa Família）として統合した。また、これらを統括する省として2004年に社会開発飢餓対策省を設置した（近田 2015: 69）。

　労働者党政権下においてCCTは看板政策の一つとなり、支給額の引き上げ、受給年齢層の拡大が継続的に行われた。施行当初のCCT受給対象者は義務教育期間と同じ7歳から15歳までの子どもをもつ世帯であったが、その後妊婦を含む0歳児から17歳まで対象枠を拡大した。

　ボルサ・ファミリアの受給者数は2004年の約600万世帯から、2012年には全世帯の約2割に相当する約1,390万世帯に増大し、それが大きく影響して、総人口に対する貧困層の割合は同期間に33.7％から16.0％へと縮小した（近田 2015: 72）。CCTの導入は、貧困層削減と同時に、ブラジルに大規模な新中間層を形成するという影響を与えた（第1章第4節）。新中間層の消費ブームは国内市場を拡大し、この時期のブラジル経済に大きく貢献した。

　しかしながら、2014年に始まる経済不況とインフレの影響を受けてCCTの効果は弱まり始める。2016年の政権交代後（第3章第3節参照）、9月のテメル（Michel Miguel Elias Temer Lulia）政権及び2019年に始まるボルソナロ（Jair Messias Bolsonaro）政権において新自由主義的改革が進められた。CCTは継続されたものの、財政緊縮による予算削減により受益者が減少した。2014年、ブラジルの貧困層（一日当たり購買力平価5.5ドル未満）及び極貧層（1.9ドル未満）

はそれぞれ23.4%、5.1%に減少していたが、2019年には25.7%、7.6%に増加した（Souza 2022）。

それに追い打ちをかけたのが2020年2月に始まる新型コロナウイルス感染拡大である。2020年5月、政府が月600レアルの緊急支援金（Auxílio Emergencial）を導入したことで一時的に貧困層の増加は抑えられたものの、2021年には貧困層と極貧層の割合はそれぞれ29.4%、9.2%までになった。特に深刻なのは飢餓の脅威にさらされている人口数の増加である。食の安全保障の基準を満たしている人口数は2013年の77.1%から2022年には41.3%に減少し、15.2%は飢餓状態に置かれる事態となった（PENSSAN 2022）。

2022年、ボルソナロ政権は労働者党政権の色合いの強いボルサ・ファミリアの名称をアウシリオ・ブラジル（Auxílio Brasil）に変更したが、同年10月の決選投票で労働者党ルーラの当選が決まり、CCTは2023年より新生ボルサ・ファミリアとして復活することとなった。3月より開始された新制度は、月600レアル及び6歳までの子ども一人につき150レアル加算とし、6月からは妊婦、7歳から18歳までの子ども、一人当たり所得が142レアル以下の家族に対し50レアルを加算するものである。結果、平均支給額は約705.4レアルと施行以降の最高金額となった[3]。また、安定した雇用の獲得あるいは起業活動への従事を目的として、月収入が支給基準を上回ってもそれが最低賃金の二分の一までであれば、その後2年間支給が継続されるシステムとした。6月までに、約1,852万世帯が一人当たり所得218レアル以下の貧困状態から脱することを可能にしたとされる。

名称を変えつつも、ブラジルでは20年以上CCTが主要な所得分配機能を果たしている。就学年齢時にボルサ・ファミリアを受給していた若者の64%が成人後に受給対象を外れ、うち45%は正規雇用を獲得するなど、長期間の政策継続が社会的流動性を促進したとされている（Imds 2023）[4]。CCTによる保健衛生と教育環境など生活状況の改善は、ブラジル社会の貧困改善に

---

3 社会開発省ウェブサイト、2023年10月2日参照。
4 2005年に受給者世帯に属していた就学年齢層における2019年の生活水準に関する調査による。

効果を与えている。

 ## 教 育

　1990年にタイのジョムティエンで開催された「万人のための教育
（Education for All）世界会議」を契機に、貧困解決のための初等教育の普遍
化を実行する責任を各国政府に求める国際的潮流が起こり、ブラジルでも
1988年憲法の発布以降、教育をすべての人びとの基本的権利にするための
教育開発政策が実施されてきた。

　ブラジルにおいて教育は、歴史的にエリート対象のものとされてきた。共
和制時代では高等教育は連邦政府、初等・中等教育は州の管轄とされ、教育
の機会は限定されたものであった。ナショナリズムの高揚と産業化に必要
な人材育成を目的として、ヴァルガス政権下の1934年に教育省が設立され、
教育の中央集権化と大衆教育が開始された。しかし、初等教育については引
き続き州の管轄とされ、財源のない州においてはおびただしい数の州民への
教育普及は困難を極めた。1946年憲法により、基礎教育（幼児教育・初等教育・
中等教育）と成人教育が規定され、その15年後の1961年に教育を人間の基本
的人権と規定する初の教育基本法が制定された。この時期、ブラジルの初等
義務教育期間は7歳から10歳までの4年間であった[5]。軍事政権下の1971年、
法改定により前期中等教育と合わせた8年間（7 ～ 14歳）が義務教育期間と
されたが、それが原因で、初等教育の修了者のうち8年間を満たしていない
社会層を生むこととなった。1988年憲法制定までのブラジルには、体系的な
教育を全国民に普遍的に提供するという状況からは程遠い現実があった。

　カルドーゾ政権は、「すべての子どもを学校へ（Toda Criança na Escola）」
キャンペーンを展開し、貧困層の子どもの就学状況を改善させるための教育改
革を実行した。1996年に、教育の方針と基礎に関する法律（Lei de Diretrizes e
Bases da Educação Nacional：LDB）を制定し、1971年以来の教育基本法を全面
的に改定し、教育の地方分権化と初等教育の普遍化のための法整備を行った。

5　親による就学の義務化が規定されたが、明確な罰則はなかった。

LDBでは、教育普及の責任を高等教育は連邦政府、中等教育は州政府、初等教育はムニシピオと明確化することで、ムニシピオが初等教育の普及のイニシアティブをとることができる体制を作った。また、初等教育の管理及び発展と教師の地位安定のための基金（Fundo de Manutenção e Desenvolvimento do Ensino Fundamental e de Valorização do Magistério: FUNDEF）を設立し、教員の待遇向上を含む初等教育普及のための枠組みを構築し、財源のないムニシピオに対して連邦政府が予算配分する仕組みを作った。また、初等教育の年限は2006年より8年間から9年間（6～14歳）へと拡大された。

1991年から2021年までの主な教育指数の推移をみると、どの指標も漸進的に改善の傾向をみせているが、地域間の格差はまだ存在している。15歳以上の非識字率は2021年には平均で5.2％まで下がったが、北東部は11.5％とまだ高い（図3-4）。純就学率[6]については、初等教育の純就学率は、2017年にはすでに97％を超えている（図3-5）。重要な点は、地域間の格差が目立たなくなっていることである。中等教育の純就学率も1991年は15.5％であった数値が2021年には64.8％と急速に伸びている（図3-6）。これは、就学年数に応じた初等教育を受けた生徒が、中等教育も継続して就学すること

図3-4　15歳以上非識字率（％：1991－2021年）

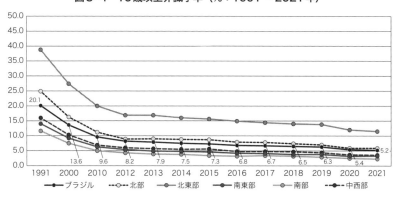

出所：Atlas Brasil ウェブサイト（http://www.atlasbrasil.org.br/consulta/planilha）

6　就学年齢層にある児童のうち、該当する学年に就学する人数の割合。年齢に関係なく、実際の就学者数を適切な年齢で就学している人口数で割った数値を粗就学率といい、100％を超える場合もある。

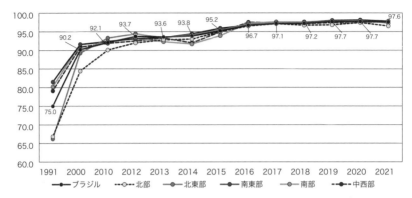

図3-5　ブラジル地域別初等教育純就学率（%：1991－2021年）

出所：Atlas Brasil ウェブサイト（http://www.atlasbrasil.org.br/consulta/planilha）

図3-6　ブラジル地域別中等教育純就学率（%：1991－2021年）

出所：Atlas Brasil ウェブサイト（http://www.atlasbrasil.org.br/consulta/planilha）

　が可能となった状況を示している。CCTが基礎教育の普及に与えたインパクトは大きいといえるだろう。ただし、中等教育については縮小傾向にあるとはいえ地域格差が存在する。

　カルドーゾ政権が初等教育の普遍化を強化したのに対し、ルーラ政権はCCTを継続しながら、高等教育の普遍化に取り組んだ。貧困の連鎖を断ち切るためには所得増につながる高等教育の修了が必要であるが、現実をみると、教育の質が高く学費が不要である連邦大学には、初等、中等教育で学費の高い私立学校に通い高い学力を身につけた富裕層の子弟が入学し、貧困層の子

弟の入学は困難であった。私立の大学に進学する場合は高い学費が必要となるため、事実上進学を断念する状況が生まれていた。これは大学進学のねじれ現象と呼ばれる。初等中等教育を修了しても高等教育の門戸が閉ざされたままでは雇用機会を広げることにならず、社会上昇を引き起こさないとして、その解決を目指す政策が実施された。その一つが国公立大学の定員に公立学校出身者及び州の人種比率に応じた特別枠の割当て制度[7]を設けるアファーマティブ・アクションである（第1章第5節）。もう一つは私立大学進学者向けの奨学金の設置で、給付型のPROUNI（Programa Universidade para Todos）と貸与型のFIEs（Fundo de Financiamento Estudantil）がある。割当て制度も奨学金制度も、学生選定には中等教育就学中に受ける学力検定試験の中等教育学力試験（Exame Nacional do Ensino Médio：Enem）の結果が利用されている。

　高等教育の純就学率は1990年代以降かなり増加しているが、2021年で20.8％と初等と中等よりもまだ低い水準である（図3-7）。2014年の国家教育計画（Plano Nacional de Educação: PNE）における2024年までの目標値である33％を達成しているのは白人（35.2％）のみであり、黒人・混血の数値はまだ低い（18.2％）[8]。地域格差も中等教育に比べて大きい。高等教育の普遍

図3-7　ブラジル地域別高等教育純就学率（％：1991 - 2021年）

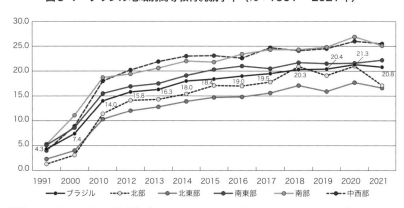

出所：Atlas Brasil ウェブサイト（http://www.atlasbrasil.org.br/consulta/planilha）

7　クオータ制度とも呼ばれる。
8　純就学率に修了者を加えた数値（IBGE, *PNAD Contínua: Educação 2022*, pp. 8-9）。

化も今後の重要な課題といえる。

　公立校の質の改善においては、学力向上の面では2005年より進級率と学力テストの結果をもとに算出する指数（Índice de Desenvolvimento da Educação Básica：Ideb）を採用し、私立・公立校において初等教育前期と後期、中等教育就学者を対象に隔年で学力サンプル調査を実施し、結果を公表している（図3-8〜3-10）。地域間の格差、公立・私立間の格差が大きく、PNEの目標値（それぞれ6.0、5.5、5.2）には届かないものの、着実に数値を上げている。

　教育の質改善を目指す教育政策の中で注目すべきは、全日制化に向けた多様な試みである。2008年に開始された教育増強プログラム（Programa Mais Educação）では、就学時間外の課外授業プログラムを設置し、その就学時間も正課授業時間に含めることで、事実上の全日制化を目指す試みが始まった。課外授業の内容は補習教育のほかに体育、芸術、市民教育など多岐にわたり、学習時間の確保だけではなく、ホリスティックな人間形成を目指す教育実践を目的に据え、教育の多様化と民主化を促す仕組みが生まれている（田村 2015; 田村 2019）。

　2019年のボルソナロ政権では、労働者党政権下で実施されてきた教育プログラムの中断、保守派の台頭による教育指針の混乱[9]、幼児教育から高等教育まで幅広い範囲での予算削減が続き、明確な教育政策の進展はみられなかった。また2020年のコロナ禍は教育現場にも深刻な状況をもたらした。「コロナは風邪」という大統領の言動に反して保健省はいち早く緊急事態宣言を出し、州政府、市政府が迅速に学校閉鎖の指示と遠隔教育の実施、給食に代わるバウチャー発行などの諸政策に取り組んだ（田村 2021）。情報インフラの地域格差などの課題はあるが、それまで構築されていた行政、企業、市民社会の連携の素地が子どもの教育の権利を保障する活動を実現したといえる[10]。

　2023年の第3次ルーラ政権ではここ数年の教育政策の停滞を根本から変える

9　不適切な発言、収賄事件などが原因で、大臣が4年足らずで5人という頻繁な交代が起こった。
10　コロナ禍において、授業の再開や遠隔授業のインフラ改善を求めるなど、保護者や生徒自身の主体的な政策への関与がみられたとされる（田村 2021）。

図3–8　ブラジル地域別・機関別　初等教育前期 基礎教育開発指数（2005 – 2021年）

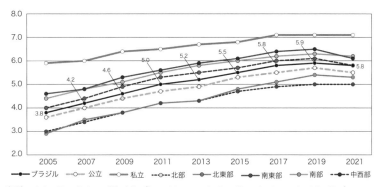

出所：Atlas Brasil ウェブサイト（http://www.atlasbrasil.org.br/consulta/planilha）

図3–9　ブラジル地域別・機関別　初等教育後期 基礎教育開発指数（2005 – 2021年）

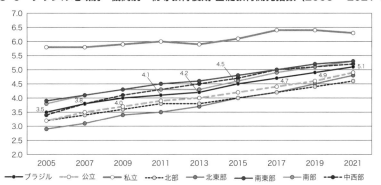

出所：Atlas Brasil ウェブサイト（http://www.atlasbrasil.org.br/consulta/planilha）

図3–10　ブラジル地域別・機関別　中等教育 基礎教育開発指数（2005 – 2021年）

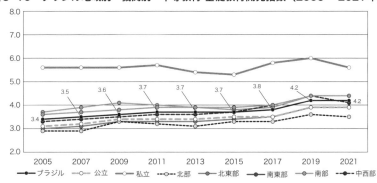

出所：Atlas Brasil ウェブサイト（http://www.atlasbrasil.org.br/consulta/planilha）

目標を掲げている。教育大臣にはセアラ州元知事のサンタナ（Camilo Santana）を任命し、関係するポストにセアラ州の教育政策経験者を複数登用した[11]。セアラ州はIdebのランキングで南東部、南部をおさえて上位を占める自治体を複数輩出し、注目を集めている州である。2007年から独自の識字教育プログラムを展開し、Idebについては2005年には全ての教育段階でブラジル平均を下回っていたが、2021年にはそれを超える伸びをみせた[12]。明確な教育指標の達成を目的に据え、組織運営と予算管理における学校の権限を強化し、市民社会や企業など他セクター間連携を促進に力を入れ、政策面でも2022年に公立初等教育の全日制化を全国トップの41%[13]にまで引き上げるなど積極的な教育政策を継続してきた地域である。新政権は同年7月に全日制の包括的教育プログラム推進予算として40億レアルを承認し、教育の質の改善に取り組んでいる。

社会福祉と保健衛生

　ブラジルにおける年金などの社会福祉政策の多くは、20世紀以降より発展してきたが、それらの受益者は公務員や正規雇用の労働者に限定されていた。すべての人の福祉と健康を保障する法体系が整備され始めたのは1988年憲法の制定後、社会保険、社会扶助、保健衛生を理念の3本柱とし、まずカルドーゾ政権下で「普遍主義的」な社会政策が推進され、その後CCTにみられるような重点主義的性格を併せもつものとなった（子安 2005）。年金は、保険料を納付した被雇用者が受給するもの、公務員対象のもののほかに、任意の制度がある。都市と農村、労働条件による格差を是正する制度改革がなされ、国民の生活水準の上昇に貢献した。

11　近年目覚ましい教育指標改善を達成した同州ソブラル市の教育長として活躍し、サンタナの前にセアラ州知事を務めていたセラ（Izolda Cela）を事務局長、元財務長官のパコバヒバ（Fernanda Pacobahyba）を国家教育開発基金（FNDE）総裁に任命した。両者とも女性である。
12　公立校の平均値は初等教育前期で2.8から6.1、後期は2.8から5.3、中等教育は3.0から4.4である（AtlasBrasil website）。
13　全日制公立校に通う生徒数。ブラジル平均は14.4%。中等教育は42.1%で国内第3位（1位は62.5%のペルナンブコ州、2位は57.8%のパライバ州、ブラジル平均20.4%。INEP "MEC e INEP divulgam resultados da 1ª etapa do Censo Escolar 2022," 8 de fevereiro de 2022）。

　1993年に社会扶助基本法（Lei Orgânica da Assistência Social：LOAS）が制定され、社会保障省社会扶助局の管轄下でさまざまな社会扶助政策が行われているが、それらは市民社会による審議会、財政管理を担う基金との連帯関係に基づいて運営されている（子安 2005）。1996年に開始された扶助年金（Benefício de Prestação Continuada：BPC）は、月収が最低賃金の四分の一以下の高齢者（67歳以上）と障がい者を対象とする拠出不要の給付金（最低賃金相当を月ごと支給）で、貧困層支援に重点を置くものであり、結果高齢の該当受益者にとって年金と同じ役割を果たしている（近田 2020）。高齢者人口が増加する状況のなか[14]、財政に重くのしかかる高齢者の社会扶助と年金制度の改革は、どの政権の時代においても重要課題であり続けている。

　労働者党政権下の2005年、複数の社会扶助政策を総括し、地方自治体による管理運営と市民社会の参加からなる社会扶助統一システム（Sistema Único de Assistência Social：SUAS）が設置されるようになり、2011年には義務化され、参加型の行政スタイルが普及した（近田 2020）。テメル政権とそれに続くボルソナロ政権では労働法の改定、受給年齢の引き上げ等の年金改革、扶養における家族の役割の強調など、それまでブラジルが進めてきた社会保障の方向性に変化がみられたが（小池 2023; 近田 2020）、第3次ルーラ政権では先述の新生ボルサ・ファミリアの開始など重点主義的な側面をもつ社会福祉政策の展開が期待される。ただし財政圧迫の状況は変わらないため、単一登録システム（Cadastro Único）[15]の厳格な運用などをとおして不正受給の防止策に取り組んでいる。

　保健衛生、医療システムについては、1988年憲法以降成立した「保健医療統一システム（Sistema Único de Saúde：SUS）」により、国民が無料で医療を受ける公的医療制度が整備されている。民主化以降の地方分権化の政策方針と軌を一にするSUSの原則は、地方分権化、社会参加、医療の完備、全国民への提供、公平性、無償性である（浜口 1997: 34-35）。入院加療という対処的側面だ

14　60歳以上の人口率は2012年の11.3%から2022年には15.1%に増加している。29歳以下の年齢層は皆減少しており、少子高齢化が進んでいる（IBGE, *PNAD Contínua: Características gerais dos domicílios e dos moradores 2022*, 2023, p. 10.）。

15　2001年に導入された、低所得層世帯（一人当たり所得が最低賃金二分の一以下）が家族構成や生活水準などの情報を登録するデータ管理システム。

けでなく、患者数を抑制するための予防治療にも力を入れているが、その一つがコミュニティ・ヘルス・ワーカー（Agente Comunitário de Saúde：ACS）の導入である。ACSは地域住民の健康状態を把握するために戸別訪問を行い、必要に応じて医療サービスの情報提供を行うなど、公衆衛生の質向上のための役割を果たしている（コラム3-3「ペルナンブコ健康なまちづくりネットワーク」参照）。

　全国民が無料でどのレベルでの医療も受診できる制度は理想的であるが、現実には多くの問題を抱えている。公的医療は財源不足によるサービスの限界が問題化されており、私立の医療機関との質の格差が大きい。私立の医療機関を受診するには高額な民間医療保険の加入が必要であるが、2019年の「全国保健調査」によれば、国民の約70%が医療保険に入らず、SUSを利用している[16]。現実的には富裕層は私費を投じて質の高い医療を受け、貧困層は無料ではあるが質の低い医療サービスを公的機関で受けるという状況になる。万人のための健康への権利が事実保障されているとは言い難い現状となっている（近田 2013: 126-127）。

　2014年以降の経済危機とその後推進された新自由主義改革によって、SUSをはじめとする保健衛生分野の予算削減が進められるなか[17]、2020年2月26日にサンパウロで初の新型コロナウイルス感染者が確認される。すでに世界中で猛威を振るいつつあった新種のウイルスに対し、保健大臣はマスク使用やステイホームなどの感染予防策を訴え、州や自治体はそれぞれの権限でロックダウンを実行した[18]。ボルソナロ大統領は経済を優先させる態度を貫き、感染予防策を講じる陣営と真っ向から対立することとなった。

　州や自治体の冷静な行動にもかかわらず、連邦政府レベルでの対応の遅さは抗体検査やワクチン供給が不足する状況を引き起こし、ブラジルに甚大な人的被害をもたらした。新型コロナウイルスの感染者数は約3,800万人（人口の約2割）、死者数は約70万人（2023年10月）を超えた[19]。特に2021年に

16　IBGE, *Pesquisa Nacional de Saúde* 2019.
17　小池によれば、テメル政権の憲法改正法第95号により2019年の保健予算は対歳入比で13.54%まで減少していた（小池 2020: 11）。
18　コロナ禍におけるブラジルの状況については堀坂 2020; 小池 2020; 近田 2021が詳しい。
19　Cieges（SUS州行政戦略情報センター）"Casos e Óbitos COVID-19"（https://cieges.

おける状況は凄惨で（年間死者数約41万人）、4月の週毎の死者数は2万人を超えるレベルであり、感染防止策を軽視したボルソナロ政権に対し「ネクロポリティクス（死の政治）」「ジェノサイド」という表現による抗議運動が巻き起こった（田村 2022）。ただし議会では深刻な社会状況に対応するための数々の政策が採択され、市民社会組織も地域の人びとの命を守るための活動に奔走し、セクター間連携を進め、コロナ禍の被害を最小限にとどめるさまざまな試みが実践された（第3章第3節参照）。

　2023年に第3期政権を開始したルーラ大統領は就任演説でSUSを「1988年憲法によって作られた制度の中でおそらく最も民主主義的」であるとし、公衆衛生の質の向上に尽力することを明言した。保健大臣にはコロナ禍対策で重要な役割を果たした国立保健衛生研究所オズワルドクルス財団（Fundação Oswaldo Cruz）で女性で初の総裁を務めたトリンダーデ（Nísia Trindade）を登用した。2023年、ブラジルの約34%のムニシピオには民間の医療機関がなく、人口が2万人未満の小規模な自治体が多くを占めるそれらの地域においてはSUSだけが人びとの命を守る医療機関である[20]ことからも、SUSの基盤強化と人材育成は不可欠である。

人間開発指数でみる社会の変化

　ここで、国連開発計画（UNDP）の人間開発指数（HDI）をもとに1990年以降のブラジルの社会の変化を概観する。ブラジルでは、HDIを地域の現状に合わせた数値とするために、ムニシピオ別人間開発指標（Municipal Human Development Index：MHDI）を導入し、5,565のムニシピオ別の数値を公表している[21]。寿命、教育、所得の3分野の200以上の社会経済指数を組み合わせて数値化している。1に近いほど人間開発度は高く、0から0.499

---

conass.org.br/paineis/listagem/situacao-de-saude-da-populacao/casos-e-obitos-covid-19), acessado em 23 de outubro de 2023.

20　保健省ウェブサイト（https://www.gov.br/saude/pt-br/assuntos/noticias/2023/marco/brasil-possui-1-915-municipios-sem-servicos-medicos-privados-que-dependem-exclusivamente-do-sus), acessado em 10 de outubro de 2023.

21　1991年から2010年までは国勢調査（Censo）による。2020年は全国家計サンプル調査（PNAD）による数値のため州別の数値のみ（2022年9月時点）。

までを最低位、0.500から0.599までを低位、0.600から0.699までを中位、0.700から0.799までを高位、0.800から1までを最高位としている[22]。

ブラジルの平均値は、1991年に0.493、2000年に0.612、2010年に0.727、2020年に0.784と順調な伸びをみせている（図3-11）。2020年に所得は軽微な下降を示したが、概ねすべての分野で上昇傾向をみせている。特筆すべきは教育指標の上昇（0.279から0.786）であろう。こうした指標の変化は、民政移管後に継続して実施されてきた社会政策がブラジル国民の生活水準を確実に引き上げてきたことを示している。

1991年以降、多くのムニシピオがMHDIの指標を上昇させている（図3-12）。2010年には約半数のムニシピオが中位に達し、高位も飛躍的に増加した。1991年に最低位にあったムニシピオ数は4,777から32へ激減し、全体としてかなり指標を改善したことがわかる。2020年についてはムニシピオではなく州の数が示されているが、中位にあるのはアラゴアス州（0.694）とマラニャン州（0.699）のみで、そのほかは高位レベル以上の水準を達成している。

地域格差は2020年までにどのように変化してきたか、地域別MHDIを分野別にみると、いまだ北部、北東部の数値が相対的に低い（寿命のみ中西部が2020年に下降している）現状はあるが、全体として縮小傾向をみせている（図3-13〜3-16）。2020年、教育は27州中21州が高位レベルであり（中位は北東部の4州のみ）、所得は過半数を超える15州において中位レベルであり、最高位にあるのは連邦区（0.827）のみであるが、寿命はすべての州が高位レベル以上である（うち17州は最高位）。ムニシピオ別に分析すると格差の存在は否めないものの、ブラジルはこの30年間で飛躍的にHDIの数値を上昇させてきたことがみてとれる。

以上で分析した数値は、広大なブラジルに5,000以上存在するムニシピオの現状を把握するために有効な指標を提供している。しかし、ムニシピオの平均値は高くても、ムニシピオ内において社会的排除が存在する可能性はある。数値に現れにくい社会的不平等の問題を確認するためには、より詳細な

---

22 2023年現在は、最低位は低位に含まれ、4つの区分となっている。

図3-11　ムニシピオ別人間開発指数（MHDI）ブラジル平均（1991－2020年）

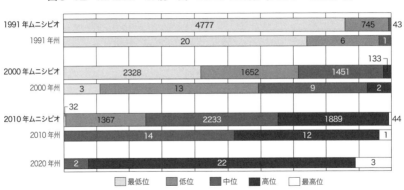

出所：Atlas Brasil ウェブサイト（http://www.atlasbrasil.org.br/consulta/planilha）

図3-12　MHDIレベル別　州・ムニシピオ数（1991－2020年）

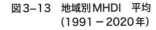

出所：Atlas Brasil ウェブサイト（http://www.atlasbrasil.org.br/consulta/planilha）

図3-13　地域別MHDI　平均（1991－2020年）

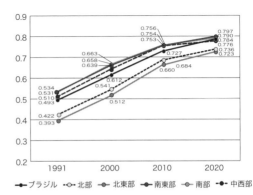

出所：Atlas Brasil ウェブサイト
（http://www.atlasbrasil.org.
br/consulta/planilha）

図3-14　地域別MHDI　寿命
（1991－2020年）

出所：Atlas Brasil ウェブサイト
（http://www.atlasbrasil.org.
br/consulta/planilha）

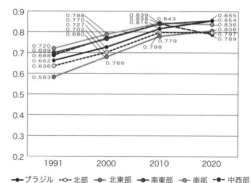

図3-15　地域別MHDI　教育
（1991－2020年）

出所：Atlas Brasil ウェブサイト
（http://www.atlasbrasil.org.
br/consulta/planilha）

図3-16　地域別MHDI　所得
（1991－2020年）

出所：Atlas Brasil ウェブサイト
（http://www.atlasbrasil.org.
br/consulta/planilha）

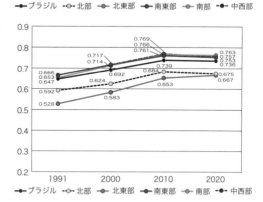

データ作成とともに、現地の貧困の現状を最もよく把握している地域住民の社会開発の担い手としての主体的参加と、政府政策への評価が重要な鍵となる。また、CCTの継続には国家の財政的問題も影響すると考えられるので、今後の展開に注目する必要がある。

コラム ③-③

ペルナンブコ健康なまちづくりネットワーク
―バンブー手法と健康なまちづくりプロモーターの試行錯誤―

バンブー手法の詩

> バンブーは命と暮らしを大切にする道しるべ
> 自律とグループの愛情あふれる共生をめざし
> らせんを描きながら、その場その場を大切に
> 日々の暮らしの人々の力をもととし
> 地域と市民権をつなぐ　　　　　　　　　　　　アベウ・メネーゼス作

　この詩のモットーを実践している人びとがいる。舞台は北東ブラジルのペルナンブコ州。植民地ブラジルで砂糖きび栽培で最初に栄えた伝統のある地域だ。民衆文化も豊かだ。歌、踊り、詩で綴られるコルデル文学、まつり、と色とりどりである。一方、深刻な貧困と格差に悩まされてきた地域でもある。近代化の遅れで残った古い社会体質と奥地で頻発する干ばつ等の影響だ。

　ブラジルでは1988年憲法制定後、公正で包摂的な社会づくりを目指しさまざまな取り組みがなされている[23]。その一つに「健康なまちづくり」がある。世界保健機関（WHO）が推奨するヘルスプロモーションによる取り組みで、健康は「生活の場」で作られると考え、住民、役場、企業、専門家などが一緒に健康でしあわせな暮らしのための環境づくりを目指す。医療はもちろん大切だが、所得、環境、栄養、運動、人間関係、政治等にも目をむける。心身の健康、社会的健康を皆で作っていこうという取り組みである。

　この考えはブラジルの各地で実践されているが[24]、ペルナンブコ州では「健康なまちづくりネットワーク」[25]という形で展開されている。「健康なまちづくりプロモーター」、「バンブー手法」そして「学び合いのネットワーク」という3つの柱からなる。ネットワークの立ち上げには日本の国際協力機構（JICA）も関わった。ペルナンブコ連邦大学とペルナンブコ州政府の協力要請を受け「東北ブラジル健康なまちづくりプロジェクト」で支援した[26]。私もJICAの専門家として、まちの人びとの奮闘ぶりを間近で見る機会を得た。

　パイロット事業の場としてアグレスチ地域の5つの市が選ばれた。アグレ

スチは、沿岸の砂糖きび栽培に適した熱帯雨林地帯と、奥地の半乾燥地帯の中間に位置する、半乾燥地だが比較的雨も降る。野菜や果樹の大規模栽培が盛んにもかかわらず、多くの農民が貧しいという場所であった。

プロジェクトは取り組みの推進役のボランティア「健康なまちづくりプロモーター」を養成した。コミュニティ活動の経験や関心のある住民と役場の職員が候補となった。牛乳配布や大人の識字教育のプログラムのリーダー。まちのゴミ問題を解決したい主婦。貧困対策のさまざまな方法を学んできた役場職員。住民のために薬草から咳止を作る人。その他、郵便局員、看護師、教員などさまざまな人がいた。

彼らのコミュニティづくりを手助けする方法が「バンブー手法」である。特徴は「肯定的」ということだ。特に住民の主体的活動を引き出すために工夫された。住民のもてる可能性を大切にし、伸ばすという意味で肯定的である。「貧しい貧しい、これが問題だあれが問題だ」とばかりいうと自尊心を傷つけてしまう。また、問題山積のこの地では、問題から入るよりも共通の望みを皆で思い描き活動する方が有効と考えられた。そういう意味でも肯定的である。問題の指摘は、相手の非難につながりやすく協力の障害になりがちでもある。肯定的であることで、コミュニティの人びとの間に信頼関係と協調性を育むことを大切にした。ただ高望みはせず自分たちだけでできることから始める。それを成し遂げられれば、人びとは達成感から自信をつけ、力を発揮できるようになっていく[27]。

鍵となる質問がある。「皆の健康とよりよい暮らしのため、自分たちの持ち味や地域の良さを生かし協力してできる簡単なことは何ですか?」

サイレ市の健康なまちづくりプロモーターのウエンデスは、最初、疑い深い目で見ていた。しかし、彼は、すぐにピンときたようだ。外部者が音頭を取り終わると立ち消えになってしまっていたそれまでのプロジェクトとは違う。地元の健康なまちづくりプロモーターがワークショップを開催する。まちの人びとが話しやすい環境を作り、話に耳を傾け、気付きや行動を引き出すことで、彼らが持ち前の力を発揮できるようにするのだ。彼は、その後この取り組みの熱心な推進者になっていく。

健康なまちづくりプロモーターの活動は、住民とバンブー手法のワークショップを開くことから始まる。意見を出し合い、実施する活動を選び、活

動を展開する。しかし、なかなかマニュアルどおりにはいかない。辛抱強さと忍耐が必要だ。サン・ジョアキン・ド・モンチ市のあるコミュニティでは、収入を得るため手工芸品を作ることになった。すると、プロジェクトでミシンを購入するべきだと主張する人が現れた。健康なまちづくりプロモーターのマリナウヴァは、その意見に耳に傾けたうえで「このプロジェクトは、まずは外に頼らず、自分たちでできることから始めることが大切なのですよ」と静かな口調で説明した。健康なまちづくりプロモーターに求められたのは強いリーダーシップではなく、聞く力であり、人々の対話を促すことであった。

　紆余曲折ののち光が見えた。このコミュニティでは伝統的に綿の漁網を作ってきた。誰もがその技をもっていた。しかし、プラスチック製の網の出現で売れなくなってしまったのである。そこで漁網の編み方を応用してスカーフなどさまざまな製品を作ることにした。改良法は大学が、販売ルートの開拓は州が支援した。参加者の一人が言っていた。「家族からこんな活動しても仕方ないと言われていた。でも、あきらめず続けて良かった。こうして自分たちで協力して道を切り開くことができてとても嬉しい」。

　人びとは皆、さまざまな可能性を秘めている。ある時、活動に参加していたマリアがこんな話をしてくれた。「私がかつて住んでいた村で幼い赤ちゃんが亡くなりました。でも、村の人びとは貧しくて葬式を出すお金もなかった。その時、通りかかった日本人の移住者[28]に助けを求めたところ、快く、お金を出してくれました。感謝したあと、私は、ある別のことを尋ねたのでした。『もし、私が、お金をくださいと頼んだらくれますか』と。するとその人は『もちろん出さない。あなたは自分で何とかできるはず』と言い残して去っていきました。私は、それから一生懸命働いて、小さいけれど自分の土地を手に入れて作物を作り元気に暮らしています。今度、是非、見に来てください」。彼女はとても誇らしげであった。

　バンブー手法について補足する。自分たちが協力してできることから始めるが、必要に応じて、役場や大学などの活動につなげる。これも健康なまちづくりプロモーターの役割だ。サイレ市では、バンブー手法で住民がまちをきれいにし始めた。それを彼らが、まちのゴミのリサイクル場活性化と学校の環境教育に連携させ、まちの政策に反映させることができた。

　5年のプロジェクト終了時、試行錯誤の結果を生かし「ペルナンブコ健康

なまちづくりネットワーク」が発足された。メンバーになるには市長の賛同と健康なまちづくりプロモーターの養成を条件とした。徐々に参加するまちが増え、今では州内の32のムニシピオが参加し経験を学び合っている。

リモエイロ市の町はずれの小学校の話を紹介しよう。ゴミ置き場に隣り合わせで悪臭とハエに悩まされ、校舎も荒れていた。健康なまちづくりプロモーターである教員がバンブー手法で子どもたち、教員仲間に呼びかけた。「すでにある物や自分たちの持ち味を生かして何ができますか?」と問いかけた。そこから小学校の改革が始まる。掃除をし、タイヤやペットボトルをリサイクルし校庭を整備。虫よけに効く木も植えた。ムニシピオの教育局と保健局の協力も引きだした。また、薬草の花壇を整備したことがきっかけで、まちが運営する診療所での薬用植物の利用にはずみがついた。

サイレ市では一歩進んで、すべての政策の目的に健康を据える「健康的な公共政策」や近隣の市長との交流会も試みられた。

バンブー手法は自分たちの暮らしの場を大切にする心を育み、人びとや地域の可能性と自律、助け合いと学び合いを尊重する、そして小さな活動から大きな活動へ発展させる。これを表現したのが冒頭の詩だ。バンブーとはポルトガル語で竹(Bambu)のことを指す。この取り組みに必要なことを竹の性質に託した命名だ。自律、尊厳、柔軟性、謙虚さ、忍耐強さ、汎用性と協力、拡がりなど。そして日本との協力にも敬意を表してくれた。詩にするとはいかにもこの地域らしい。しかも気が利いている。行頭の字を並べるとBAMBUになる。

Método Bambu

Bambu afirma o valor da vida como caminho
Autonomia e convivência amorosa do grupo
Movendo-se em espiral cuida do mundo em cada local
Baseando-se no poder do coletivo no dia-a-dia
Unindo território e cidadania

(Abel Menezes)

　まちの人びと、役場、そして大学、州、JICAの協力の賜物だが、特に、健康なまちづくりプロモーターとコミュニティの人びとの経験、情熱そして奮闘がなかったら「健康なまちづくりネットワーク」の土台は作られなかっただろう。コミュニティにはいろいろな人が暮らしている。お互いの考えや想いを語り合い、協力しながら皆で一緒に暮らしの場をよくしていこうとする営みは自分事としてゆっくり拡がりをみせている。現在、ペルナンブコ健康なまちづくりネットワークは、北東ブラジル、ブラジル国内、近隣諸国、ポルトガルやアフリカのポルトガル語圏の国々、そして日本との交流の輪を拡げている[29]。

23　ペルナンブコ州の乳児死亡率は30年で1,000人当たり77人から13人に改善された。

24　汎アメリカ保健機構（PAHO）とブラジル公衆衛生学会（ABRASCO）が牽引。ブラジルでは内発的開発の戦略とも位置づけられている。

25　ペルナンブコ連邦大学公衆衛生社会開発センター（NUSP）が大きな役割を果たしている。

26　2003年から2008年。取り組みのモデルは大学、州、JICAの専門家が、ブラジル、日本、世界の健康なまちづくり・開発の知見を参考に作った。JICAは専門家派遣、日本での研修、機材供与により、ブラジルの取り組みを触媒的に支援した。

27　バンブー手法の社会的包摂を重視する将来指向型介入モデルは日本の岩永俊博氏らが開発したSOJO（Sysyem Oriented Joyful Operation）を雛形に、APA（Appreciative Planning & Action）やSSM（Soft Systems Methodology）等世界的な知見が反映された。また、その実践にはブラジルの教育者パウロ・フレイレの著作 "Pedagogia de Autonomia" の考え方も生かされている。

28　この地域には戦後、首都圏近郊の野菜栽培のため日本人が移住した。

29　汎アメリカ保健機構（PAHO）はネットワーク間の協力を促し、また、SDGs戦略とのすり合わせを進めている。https://www.paho.org/pt/eventos/1o-seminario-municipios-cidades-comunidades-e-territorios-saudaveis-e-sustentaveis-desafios
　2023年11月チリで第6回南北アメリカ大陸における健康なまちづくり市長の会が開催された。そこで、ペルナンブコ健康なまちづくりネットワークのサイレ市は健康なまちづくり―Healthy Municipalities, Cities and Communities（MCCS）の意義ある事例として取り上げられた。

第3節　社会運動と市民の力

民主化の過程における民衆運動の役割

　植民地時代から軍事政権まで、長い年月にかけて、社会的に排除され人権を抑圧されてきた人びとが、ブラジルの貧困層を形成してきたことは、これまで本書で述べてきたとおりである。しかしながら、抑圧下に置かれてきたからこそ、自らの権利を取り戻し、政府に対し義務を果たすよう求め、底辺から民主主義を構築してきた民衆運動の歴史があったことを忘れてはならない。本節では、ブラジルの社会運動を概観し、人口数でマジョリティの貧困層が、個人として、さらにコミュニティの構成員として、社会を変革する主体として権利を行使し、市民としての地位を獲得してきた状況を考察する。

　ブラジルにおける社会運動の萌芽がいつかについては諸説あるが、その源流の一つは、1988年憲法にみられる民主化の推進力となった民衆運動が戦後の開発の時代に生まれたというものである。1950年代、自らの生存の権利を求める自助組織が各地で生まれていた。1960年代には教会を中心とする民衆組織も発達した。北東部での経験をもとに、識字を人間解放の手段とする教育思想家パウロ・フレイレ（Paulo Freire）の活動が注目されたのもこの頃である。しかしながら、1964年の軍事クーデターとともにフレイレをはじめとする社会活動家は亡命を強いられる。軍事政権下で人びとは政治、社会的に抑圧された生活を過ごした。さらに経済開発と急速な近代化が農村コミュニティの崩壊と都市スラムの形成を招き（本章第1節）、ブラジル全土で貧困が拡大したことにより、草の根の社会運動が生まれ始めた。

　ラテンアメリカでは、現世で被抑圧者を救うことを教会の使命とする解放の神学（第2章第1節）を実践する司祭や、貧困層の民衆とともに彼らの生活水準を改善し、強権的な政治体制を批判する多くの司祭が、投獄、拷問のうえ殺害された。こうした逆境のなかで教会を中心とするキリスト教基礎共同体（CEBs。第2章第1節参照）で人びとが対話する場となる民衆組織が形成さ

れ、その多くは、その後の社会運動の原動力となった。

　1979年の恩赦法（Lei da Anistia）に始まる政治開放の過程で、軍事政権下に草の根で活動してきたさまざまな民衆組織の活動は「運動」や「行動」という名のもと、政治的民主化と地域社会の抱える課題を解決するため結集した。1983年に始まる「今すぐ直接選挙を（Diretas já）」という名で知られる直接選挙を求める運動は、その代表的なものである。1988年憲法の制定に際し、民主化を求める民衆組織の代表者は、貧困対策、あらゆる差別の撤廃、政策立案への市民参加といった民主化と社会的公正に必要な項目を詳細に憲法案に入れて、具体化させたといわれる（Fico 1999）。1988年憲法以降、多くの法令が分野別に制定されたが、その原案作成にも民衆運動が影響を与えた。例えば、1990年の「児童青少年法（Estatuto da Criança e do Adolescente）」の制定には、児童と青少年の権利を求める民衆組織が積極的に関与した。路上生活や児童労働のように子どもの権利が剥奪されている状況において、子どもは保護される客体的存在ではなく権利の主体であるとして、人権啓発と社会教育活動を実践する市民組織は、貧困状態に置かれている子どもの状況を社会に訴え、迅速な解決の必要性と社会的責任の実行を求めた。

市民権の獲得

　1979年の恩赦法後、民衆組織の多くはネットワークを作り、亡命から帰国した社会活動家とつながり、新たな市民組織、NGOを組織した。リオで1981年に設立されたブラジル社会経済分析研究所（Instituto Brasileiro de Análises Sociais e Econômicas：IBASE）は、政府や企業に政策提言を求めるなど民主主義の定着化と市民権の確立のための運動を推進してきた組織である[1]。創設者は社会学者のソウザ（Herbert José de Souza、通称Betinho）で、1962年に教育省、農地改革監督局に勤務していたが、軍事クーデターによりメキシコに亡命した[2]。恩赦法による帰国後、カナダにいたアフォンソ

1　IBASEの活動についてはFico（1999）、及びIBASEウェブサイト（http://www.ibase.br/最終閲覧日2016年11月7日）より。
2　ソウザについては印鑰智哉「ベチンニョ―ブラジルの参加型民主主義の夢想と実現」（小池ほか 2022）を参照。

(Carlos Afonso)、スイスにいたアルダ（Marcos Arruda）と共に、ITを活用した情報の民主化を武器に世界のNGOと情報を交換し、国内のインターネット環境を整備し、市民組織相互のつながりを強固にした。

1992年の地球環境サミットでは、国内外のNGOとのネットワークを構築し、同年のコロル大統領の弾劾では政治倫理運動（Movimento pela Ética na Política）を組織し、市民組織183団体とともに議会調査委員会（Comissão Parlamentar de Inquérito）の設立を政府に要求した。1993年には「飢餓撲滅のための市民権行動」（Ação da Cidadania contra a Fome, a Miséria e pela Vida）を組織し、慈善的な性格の社会活動を個人・コミュニティによる主体的なイニシアティブによる社会運動へと変革し、多様な組織を結びつける役割を果たした。この運動の参加者であったルーラは同年、政府と市民社会が一緒に討議できる食糧保障審議会（Conselho de Segurança Alimentar）の創設を提案している。

IBASEが市民権と社会参加の促進、政策提言を目的として活動してきた組織の代表例であれば、他方で現場における社会開発のための活動を通して民主主義の深化、社会的公正のための行動を実践する組織の存在も重要である。その一つが、1984年設立の土地なし農民運動（Movimento dos Trabalhadores Rurais Sem Terra：MST）である。食糧生産など社会機能を果たしていない土地を占拠し、土地をもたない人（sem terra）に分配する社会運動で、2023年には23州と連邦区に活動支部をもち、約45万家族が運動に参加している（MSTウェブサイト）。土地をもつことは、人間の生存への権利を取り戻すための手段であるとして、社会的公正と人間の尊厳のための草の根の活動を行っている。

MSTは、1950年代の農民連盟（Ligas Camponesas）の活動が母体となっている。1961年にゴラール（Goulart）政権は農地改革案を提出するが、1964年以降の軍政では、土地の利用は大規模開発を中心に行われることとなった。その結果、零細農民は都市への移動を強いられた（本章第1節）。MSTは、農村における生活を守るため「土地占拠は唯一の手段（Ocupação é a única solução）」としてパラナ州カスカヴェル（Cascavel）で1984年に土地なし農民集会を決起した。1988年憲法制定後、MSTは第186条「すべての土地は生産活動に利用されなければならない」を根拠とし、放置されている土地を占拠し、コミュニティとして再生する活動を展開した。占拠者によるコミュ

ニティの組織化、構成員間の協力とともに、有機農法や遺伝子組み換え作物反対運動などの環境保護運動を行い、農地改革と社会開発を実践してきた。土地占拠の現場では、民主化以降も強制立退きによる犠牲者が続出したことから、「土地なくして民主主義なし（Sem terra não há democracia）」をスローガンに掲げ、政策提言と地域的実践を続けてきた。このように、人口のマジョリティを占め、軍政下で貧困にとどめ置かれた多くの社会階層の人びとが、民主化以降自らの権利を取り戻す運動の主体となる時代を迎えたのである。

市民組織の多様性と世界的連帯

1988年憲法による制度的民主化の一方で、90年代以降の経済のグローバル化により格差はさらに拡大し、結果として貧困は解決しなかったが、こうしたなかで現場では社会開発のための市民組織の活動はさらに活発化した。地方分権化により、ムニシピオレベルでの社会参加の土壌が作られてきたことも、市民組織による積極的な政策提言につながった。

IBASEのように全国の市民組織・NGOに呼びかけて連邦政府に具体的政策提言を行う組織もあれば、MSTのように「農民」であることから出発し、自らの生活を守る運動を土地占拠や有機農法といった地域的実践により全国規模で活動を展開し、同じ目的をもつ組織との連帯を構築する組織もある。ブラジルには教育、ジェンダー、LGBT、子どもの権利、人権、保健、エイズ、環境、都市問題、芸術文化、人種差別、消費者の権利といったさまざまな課題を解決するため、当事者が設立する団体を中心に無数の市民組織、草の根民衆組織が存在する（宗教団体を含めると2002年に27万団体）。市民組織は、多様なニーズを追求するとともに、行政に政策や公共事業に関する説明責任（アカウンタビリティ）を求める民主化の担い手としての役割を果たしている。

グローバルなネットワーク構築は、ブラジルの市民社会、NGOの傑出した特徴である。1990年代以降世界では貧富の格差拡大の原因が経済の自由化にあるとして、自由主義経済に対抗する社会運動が巻き起こり、1999年11月のシアトルWTO閣僚会議への反対デモにみられるように、中枢経済や多国籍企業への抗議運動が活発化した。1992年の地球サミット以降、特にフランスのNGOと有機的なつながりをもっていたブラジルの市民組織は、反グローバリゼー

ションという共通目的をもつ世界のNGOとのネットワークを構築していった。

　国際NGOは、自由主義経済が支配する社会のあり方を批判するとともに、「もう一つの世界は可能だ！」をスローガンとする運動に集結し、世界社会フォーラム（World Social Forum：WSF）を結成した。WSFは世界経済フォーラムと同時期に「南で」開催される、経済成長よりも社会的公正を最重要項目とし、連帯的で人間的な世界のあり方を考える世界会議である。為替取引税による債務解消を提言するフランスのNGOであるATTACとブラジルの8つのNGO（IBASEとMSTを含む[3]）が中心となり、参加型予算（Orçamento Participativo）で知名度を上げたリオグランデドスル州の州都ポルトアレグレにおいて、第1回WSFが開催された。

　WSFは労働、ジェンダー、WTO／経済のグローバル化、環境、メディア、反戦・平和などをテーマとする無数の分科会に世界各国から社会運動家が集まり、「もう一つの世界」を模索するための議論を展開する場であるが、アジア、アフリカ、ラテンアメリカを開催地とするため、当事者の参加を促進するものとなっている。分科会のほかに、教育、保健衛生などテーマ別フォーラムも全体会とは異なる日程で地方都市にて開催されており、そこはコミュニティベースで活動を実践する市民組織が相互の経験を分かち合う場として機能している。WSFを通じて、ローカルでの実践と世界各国のNGOの経験が交差し、グローバリゼーションによる社会的排除に対し声を上げ、人びとの権利を守る活動が世界でつながり始めている。ブラジルの市民組織はそのハブとして活躍しているが、その原動力が市民の力で権利を取り戻し公正な社会を構築するための実践の蓄積にあることは疑いない。

抗議デモにみる市民の行動力

　2013年6月、「W杯反対デモ」と呼ばれる政府抗議運動がブラジル全土の約400都市で勃発し、総計約200万人が参加する大規模デモとなった。交通機関の運賃の値上げに反対する市民組織（運賃無料化運動 Movimento Passe

3　そのほかの組織はブラジルNGO協会（ABONG）、ブラジルAttac、CBJP、Cives、統一労働組合（CUT）、Rede Social de Justiça e Defesa dos Direitos Humanos。

Livre）の行動は、国家予算をメガイベント開催ではなく社会開発に活用すべきという主張に発展し、巨大なムーブメントを引き起こした。デモに対する軍警の暴力がさらに人びとの賛同を集めたともいわれる。政府に対抗して国民が路上に出て声を上げる行動としては、1984年の大統領直接選挙を求める運動、1992年のコロル弾劾裁判以来の規模となった。

　その後2015年には、不正会計と労働者党政権下で発覚した無数の汚職の責任を問うルセフ弾劾擁護派と、直接選挙で選ばれた大統領の正当な理由なき弾劾は民主主義に反するクーデターであるとする政権擁護派の大規模デモが起こった。ブラジルのデモについては、報道などで一部の暴力的行為が注目されることが多いが、市民のもつ政治の権利として位置づけられ、政情不安とは一線を画す性質をもつ。デモの主催団体の一部は市民組織のほかに政党や宗教組織などもあるが、それぞれの組織の主義主張と意見表明に賛同する市民が自ら行動する政治文化が、ブラジル社会には醸成されつつある。テメル政権後も引き続き汚職疑惑が露呈する状況下で、社会的公正を求め、政治を変える主体として、ブラジルの人びとが「発言し行動する市民」（堀坂 2013: 47）の権利を行使する時代が到来したのである。

危機を乗り越えブラジルを再構築する

　1988年憲法以降、着実に培われてきた市民組織やNGOの政治参加の機会は、2019年に誕生したボルソナロ政権によって次々と奪われることになった。ボルソナロは新興プロテスタントの福音派、銃規制緩和派、アグリビジネスといった保守派を支持層とし、ブラジルの市民社会の運動が労働者党政権下で活発化し、貧困層やマイノリティの人びとがその恩恵を受け、それは公的資金を蝕んでいると批判した（小池 2023）。市民が参加する多くの審議会は解体され、社会運動の力を奪う制度改革を行った。2020年のコロナ禍で社会的脆弱性を抱える貧困層の命を支えたのは地域社会ベースで活動する市民組織であった[4]。自治体行政との連携のもと緊急物資援助を行い、感染

4　コロナ禍における市民社会組織の活動については、小池 2020; 田村 2022を参照。

拡大と死者数の激増への政府の失策を痛烈に批判した。

　2022年の大統領選挙では、ボルソナロの再選を阻止すべく、人権保護活動を行う司法団体をはじめとする多くの市民組織はルーラを支持した。新自由主義的政策を批判し、社会正義の守られる政治構築への提言書「危機を乗り越えブラジルを再構築する」がルーラに手渡された[5]。10月30日の決選投票によってルーラが勝利したが、得票数の差は僅差（有効投票数50.9% 対49.1%）であり、ルーラは北東部中心、ボルソナロは中西部、南部中心に票を集めたことからも、支持層がはっきり分かれる政治的分極化（polarização política）が際立つ結果となった[6]。

　第3期となるルーラ政権は、市民社会の期待に沿った布陣を政界に準備した。先住民運動、女性運動、黒人運動など多くの市民社会組織で活躍する人物が閣僚に登用されている[7]。また、2003年に設立され2018年にボルソナロ政権によって機能が停止されていた持続可能な経済社会開発審議会（Conselho de Desenvolvimento Econômico e Social Sustentável）を呼称も新たに再生し、市民社会組織のメンバーが政策決定に影響を与えうる政治参加の空間を創設した。ブラジル社会の多様性を改めて認識し、国民一人ひとりを尊重し、公正で包摂的な、社会正義の守られる持続可能な社会の構築を求めて、市民社会との「対話（diálogo）」を原則とする政治の復活を掲げ、第3次ルーラ政権の挑戦は今始まったばかりである。

5　約90団体の市民社会組織により編纂された冊子で、不平等の解消、雇用と所得、国家と公共サービス、包摂的なまちづくり、治安、民主主義、環境、アグロエコロジーと食糧主権、平等と多様性、国際関係と主権などの目標が記されている（田村 2022）。

6　26州1連邦区のうち、北東部のすべての州、北部3州、南東部1州ではルーラが、南部と中西部のすべての州（連邦区を含む）、北部4州、南東部3州ではボルソナロが勝利。どちらかの獲得票が6割以上の州は14州で、ルーラ8州、ボルソナロ6州と拮抗した（選挙高等裁判所ウェブサイト）。ただし南東部では決選投票でボルソナロ支持層が減少したことが指摘されている（堀坂 2023）。

7　先住民相に先住民運動家のグアジャジャラ（コラム3-1参照）、パルマレス財団総裁にサルヴァドルのアフロ文化振興NGOオロドゥン（Olodum）元代表のロドリゲス（João Jorge Rodrigues）、人種平等相にマリエレ・フランコ財団代表のアニエレ・フランコ（Anielle Franco da Silva）が任命されるなど、社会活動家の登用は多岐にわたる。マリエレ・フランコは、2018年3月14日に暗殺されたリオ市議の人権活動家であり、アニエレはその妹である。

第4節 女性の社会参加と「フェミニシーディオ」

● ジェンダー・ギャップ

　所得、人種、地域といった多様な側面で社会経済的不平等を有するブラジルでは男女格差（ジェンダー・ギャップ）も大きく、2022年に世界経済フォーラム（World Economic Forum-WEF）が発表した報告書によれば、ブラジルのジェンダー・ギャップ指数（GGGI）は0.696で世界146カ国中94位、ラテンアメリカ諸国の中ではベリーズ（指数0.675、順位95位）とグアテマラ（指数0.664、順位113位）と並んで同じ最下位のグループに入っている（Global Gender Gap Report 2022, WEF）。メキシコ、アルゼンチン、ペルー、チリといった諸国の順位が30台から40台で、これらラテンアメリカ諸国のとはかなり差がある[1]。

　2022年のWEFの報告書は、世界146カ国の経済参画、教育達成、健康・生存率、政治参画の4分野での男女格差を数値化（Global Gender Gap Index-GGGI）して発表したものであるが、世界的傾向として経済と政治の分野での女性参加が低いことが示されている[2]。

　ブラジルもこの世界の傾向と同様に経済参画と政治参画での格差が大きい。初等、中等、高等教育といったすべての教育分野では女性が男性を凌駕

1　因みに、最もジェンダー格差が低かったのは、アイスランドで、その指数は0.908、最下位の146位は、アフガニスタンの0.435である。日本のギャップは116位で、その指数は0.650と、ブラジルより不平等格差は大きい。さらにWEF2023の情報によれば、ブラジルのジェンダー・ギャップ指数は0.726と改善され、世界順位は57位に上昇した。政治におけるスコアが2022年の104点から2023年の56点に改善されたためである。2022年秋にブラジルで国政選挙が行われ、下院における女性議員数が増えたことが反映された結果である。ラテンアメリカ諸国の中では、ニカラグア（順位7位）、コスタリカ（順位14位）、さらに順位20台から40台のチリ、メキシコ、ペルー、アルゼンチン、コロンビアには及ばないが、エクアドル、ホンジュラス、パナマといった順位50台の諸国に肩を並べるようになってはいる（Global Gender Gap Report 2022及び2023 WEF）。
2　世界各国のジェンダー・ギャップを数値化している調査報告書は2つある。WEFのGGGIと国連開発計画の人間開発報告書である。前者が社会経済政治の分野別に世界各国の男女間の不均衡を示している。これに対し後者のジェンダー不平等指数は、人間開発における男女間の不平等を測定している。本節ではGGGIのみを資料として用いた。

しており、教育分野の男女格差は平等を示す指数1.000である。健康・生存率の分野でも0.980と国別順位では1位である[3]。これらに対し経済及び政治の分野の格差は著しく、結果として先のようなGGGIとなっている。

経済分野では、ブラジルの女性の賃金が男性のそれより2割ほど低く、大企業における女性の役員は1割未満で、公務員の管理職でも女性が4割に満たないという数値が報告されている（Global Gender Gap Report 2022, WEF及びPNAD2019参照）。さらに、フランスのコンサルティング会社は2021年にブラジル男女の所得に関する調査結果を職種の違いによって示している。これによれば、政治家と銀行家を高所得をもたらす「男の2職業」とし、シッター業務、看護、高齢者介護といった「女性3職業」をいずれも低賃金職として報告している[4]。少々古い資料ではあるが、2005年の女子大学生の専攻分野は「教育」「保健・社会福祉」「社会サービス」が主な3分野となっており、女性の就労との相関性が見て取れる（表3-1）。こうした結果として、WEFによるブラジルの経済参画のGGGIは0.669で146カ国中85位となり、経済環境は男性優位にあることを示しており、フランスのコンサルティング会社が指摘したように

表3-1　ブラジルの女子大学生の専攻（2005年）

専攻分野	学生総数	女子学生数	％
教育	199,392	161,695	81.1
人文・芸術	24,810	16,108	64.9
社会科学・経営・法学	277,572	150,958	54.4
科学・数学・コンピュータ	56,436	22,061	39.1
工学・製造・建設	36,918	10,892	29.5
農牧畜業	11,874	4,834	40.7
保健・社会福祉	90,610	66,600	73.5
社会サービス	20,246	13,576	67.1
ブラジル全体	717,858	446,724	62.2

※学生総数及び女子学生数は修了者数

出所：Bruschini（2007）p. 550.

3　同じ指数で1位にランクされている国は28カ国に及ぶ。
4　https://www.ipsos.com/pt-br/46-dos-brasileiros-acham-que-acabar-com-disparidade-salarial-（最終閲覧日2023年4月22日）

政治及び経済活動の分野が男性に向けられていることとも通じる。

 ## 女性の政治参加の歴史

　ブラジルの政治分野のGGGIは0.136で、146カ国中104位と、経済参加指数よりも順位をさらに下げており[5]、女性大統領（Dilma Rousseff, 2011 - 2016年）を誕生させた国でありながら、女性の政治参加は2022年においてもかぎられた状況にあることを物語っている。

　20世紀後半のブラジルの経済発展と教育の普及とともに、多様な分野での女性の社会参加は拡大したが、政治分野への参加は依然低い。女性議員候補割当て制度（クオータ制）を1995年と早期に法令化（Lei no. 9.100 de 1995）してはいるが、国会における女性議員数は未だに男性議員の半分にも達してもいない（表3-2）。

　そもそもブラジルで女性が選挙権と被選挙権を獲得したのは、ヴァルガス（Getúlio Vargas, 1882-1954）の登場によってである。ブラジルで旧共和制下のオリガーキー政治を終焉させ新しい共和国の時代を開こうとしたリオグランデドスル州知事であったヴァルガスは、1930年の大統領選挙で敗れると、クーデターによって政権を掌握した。1932年、臨時政府下でブラジル初の普通選挙が承認され、女性は初めて選挙に参加できる権利を手にした。翌年行われ

表3-2　国会における女性議員の推移

選挙年	下院数/女性数	女性の割合（%）	上院数/女性数	女性の割合（%）
1994	513/34	6.6	81/6	7.4
1998	513/29	5.7	81/6	7.4
2002	513/32	6.2	81/6	7.4
2006	513/45	8.8	81/10	12.3
2010	513/44	8.6	81/13	16.0
2014	513/51	9.9	81/12	14.8
2018	513/77	15.0	81/12	14.8
2022	513/91	17.7	81/15	18.5

出所：Gender Quotas Database, International IDEA（最終閲覧日2023年4月22日）

5　因みに日本はもっと低く、指標0.061で139位。

た憲法制定議会選挙で、女性初の国会議員としてサンパウロ市の女医ケイロス（Carlota de Queirós, 1892-1982）が下院議員に選出された。1934年に発布された新憲法[6]に基づき大統領選挙が1937年に予定されていたが、弾圧を受けた共産党が武装蜂起をしたために軍部によるクーデターが勃発し、国会や州議会は閉鎖された。国政や地方自治体の権限を大統領に集中させ、きわめて独裁的な「新国家体制（Estado Novo）」を大統領ヴァルガスは樹立した。以後1945年まで、選挙が実施されることはなく、女性の政治参加は中断した。

　1945年、再度軍のクーデターにより今度はヴァルガスが失脚し、最高裁判所長官が臨時大統領に就任した。11年ぶりに大統領選挙が実施され、女性は選挙に再度参加した。その後、東西冷戦の中で1950年、55年、60年と行われた大統領選挙にも女性は選挙に参加することはできた。しかし、容共的とされたゴラールが大統領（João Goulart, 1961 – 1964年）になると、ブラジルの共産主義化に危機感を抱いた軍部は政治に介入し、1964年3月にクーデターを起こして政権を掌握した。軍政府は1968年に国会を閉鎖し、以後25年間、国民はほとんど選挙に参加することはなかった。1985年に文民大統領が間接選挙によって選出され、軍事政権は終焉した。同年地方選挙は直接選挙で行われ、国民は部分的とはいえ政治に参加した。1988年に新憲法が編纂発布された後、1989年に国民の直接選挙による大統領が誕生し、1960年の大統領選挙以来、29年ぶりの直接選挙となった。

世界女性会議と女性割当て制度

　ヴァルガスの新国家体制時代と軍事政権時代、国民は市民として選挙に参加できなかった。とりわけ、軍部が政治をコントロールしていた軍事政権下の21年間、女性の政治参加は男性よりさらに難しいものであった。ところが、この軍政時代に、ブラジルの女性はフェミニズム運動を展開し、ブラジル政府の非人道的対応が国際的に注目された。1975年に国連による第一回世界女性会議がメキシコで開催されたことは、女性が社会変革に積極的に参加す

6　この34年憲法によって、ブラジルでは選挙は権利ではなく義務とされ、以来義務投票
　制度が今日まで導入されている。

ることを支援する機会となった。サンパウロ州やミナスジェライス州といった経済的にも人口的にも大きな規模を有する州で女性差別を撤廃する法案が提出され、女性の保護と男女平等の意識が住民の間に浸透していった。こうした中で軍事政権が終焉を迎え、後に現代ブラジルのマグナ・カルタと呼ばれるようになった1988年の新憲法に初めて男女平等が謳われた[7]。

　ブラジルが再民主化された1985年にナイロビで第3回世界女性会議が開催され、女性の平等な政治参加の実現が宣言され、女性の政治参加を保障する割当て制度（クオータ制度）の導入が世界各国で試みられることになった[8]。政治の民主化を進めていたブラジル、チリ、アルゼンチンはこの割当て制度に注目した。さらに1995年の北京の世界女性会議では、女性の地位を向上させるためのナイロビ将来戦略の目標を20世紀末までに達成することが宣言された。ブラジルはこの世界行動宣言に応えて、女性割当て規定を盛り込んだ法令第9100号（Lei no. 9.100 de 1995）を制定した。

　1996年10月に実施された市政選挙（市長、副市長、市議会議員）はこの法令に従って行われた。「各政党は立候補者名簿に女性候補者最低20%を記載するもの」（第11条第3項）とされた。同時に、給付される政党資金の5%は女性の立候補を応援するために使用し、テレビやラジオのメディアを通じて選挙運動をするときは、各政党の持ち時間の10%を女性候補に充当するものとされた。この地方選挙によってブラジルは初めて、女性割当て制度による選挙を経験したのである（Martins 2007: 10）。

　さらに、連邦、州議会、連邦区議会、市議会すべての立法議会レベルに女

7　88年憲法第14条で投票は国民の主権を行使する方法であると定められたが、それ以前の投票の義務に関する規定は排除されていない。2022年の選挙では、義務投票制度に反対する立場の国民が、あえて棄権したり白票を投じたりしてブラジルの選挙制度の現状に異を唱える動きがみられた。

8　世界各国で施行されているクオータ制を分類した国立国会図書館の課題報告書「主要国の選挙におけるクオータ制」は、クオータ制を①法律型クオータ②政党型クオータの2類型に分類している。さらに法律型クオータには、議席割当制と候補者クオータ制があると下位分類を示している。国によってはこれらクオータ制の類型を併合して（あるいは単独で）用いているとしている（「主要国の選挙におけるクオータ制」『調査と情報—ISSUE BRIEF—』No.1206（2022・10・27）国立国会図書館調査及び立法考査局、2022、2 - 5頁）。

性割当て制度が広げられるのは1997年の選挙法、法令第9504号第10条第3項（Parágrafo 3, Art. 10 da lei no. 9.504 de 1997）においてである。この新選挙法により男女いずれのジェンダーも選挙候補者の最低30%、最高70%を立候補者に立てるとするジェンダー割当て規定が盛られた。しかし、この選挙法に基づいて行われた1998－2006年間の3回の総選挙でも女性議員の大きな躍進はみられなかった。2010年の選挙を前にしての2009年には、1997年の選挙法が改正され割当て規定（法令第9504号第10条第3項）が義務化された（Lei no. 12.034 de 2009）。すなわち「各政党はいずれのジェンダーも最低30%、最高70%までとする候補者を擁立しなければならない」と謳われ、罰則も明記された。この改定選挙法のもとで総選挙が2010年に実施され、2011年に女性大統領が誕生したにもかかわらず、2006年の結果と比較すると、上下両院の国会議員に占める女性の割合が顕著に増えることはなかった。

　女性候補者割当て制度を義務化したことにより、立候補者リストに単に名を連ねるだけの「オレンジ候補者（candidato laranja）」と呼ばれる女性候補者が、この2010年選挙以降出現した。政党が法律で定めた要件を満たすために必要とされる女性候補者で、言わば「表向き候補者」である。例えば、聞き取りによれば、2010年の選挙で「オレンジ候補者」となったゴイアス州のある女性は、州のある政党の女性候補者数を満たすために立候補者の一人となったと語ってくれた。すでに数年前に家族の勧めで件の党の党員になってはいたが、2010年の選挙が近くなった頃、党から候補者になってくれるように電話で依頼されたという。頭数を揃えるだけのことだということを承知で、党の依頼を引き受けた。必要書類を揃えて党に渡した。その後、本人の知らないところで選挙キャンペーンが準備されていったという。市議会のような地方選挙では、男性候補は賑やかな宣伝車で選挙運動を行うが、女性候補者は党から十分な活動費を与えられないために、歩いての選挙活動を強いられ、必要経費は応援者の浄財に頼らなければならなかったという。この例からオレンジ候補者には、割当て規定を満たすためと、選挙資金を国から受け取りそれを男性候補者に渡すためという2つの役割が担わされていたことがわかる。結果として女性候補者割当て制度の義務化は、女性議員の

直接的な増加にはつながらなかったのである。

2014年以降の選挙と女性

　2010年の選挙の結果を踏まえ、選挙高等裁判所（TSE）は、2014年10月の総選挙を前にしてジェンダー平等の実現のために女性の政界進出を促そうと乗り出した。国会の支援を得て、積極的なキャンペーンを展開し、テレビ、ラジオ、ポスターを通じて女性の政治参加を促進させようとイニシアチブを取った。「政治に女性を！」「女性よ、政党を奪え！」などのキャッチコピーが総選挙の標語となった。

　選挙高等裁判所の積極的な梃入れの結果、2014年の総選挙に立候補した女性候補者は、選挙高等裁判所の発表（2014年12月1日）によれば28.64%（6,271人）と、選挙法の定める数値30%に肉薄したが、法定を守る結果とはならなかった。最も高い女性候補の割合を擁立した選挙は、連邦区議会議員選挙の29.75%（291人）であった。反対に女性候補の割合が最も低かったのは、州知事選挙の11.95%（19人）であった。選挙結果をみるならば、対立候補とは3ポイントという歴史に残る僅差で女性大統領ジルマ・ルセフが再選されたのに対し、州知事選挙結果で女性の知事が誕生したのはロライマ州のみで、前回の2010年に2人の女性知事を誕生させた選挙結果を下回った[9]。連邦議会選挙では、議席数513の下院に1,699人（28.96%）の女性が立候補し、51人が選出され、2010年選挙結果の44人を上回る結果となった（表3–2）。改選議席が27議席の上院（総議席数81）選挙では33人（20.0%）の女性が立候補し、5人が当選を果たし、2010年に選出された7人の女性上院議員と合わせると、2015年からのブラジルの上院議員の女性議員数は12人となった。前回2010年の13議席より1議席女性議員の数を減らしている[10]。

　2014年の女性候補者総数6,271人は、2010年の5,056人と比較すれば、1,215

9　2014年に選出されたロライマ州の女性知事の夫は、1995－2002年にロライマ州の知事を務めた後、再出馬を試みたが、贈収賄の罪に問われたために出馬を断念した。妻の当選は、女性として当選したのではなく、単に夫に代わっただけという見方もされる。
10　下院議員の任期は4年。上院議員の任期は8年で、4年毎に議員の3分の1と3分の2の選挙が行われる。

人24%増ではあったが、依然女性の政治に対する関心は高いものとはいえ
ない。義務投票制度を取っているブラジルで、政治に対する女性の関心の
度合いを把握するのは難しいが、上院が調査した結果を発表したことがあ
る。2014年の選挙を前に行った調査で、女性が政治に参加することを困難
にしている3つの理由が掲載されている。インタビューを受けた女性の41%
が、女性候補者に対する政党の支援不足を指摘した。次に、政治に関心がな
いとした女性が23%、そして男性と競争することは難しいからというものが
19%であった[11]。こうした女性の政治に対する低い関心の結果は、2018年、
2022年の国政選挙に影響を与えた。

　2018年に選出された合計81人の上院議員のうち、女性は前回の選挙結果
と同じ12人に留まったが、下院では女性議員は初めて総数の1割を超える
結果となった。22年の選挙では、上下両院とも女性議員数が増え、上院で
は15人と、総議員の2割弱に迫り、下院も女性議員が91人となり、その割
合は2割弱にまで拡大した。とはいえ、国の人口に占める女性の割合を考慮
すると、女性議員の国会議員に占める割合はまだ小さいものである。上下
両院における男性議員の割合は85%を占めており、2019年に発足した政権
の22人の大臣のうち、女性の大臣は2人に過ぎなかった。この9%という女
性大臣の割合は、世界平均の20.7%には及ばない。こうした2018年のブラジ
ル女性の政治参加状況を、ブラジルを代表するエタノール会社ライーゼン
(Raízen) の政府交渉コーディネイターを務める政治学者のC・ペリロ (Cibele
Perillo) は、かなり悲観なものとみている。

　ブラジルの男女格差の理由の一つとして、ペリロは、政治に対する女性の
関心が低いことが女性候補者数の少なさとつながっていると説明する。なぜ
なら、ブラジルの社会と文化は未だ女性に家庭と家族の世話という役割を担
わせており、男性は政治に自由に携われると考えられているからだという。
女性は何世紀もの前に割り当てられた現代とはまったく異なる社会や仕事の
役割を未だに担っており、この両者のまったく釣り合わないそれぞれの役割

11　2014年10月2日付上院のサイトPortal O Senado Data Senado参照。

は今日ではすでに限界に来ていると断じてさえいる[12]。

「フェミニシーディオ」とその取り組み

政治や経済分野にみられるブラジルの男女格差は、男性の女性に対する暴力にもつながっている。女性であるがゆえに配偶者や知り合いの男性から暴力を受けたり、殺害されたりするということが、ブラジルでは植民地時代から起きている。こうしたブラジルの女性に対するDVは「風土病」だとさえいわれることもある。

およそこの20年間における女性の殺害被害者数は、年間3,700人から4,900人を数えている（表3-3）。このうち主にDVを受けて殺害される女性は、殺害女性被害者総数のおよそ3分の1を占めるとされる。例えば2022年の場合、女性殺害者数は3,930人で、このうち女性であるがゆえに配偶者や知り合いの男性によって殺害された女性被害者は1,410人となる（表3-4）。同じ女性被害者でも後者の場合、つまり女性であるがゆえに配偶者や知り合いの男性によって殺害される女性被害者をフェミサイド（femicide）あるいはフェミニサイド（feminicide）とも呼ぶ。ブラジルでは、前者の女性殺害をフェミシーディオ（femicídio）あるいは単に女性殺人（homicídio de mulheres）と呼び、後者の女性ゆえの被害事件をフェミニシーディオ（feminicídio）と呼んで両者を区別する[13]。ブラジルの2022年のフェミシーディオ（女性殺害者数）件数3,930という数字は、2時間におよそ1人の割合で女性が殺害されていることを示しており、さらに女性ゆえに殺害されたフェミニシーディオの犠牲者は6時間毎におよそ1人に上るということになる。World Population Review による世界各国の女性殺害割合によれば、ブラジルは130カ国中16位の高さで、女性

12　https://www.blog.inteligov.com.br/mulheres-congresso-nacional, 3 de dez. de 2019（最終閲覧日2022年12月10日）

13　類似する2単語が混乱を招くこともあり、femicídioを用いずにhomicídio de mulheresを用いることが多い。また、英語にもfemicideとfeminicideが辞書には存在するが、70年代以降両者を区別せずにブラジルのfeminicídioの意で用いている。さらにある女性が殺害されたのは、被害女性がたまたま女性であったからなのか、あるいは女性だから殺害されたのかを確認することが難しいことも、用語の区別を難しくさせている。

表3-3　女性殺害者数推移（2004－2022年）

年	女性殺害者数（人）	割合（人）*	
2000	3743	4.3	
2001	3851	4.3	
2002	3867	4.4	
2003	3937	4.4	
2004	3830	4.2	
2005	3884	4.2	
2006	4022	4.2	マリアダペニャ法制定
2007	3778	3.9	
2008	4029	4.1	
2009	4265	4.3	
2010	4477	4.4	
2011	4522	4.4	
2012	4729	4.6	
2013	4769	4.6	
2014	4836	4.6	
2015	4621	4.4	フェミニシーディオ法制定
2016	4645	4.5	
2017	4936	4.7	
2018	4519	4.3	
2019	3737	3.5	
2020	3999	3.7	
2021	3878	3.6	

＊女性100万人につき
出所：Atlas da Violencia 2016, IPEA e FBSP, Brasilia , 2016, 2016, 2019, 2021及び Anuário Brasileiro de Segurança Pública, Ano 16-2022, Fórum Brasileiro de Segurança Pública

表3-4　ブラジルにおける女性殺害者数（フェミシーディオ）とフェミニシーディオ

年	女性殺害者数（フェミシーディオ）	フェミニシーディオ
2017	4,558	1,046*
2018	4,353	1,225
2019	3,966	1,330
2020	3,999	1,354
2021	3,831	1,337
2022	3,930	1,410

＊マトグロッソ（MT）ロンドニア（RO）トカンチンス（TO）の
　3州の数値は不明のため、この数値には反映されていない。
出所：gl. Infográfico atualizado em 07/03/2023
　　　表3－3と数値が異なるのは出典の違いによる。

10万人当たり4.3人という割合である。このブラジルの割合は、女性殺害割合の高いエルサルバドル、ジャマイカ、ベネズエラ、ホンジュラス、グアテマラ、メキシコといったラテンアメリカ諸国よりは低いが、ボリビア、コロンビア、ウルグアイよりは高位の女性殺害の割合である（表3-5）。

　被害者が、たまたま女性であったという「フェミシーディオ（女性殺害者）」なのか、それとも女性ゆえに殺害された「フェミニシーディオ」なのかを判断するのは難しい。家庭という私的な空間で生起する事件であることが大半であるフェミニシーディオの場合、調査する側にもされる側にもそれぞれ事件を明確にすることを難しくする事情がある。しかも公表される数値には漏れがあり、絶対的な数値とはならない。これはブラジルのみではなく、諸外国の統計も同様である[14]。単なる女性殺害（フェミシーディオ）にしても「フェミニシーディオ」にしてもブラジルの女性殺害事件の発生件数は依然高いものである。こうした中で、ブラジル社会も対応を模索してきたが、男性から女性への暴力が消滅することはなかった。

　女性のためのマグナ・カルタと呼ばれた1988年の新憲法は、第226条第8項で家庭内暴力を抑制するシステムを設けると謳い、2003年に具体化させた。大統領府内に女性に対する暴力を抑止するための政策立案局「共和国大統領府女性政策局」（Secretaria de Política para as Mulheres da Presidência da República 以下SPM-PR）が開設された。SPM-PRは「女性電話相談局180番」（Central de Atendimento à Mulher - Disque 180 以下CAM）を2005年に設置し、無料の相談を国内のみならず、ポルトガル、スペイン、イタリアに滞在するブラジル人女性にも可能とした[15]。

　2006年には、家庭内暴力は逮捕刑罰の対象となる犯罪として扱われると

14　さらに、概念自体が国によって異なっているために比較そのものにも注意が必要である。この種の数値は参考程度、あるいは傾向として理解するのが現実的であろう。

15　無料相談電話が開設されてから2013年までの総相談件数は360万件で、2013年のみで53万2,711件を数えた。相談の半分以上（54%）が肉体への暴力、30%が精神的暴力、その他には性的虐待（1,151件）、幽閉（620件）、人身売買（340件）が報告された。Portal Brasil-Ligue180 - Central de Atendimento à Mulher〈http://www.brasil.gov.br/cidadania-e-justiça/2014/06〉（最終閲覧日2023年4月30日）

表3-5 国別女性殺害率（2023年）

順位	国名	割合(人)*	順位	国名	割合(人)*	順位	国名	割合(人)*
1	エルサルバドル	13.8		ニカラグア	2.1	44	エジプト	0.6
2	アンチグア・バーブーダ	11.2	32	ウクライナ	1.9		イラン	0.6
3	ジャマイカ	10.9		トンガ	1.9		韓国	0.6
4	ベネズエラ	10.7	33	パラグアイ	1.8		チェコ	0.6
5	中央アフリカ	10.6		パナマ	1.8		イスラエル	0.6
6	南アフリカ	9.1		モルドバ	1.8		セルビア	0.6
7	ホンジュラス	7.8		マルタ	1.8		ブータン	0.6
8	グアテマラ	7.6	34	ケニア	1.7		モンテネグロ	0.6
9	セントビンセント・グレナディーン	7.4		アルゼンチン	1.7		アイスランド	0.6
10	ギアナ	5.9		ベラルーシ	1.7	45	スペイン	0.5
11	メキシコ	5.8	35	ペルー	1.6		ギリシャ	0.5
	ベリーズ	5.8	36	ベルギー	1.4		ニュージーランド	0.5
12	スリナム	5.7		ハンガリー	1.4		ボスニアヘルツェゴビナ	0.5
13	セーシェル	5.4	37	アゼルバイジャン	1.3		スロヴェニア	0.5
14	キルギス	4.9	38	タイ	1.2	46	イタリア	0.4
15	**ブラジル**	**4.3**	39	アルバニア	1.1		アルジェリア	0.4
	ボリビア	4.3	40	チリ	1.0		ポーランド	0.4
	セントルシア	4.3		ハイチ	1.0		モロッコ	0.4
16	コロンビア	4.2		オーストリア	1.0		オランダ	0.4
	トリニダード・トバゴ	4.2		ブルガリア	1.0		タジキスタン	0.4
17	ロシア	4.1		フィンランド	1.0		アラブ首長国連邦	0.4
	ラトビア	4.1		キプロス	1.0		香港	0.4
	キュラソー	4.1	41	トルコ	0.9		アイルランド	0.4
18	ウガンダ	4.0		ドイツ	0.9		クロアチア	0.4
19	リトアニア	3.6		カナダ	0.9	47	日本	0.3
	グレナダ	3.6		カメルーン	0.9		サウディアラビア	0.3
20	ジンバブエ	3.5		スリランカ	0.9		シンガポール	0.3
21	イラク	3.3		ポルトガル	0.9		ノルウェー	0.3
22	ウルグアイ	3.2		スロバキア	0.9		カタール	0.3
	プエルトリコ	3.2		ジョージア	0.9	48	パレスチナ国	0.1
23	バハマ	3.1		北マケドニア	0.9		オマーン	0.1
24	ドミニカ	2.9	42	アフガニスタン	0.8	49	サントメプリンシペ	0
25	モンゴル	2.8		ルーマニア	0.8		アルバ	0
	フィジー	2.8	43	英国	0.7		アンドラ	0
26	インド	2.7		フランス	0.7		ドミニカ	0
	バルバドス	2.7		ミャンマー	0.7		ケイマン諸島	0
27	タンザニア	2.6		オーストリア	0.7		バミューダ諸島	0
28	カザフスタン	2.4		ヨルダン	0.7		セントクリストファー・ネイビス	0
	エクアドル	2.4		スウェーデン	0.7		タークス・カイコス諸島	0
29	フィリピン	2.3		スイス	0.7		リヒテンシュタイン	0
	ブルンジ	2.3		デンマーク	0.7		モナコ	0
	コスタリカ	2.3		クウェート	0.7		サンマリノ	0
30	米国	2.2		アルメニア	0.7		英領ヴァージン諸島	0
	モーリシャス	2.2		エストニア	0.7			
31	キューバ	2.1		ルクセンブルグ	0.7			

＊女性10万人につき殺害された女性数
　国名は通称を用いている。
　情報のある国133カ国のみ列挙した。

出所：https://worldpopulationreview.com/country-ranking/femicide-rate-by-country

する連邦法Lei no. 11.340, de 7 de agosto de 2006（通称Lei Maria da Penha 以下マリアダペニャ法）が制定された。このマリアダペニャ法の制定は、DV 被害者が家庭内の暴力に対し新たな認識をする契機となり、上記のCAMへの相談件数の増大につながった。マリアダペニャ法制定のきっかけは、セアラー州で経済学者の夫に薬理学者の妻マリア・ダ・ペニャ（Maria da Penha Fernandes）が殺害されそうになったことである。二度にわたって夫に殺害されそうになったマリア・ダ・ペニャは女性に対する暴力撲滅運動を展開し、この彼女の尽力を称えてマリアダペニャ法と命名された。NGOの「国際的権利と正義のためのセンター（Centro pela Justiça e Direito Internacional：CEJIL）」と「女性の権利と保護のラテンアメリカ・カリブ委員会（Comitê Latino-Americano de Defesa dos Direitos da Mulher：CLADEM）」からマリア・ダ・ペニャのDV事件の告発を受けた米州機構人権委員会が、1999年にブラジルの関係機関に事件解決に相応しい立法を制定するよう勧告した。この結果、ブラジル政府は、2006年に全48条からなるマリアダペニャ法を制定した。

マリアダペニャ法は、スペイン、チリのDV防止法に続く世界的に優れたDV防止法という評価を国連から受けた。ブラジル政府は翌2007年には、「女性に対する暴力に終止符を打つために男性を動員する日」（Dia Nacional de Mobilização dos Homens pelo Fim da Violência contra Mulheres）を定めて、男性にも女性に対する暴力を認識するよう働きかけ、DVの克服を国全体の問題として考える機会を設けるまでになった。

さらに2015年には、ブラジル初の女性大統領の治世下でフェミニシーディオ法と称される女性殺害に関する新たな立法（Lei no. 13.104, de 9 de março de 2015）が制定された。凶悪犯罪を規定した1990年の法令第8072号第1条を改正し、フェミニシーディオを一連の凶悪犯罪に連なる罪に加えた。「これら2つの規範はジェンダー暴力とマチスモというブラジル社会に根付いてきた問題から女性を守り、保護するのに役立つ」と、ジェツーリオ・ヴァルガス財団（FGV）の研究員F・プラタス（Fernanda Pratas）は両法の制定を評価している[16]。

16 https://www.uol.com.br/universa/noticias/redacao/2022/08/28/o-que-e-feminicidio-e-qual-e-a-punicao-para-esse-crime.htm?（最終閲覧日2023年4月25日）

女性殺害の地方差

　ブラジルの女性殺害の発生には地方差がある。2017年のブラジルの女性殺害総数は4,936人で、一日に13人以上の女性が殺害されていることになる。しかし、殺害事件数は、人口が多い地方や州では高くなり、人口が少ない地方や州では低くなる。そこで、発生件数と人口数とを相関させると、地方や州の実態がみえてくる。

表3-6　州別女性殺害数（2017年）

順位	州名	殺害者数（人）	割合（人）	2016－2017年 比較（%）
1	ロライマ	27	10.6	6.2
2	アクレ	34	8.3	45.5
	リオグランデドノルテ	148	8.3	46.6
3	セアラ	374	8.1	70.4
4	ゴイアス	256	7.6	6.2
5	エスピリトサント	151	7.5	43.6
	パラ	311	7.5	4.5
6	ロンドニア	62	7.0	13.6
7	アマパ	27	6.8	55.7
8	セルジッペ	77	6.6	27.0
9	アラゴアス	111	6.4	9.2
10	バイア	487	6.3	9.8
	ペルナンブコ	310	6.3	9.2
11	アマゾナス	115	5.7	-2.4
12	マトグロッソ	92	5.6	-12.6
13	リオグランデドスル	302	5.2	-2.3
14	トカンチンス	38	5.0	-16.6
	ブラジル	**4936**	**4.7**	**5.4**
15	リオデジャネイロ	401	4.7	-6.8
16	マトグロッソドスル	61	4.5	-24.6
17	パラナ	247	4.3	3.0
18	パライバ	88	4.2	-18.3
19	ミナスジェライス	388	3.7	2.9
20	マラニャン	127	3.6	-20.7
21	ピアウイ	52	3.2	3.6
22	サンタカタリナ	109	3.1	0.6
23	連邦区	46	2.9	-29.7
24	サンパウロ	495	2.2	-3.1

出所：Atlas da Violência 2019, IPEA, Brasília, pp. 41 e 44.

　2017年のブラジルの女性殺害総数4,936人を女性人口10万人の割合でみてみると、ブラジルの女性殺害指数は4.7人となる（表3-6）。この言わばブラジルの平均値を上回る州は17州に及ぶ。これら17州には、北部地方を構成する7州すべて、9州からなる北東部の6州、3州と1連邦区からなる中西部の2州、4州からなる南東部と3州からなる南部地方のそれぞれ1州ずつと、全地方が含まれてはいるが、北部と北東部の州が多数を占める。これらの2地方がブラジルで女性殺害の割合が高い地方ということになる。反対に平均指数を下回る女性被害の指数がみられるのは、南東部地方の3州、南部地方の2州、北東部の3州、中西部の1州と1連邦区ということになり、北部のいずれの州もこの平均指数以下のグループには入ってはいない。北東部でも被害件数の割合が比較的低い州がみられはするが、南の南東部・南部諸州での女性殺害の割合がより低い傾向にあるといえる。

　これら諸地方では経済状況の違いがみられる。2021年の統計によれば、貧困ラインの月額R\$497.00（≒US\$89.00）以下で生活する人口が、ブラジル全人口の29.6％で、6,290万人を数える。このブラジル全体の貧困率を上回る州は、いずれも北東部と北部の全16州である（表3-7）。反対に貧困人口

表3-7　州別貧困率（2021年）

順位	州名	貧困率（%）	順位	州名	貧困率（%）
1	マラニャン	57.9	12	トカンチンス	33.5
2	アマゾナス	51.4	13	ロンドニア	31.6
3	アラゴアス	50.3		**ブラジル**	**29.6**
	ペルナンブコ	50.3	14	エスピリトサント	27.6
4	セルジッペ	48.1	15	ミナスジェライス	25.2
5	バイア	47.3	16	リオデジャネイロ	22.8
6	パライバ	47.1	17	ゴイアス	22.5
7	パラ	46.8	18	マトグロッソドスル	20.9
	アマパ	46.8	19	マトグロッソ	20.2
8	ロライマ	46.1	20	サンパウロ	17.8
9	セアラ	45.8	21	パラナ	17.6
	ピアウイ	45.8	22	連邦区	15.7
10	アクレ	45.5	23	リオグランデドスル	13.5
11	リオグランデドノルテ	42.8	24	サンタカタリナ	10.1

※貧困ライン：月所得R＄497.00
出所：Lista de Unidades Fedrativas do Brasil por taxa de pobreza

の割合がブラジル全体の割合を下回る州は、南東部、中西部、南部のすべて
の10州と1連邦地区である。要するに貧しい北（北東部、北部）と豊かな南（南
東部、南部、中西部）という線引きが可能である（コラム3-2「北東部及び北部
の貧困の歴史的背景」参照）。これに女性殺害指数一覧と重ねてみると、貧し
い地域で女性殺害がより多発していることがわかる。

　植民地時代以来の社会システムである家父長制が続くブラジルで、社会的
弱者である女性が貧困という経済的不平等によってより抑圧された社会状況
に置かれ、DVの被害者になっているのである。不平等な所得分配やジェン
ダー不平等の改善が叫ばれる今日のブラジルで、女性殺害事件の改善にもつ
ながっていくことが期待される。

第 **4** 章

グローバル化と
人の移動

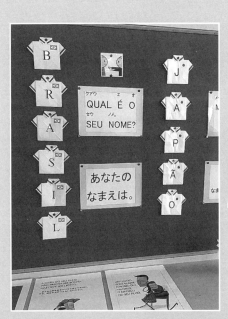

第1節 ブラジル人のディアスポラ

ブラジル人ディアスポラの現在

「ディアスポラ」という言葉をご存知だろうか。あまり聞きなれない言葉かもしれない。ディアスポラは「撒き散らされたもの」という意味のギリシャ語に由来する言葉で、もともと、国を追われたユダヤ人が拡散し世界各地に集住した状態を指す。現在では、祖国を離れさまざまな国に移住する集団やそうした現象を指す言葉として広く使用されている。ここでは、ブラジル人のディアスポラについて取り上げる。

ブラジルは経済新興国BRICS（ブラジル、ロシア、インド、中国、南アフリカ）の一員ともてはやされ、2014年のワールドカップ、2016年のオリンピックの開催国として先進国の仲間入りを果たしたかにみえるが、1980年代から90年代前半にかけて経済が混乱しており、外国からの借款返済を一時中断するなどした歴史がある。国内では中間層の手持ち資産が瞬く間に目減りし、この時期多くのブラジル人が海外に流出した。ブラジル外務省の発表によると、2021年時点で最も多くブラジル人が居住しているのは米国で、190万人以上に上るとされる（表4-1）。次いで言葉の通じるポルトガル、ブラジル隣国のパラグアイ、続いてイギリス、日本となっている。国別にすると分散してしまうが、ヨーロッパには表中の7カ国を含めて136万人以上が居住しており、海外在住ブラジル人の総数は440万人に及ぶと推定されている。在外ブラジル人には不法滞在者も多いことから、各国のブラジル領事館で正確な数を把握するのは難しい[1]。不法滞在者は強制退去のおそれがあり、在留国の国勢調査に参加したり領事館などに出向いたりしないためである。なお、日本の数値は、日本の出入国在留管理庁が出しているデータをそのまま

---

1 2005年の時点では、半数以上が不法滞在とされていた。特に、ブラジルに隣接する南米諸国の国境付近に集中している（Firmeza 2007: 21）。

表4–1　在外ブラジル人上位12カ国推定
　　　　人口（2021年現在）

国名	地域	人口
アメリカ合衆国	北米	1,905,000
ポルトガル	欧州	275,000
パラグアイ	南米	245,850
イギリス	欧州	220,000
日本	アジア	206,259
スペイン	欧州	163,652
イタリア	欧州	162,000
ドイツ	欧州	138,955
カナダ	北米	122,400
アルゼンチン	南米	90,203
フランス	欧州	90,000
仏領ギアナ	南米	82,500
スイス	欧州	77,000

出所：ブラジル外務省（2022）より筆者作成

引用しているため、おおむね正確な
ものとされている。

　ブラジルは、1980年代の景気後
退を契機に出移民の数が入移民の数
を上回り、移民送出国となった[2]。
2015年の海外在住ブラジル人からの
送金額は24億6,000万ドルに達して
いる。新型コロナ感染拡大前の2019
年4月から2020年4月までのデータ
では、30億9,800万米ドルとなって
いる。2019年にブラジル人からブラ
ジルへの送金が最も多かった国は、
米国（14億6,000万米ドル）、英国（4
億4,400万米ドル）、ポルトガル（2億4,300万米ドル）、スペイン（1億900万米ド
ル）、スイス（1億600万米ドル）、日本（1億300万米ドル）であり、ブラジル
国内や政府にとり、在外ブラジル人の存在感は大きくなっていった（Escudelo
2023）。

　在外ブラジル人に関する研究の嚆矢
は、ニューヨーク在住ブラジル人に
関するものである（Margolis 1991）[3]。
ニューヨーク中心部にあり、ブラジル
レストランやブラジル人向けのショッ
プが軒を連ねる"Little Brazil"通りを
歩くと（写真参照）、多民族都市におい
てブラジル人が一定の存在感を示しな
がら生活していることがわかる。その

Little Brazilと表されたニューヨーク5番街と7
番街の間にある46st（2015年6月　拝野撮影）

2　1980年から1990年にかけて、ブラジルに入国する外国人とブラジルを出国するブラ
　ジル人の差は180万人となった。1990年から2000年も引き続き55万人程度出国者が上
　回った（Firmeza 2007: 188）。

ほかの国々の現状についても、1990年代には一定の研究成果が出ている（Reis 1999など）。

ブラジル政府の対応―Brasileiros no Mundo

　ブラジル外務省は、あまり積極的に在外ブラジル人のための施策を行ってこなかった。経済的な理由による国民の海外流出は政府の無策を象徴するものであるとの考えから、在外ブラジル人の存在を公認することははばかられたようだ。国内の諸問題を解決することが先決で、在外ブラジル人にまで手が回らなかったという事情もある（イシ 2015: 123）。それでも、1995年には政府関係者が日本や米国のコミュニティを視察したり、在留国内の移動領事館の設置などが行われたりするようになった（Firmeza 2007: 210）。なお、在外ブラジル人には、ブラジル国民として直接選挙の義務も課せられており、投票できない場合は正当な理由を申し立てなければならない。また、子どもの教育に関して、2005年に在サンフランシスコ・ブラジル総領事館が試験的にバイリンガル教育に関するセミナーを主催するなど、移住者本人だけでなく第二世代に向けた政策も行われるようになった（コラム4-1「『継承ポルトガル語』教育」参照）。そして、国民の海外移住が急増した1980年代から20年以上を経た2008年、"Brasileiros no Mundo"（世界に住むブラジル人）と名付けられた会議がブラジル外務省で開催された。ここにきてブラジル政府は在外ブラジル人の存在を公的に認め本格的な政策を策定するに至る[4]。大陸別に在外ブラジル人の代表者が選出され、政府主導

3　Margolisはここから20年余りの時を経てその対象を在外ブラジル人に広げ、再び世に問うた（Margolis 2013a）。ここでは在留国別の比較だけでなく、在米ブラジル人についてはおよそ30年に及ぶ経年的な考察がなされており、きわめて興味深い。当初は第一世代が中心であった調査対象が第二世代や帰国者にも及んでおり、5大陸に広がる在外ブラジル人を共時的に比較する視点と、通時的な定点観察で世代間を比較する視点を重層的に組み合わせて考察することで、30年以上にわたるブラジル人ディアスポラの全体像の把握を試みた。ポルトガル語版も同年に出版されている（Margolis 2013b）。

4　在外ブラジル人政策の推進を後押ししたのは、2005年7月にロンドンで不法に滞在、就労していたブラジル人青年が同時多発テロの容疑者に間違えられてイギリスの警察に射殺された事件である（Firmeza 2007: 205）。彼は強制送還を恐れて警察から逃げただけであった（ヤマグチ 2012: 1）。

で会議が開かれるようになった。情報交換のほか各地のブラジル人コミュニティが抱える課題を提示したり、政府への要望などを直接伝えたりするパイプができた（詳細についてはイシ 2015: 122 を参照）。

こうした具体的な政策のほか、2017年の新移民法（Lei no. 13.445）では在外ブラジル人の条項が加えられてその人権保護がうたわれ、10年に一度ブラジル地理統計院（IBGE）によって実施される全国人口統計調査でも2010年に在外ブラジル人に関する項目が付加された。

ブラジルと在留国（移住先の国）の政府間で解決しなければならない事柄も多く、政府間交渉も行われている。ブラジルと日本の二国間に限ってみてみると、社会保障協定（年金の二重払いを防ぐための調整）、教育関連の連携（ブラジル教育省が認可する日本にあるブラジル人学校高校卒業者は、日本の大学を受験できるなど）、受刑者移送条約などが実現している。

誰がなぜ、どのようにして移住するのか

1980年代当初の出国者は中間層で専門職が多かった。いずれの国に向かうブラジル人もその多くは高校を卒業しており、在日ブラジル人についてはその30％が大卒であるとのデータが示されている（Margolis 2013a: 45）。すでにブラジルでも広く認知されている、日本で働くブラジル人を表す「デカセギ」という言葉は、日本の都市部で非熟練労働を担う地方出身者の季節労働者やそうした行為を指す「出稼ぎ」からきている[5]。「デカセギ」である在日ブラジル人に限らず、蓄財を目指して海外移住したブラジル人はブラジルで形成したキャリアとは異なる職種に就かざるをえない。渡航先での永住を入国当初から決意して移住しているわけではなく、目標額を稼いだら数年でブラジルに帰国しようと思っていた点も共通している。年を経るにしたがって新規移住者の裾野は広がり、彼らのもつ社会文化的背景が多様になっている点も各国に共通してみられる。

一方で、入国経緯や在留国における法的地位、移民に関連する在留国側の

5　かつてブラジルに渡った日本移民も「出稼ぎ」と認識されていた。「出稼ぎ」の子孫が日本に向けての「デカセギ」となる経緯については三田（2009）を参照のこと。

諸制度は異なっており、そうした相違は彼らの生活に大きく影響している。例えば、在日ブラジル人のほとんどは日系一世から三世とその配偶者・被扶養者という限りにおいて合法的に滞日しており、一度日本から出国しても再入国を拒まれる可能性はきわめて低いことから、両国間の頻繁な往来が可能となる。一方、コヨーテ（不法な移民斡旋業者）に多額の費用を渡してメキシコとの国境を越え米国に入国したブラジル人などの場合、強制送還の危険と隣り合わせの生活を強いられ、一時帰国すらままならない[6]。

　ブラジルは1500年に「発見」されて以来、アフリカからの奴隷をはじめヨーロッパやアジアから多くの移民を受け入れてきた。ブラジル人による現在の海外移住は、こうした移民の歴史が大きく関係している。日系ブラジル人は日本を目指すし、イタリア系、スペイン系、あるいはポルトガル人を祖先にもつブラジル人は、欧州を目指す。祖父母等の出身国でまずはEUの市民権を取得し、そこを足がかりにしてイギリスなどより賃金水準の高いヨーロッパ諸国で合法的に就労したり、EU市民権を得て「南米出身者」であることを不可視にして、最終的には渡米を目指したりする者もいる。在日ブラジル人の中には、日本で就労した後にヨーロッパやオーストラリアに移住する者もいるなど、二国間の往還だけでなく、第3、第4の国への移動も行われている（ヤマグチ 2012）。

　彼らはなぜブラジルを後にするのか。

　前述した1980年代に始まるブラジルの経済的な後退と90年代初期のコロル元大統領の弾劾裁判に象徴される政治腐敗を前に、中間層が自分たちの生活や国の先行きに失望したこと、そして専門職の雇用機会の慢性的な不足が送出国のプッシュ要因である。受入国がもつプル要因としては、シックであ

6　当初の海外移住者はどのように各国に到着したのであろうか。米国の場合、当初は観光ビザで入国しそのまま滞在超過で在留していたが、2001年9月11日以降、以前にも増して観光ビザの発給が制限され、昨今ではメキシコ国境越えが多くなっている。入国者の社会階層の変化や米国政府の不法滞在者増加に対する懸念も無関係ではない。在ブラジル米国領事館はビザ用の写真2枚とパスポート写真のスーツがすべて同じであるとその人は貧困で不法滞在の率が高いと判断するので、ビザ取得には3着のスーツを用意せよ、というジョークもある（Margolis 2013a: 63）。

るとされる米国の生活スタイルや、バブル経済期の日本における非熟練労働者の不足や高い賃金水準などとされる[7]。

出身都市については、当初は在米ブラジル人の多くがミナスジェライス州を中心とする都市生活者であったが、最近では法定アマゾンを構成するゴイアス州、アクレ州やロンドニア州といったブラジル北部も主要な移民送出地域となってきている。

次に、いくつかの代表的な在外ブラジル人コミュニティについて概観する。

在外ブラジル人コミュニティ

米 国

在外ブラジル人数第1位でおよそ190万人のブラジル人が居住する米国では、東海岸への移住が先行していたが、現在はフロリダや西海岸にも広がっている。先述したニューヨークのほか、ボストン居住者についても多くの研究が蓄積されている（Jouët-Pastré and Braga 2008, Martes 2011, Sales 1999など）。ボストン及び近郊在住のブラジル人女性移住者に関して特筆すべきは、

ロサンゼルスからサンタモニカに向かう幹線道路沿いにある、ブラジル人向けのショップが数店入るモール
（2020年1月　拝野撮影）

その多くがハウスクリーニングに従事している点である。女性たちはブラジル帰国の際に自分が働いている家の仕事を後任者に引き継ぐが、その際、後任者から手数料（紹介料）を徴収する。実際の雇用者である家主の関知していないところで被雇用者間のインフォーマルなビジネスが成立している点が興味深い（DeBiaggi 2001）。

滞在超過やビザ無しによる不法滞在者（undocumented）はブラジルへの一時帰国が難しく、強制送還のおそれもあり実生活に影響が出ていることは、先述のとおりで

7　本稿では直接触れないが、自らの意志で移住したのではなく、人身売買などで強制労働（売春も含む）を強いられているブラジル人もいる（Firmeza 2007: 202）。

ある。ブラジル人であることを隠すためにポルトガル語の使用を控えるなど、第二世代の継承語教育やアイデンティティ形成にも影響が出ている（拝野 2009）。不法滞在者にとっては正規の滞在許可を得ることが最大の関心事である。同じラテンアメリカ諸国出身でもラティーノではないと自称する一方で他者からはラティーノとして扱われたり、ブラジルでは褐色の肌を指すモレノ（moreno）やパルド（pardo）であった者が米国では黒人とされたりするなど、人種やエスニック集団の線引きが変わることによる葛藤なども見受けられる。その一方で、「ポルトガル語圏出身者」という属性によって、セーフティーネットを得られるという特徴もある（コラム4-2「ポルトガル語圏の縮図 ボストン」参照）。ボストンに加えて、カリフォルニア州アーテジア（Artesia）などポルトガル人コミュニティがすでに形成されている都市では、ポルトガル語で生活を送ることができたり、子どもたちへのバイリンガル教育が行われていたりするため、多くのブラジル人が移住している（Margolis 2013a: 99-101）[8]。

欧 州

　欧州についてはポルトガル、イギリス、スペイン、イタリア、ドイツに居住者が多い。その属性についてはさまざまであるが、祖父母の出身国であれば比較的容易に市民権を取得できることが渡航目的地となる理由である。もちろん、EU域内の労働移動が可能であることも大きな魅力といえよう。特にポルトガル居住者は言語の障壁がないことから、専門職が多い。入国経緯について、女性との出会いを求めてブラジルにやって来る男性と知り合い、そのまま結婚してイタリアやスペインといった男性の出身国に渡航するという元売春婦のケースも報告されている（Margolis 2013a: 113）「セクシーでなおかつ家事をおろそかにしないブラジル人女性」というイメージは欧州で定着しており、結婚マーケットでは有利に働いているという報告もある

8　このような傾向は米国以外の都市でもみられる。一例として1970年代後半にオーストラリアに渡航し英語に困難を抱えていたブラジル人も、既存のポルトガル人コミュニティに依存していた事実が明かされている（Margolis 2013a: 134）。

(Piscitelli 2008)。他方、ブラジル南部出身者の70％を占めるドイツ系ブラジル人はドイツ国籍を取得して移住するので、ドイツ在住のブラジル人は合法的移民が多い（Margolis 2013a: 119）。また、不法滞在者は、ハウスクリーニング、ベビーシッター、レストランの仕事、工事現場等の仕事に就く者が多いという。

太平洋諸国

　この地域において圧倒的に移住数が多いのは日本である（在日ブラジル人については次節「日本におけるブラジル人」を参照）。日本をトランポリンにして、オーストラリアに移動した日系人の事例も報告されているが、オーストラリアに渡った日系人には「日本で置かれた境遇の反動が出る」という。「日本は『次に何がしたいのか』を決めてから渡る国である」との日系人の言葉が印象に残る（Margolis 2013a: 133）。西洋英語圏であるオーストラリアでは、その多文化主義政策によって専門を活かした仕事に就くことが可能となっているため、キャリア形成のための資金作りを目的にまずは日本で就労するということであろうか。

南米諸国

　南米各国に移住するブラジル人、特にパラグアイへの移住者は農業移民が多く、小農が主であった（Margolis 2013a: 140）。ブラジグアイオ（Brasiguaio）とはパラグアイに住む彼らの呼び名である。ブラジルで3ヘクタールの土地を売ったお金で、パラグアイで30ヘクタールの土地が買えるという。1975年の、ガイゼル大統領によるイタイプ発電所建設のための移住政策でもあった。ミナスジェライス州あるいは北東部出身者と、南部3州のイタリア系あるいはドイツ系移民で構成されている在パラグアイブラジル人35万人のうち、6万人は今でも「土地なし」といわれている。1985年には、ブラジルの「土地なし農民運動」（第3章第3節を参照）に刺激されて帰国者が増加した。土地を得られず小作人となった者の中には、パラグアイとブラジルの国境付近を行ったり来たりする者や、無国籍となった第二世代もいる。一方、パラグアイの主要産業を支える成功者も現れ始めた。ブラジル人コミュニティのもつ力が強くなり、ブ

ラジル文化への適応を迫られるパラグアイ人もいるという。ブラジル人地主の不法な土地占拠により、地域住民と必ずしも友好的な関係にあるわけではないとの指摘もある。イタリア系あるいはドイツ系ブラジル人（白人）とパラグアイ・グアラニー族との関係は、西洋対先住民、あるいは階層による争い、ナショナリズムによる争いなど複雑な様相を呈している。大量生産のための農薬使用による土壌汚染も深刻化している。政策面では、南米南部共同市場メルコスル（Mercosul）内の学歴の互換性なども実現し、ブラジル国籍者とパラグアイ国籍者は同等の権利を有しているという。

　ブラジル人農業移民の活躍は、パラグアイに留まらない。ウルグアイの米の生産の50％を、アルゼンチンでは25％をブラジル人が担っている。

　ボリビアにいるブラジル人はブラジヴィアノ（Brasiviano）と呼ばれる。ボリビアや仏領ギアナはゴム採集者セリンゲイロ（seringueiro）が、スリナムやガイアナには金の採掘者ガリンペイロ（garimpeiro）が渡航し、ブラズエラノ（Brazuelano）と呼ばれるベネズエラ在住ブラジル人は金やダイヤの採掘を目的に滞在している。

●トランスナショナル・コミュニティ―ゴヴェルナドルヴァラダレス市

　在米ブラジル人の主要な出身地であるミナスジェライス州ゴヴェルナドルヴァラダレス市（以下、GV市）及びその周辺都市においては、米国移住が日常化している。GV市近郊のある小都市では3,200人の住民のうち1,000人が海外に移住しており、送金額は市の一会計年度の予算額を上回るとの報告もある。GV市から1時間もかからない別の都市では総人口1万2,000人の3分の1が米国在住という。その多くは若い男性であることから、地元の農園で労働力が不足しているだけでなく、適齢期の女性の結婚相手も不足しているという（Margolis 2013a: 152）。

　米国移住の発端は、雲母の採掘を目的にヴァレ・ド・リオ・ドセ（Vale do Rio Doce）を訪れた1950年代の米国人とのつながりにある。米国移住のサクセスストーリーが住民に知れ渡っており、GV市民はサンパウロよりも米国の方が心理的に近いほどである（Margolis 2013a: 154-155）。

　ここで特筆すべきは、二つ以上の社会に政治や経済、文化的な足場を同時
に置きながら生きることを意味するトランスナショナルな生活形態である。
GV市と米国双方で同時発行している新聞の発行部数は4万部に上り、GV市
の葬儀や親戚の出産の様子などは、インターネット経由で海外でも視聴でき
る。1年のうちの8カ月を米国で、4カ月をGV市で暮らす生活を長年にわたっ
て続けている人もいる。GV市の子ども達が米国移住を夢見て勉強に身が入
らないことに危機感を覚えた学校が、注意喚起の手紙を配布したこともある。
2008年秋のリーマンショック時には、住宅ローンの返済に困った米国在住
の家族や親戚にGV市に残る家族が送金するなど、GV市からの送金は20％
アップしたそうである。移住者から故郷への送金ではなく、故郷から移住者
への送金である。ここにみられるのは、先進国での労働対価を後発国に残し
た家族に送金するという従来の常識とはまったく異なる現実である（Margolis
2013a: 163-164）。

　GV市における調査をもとに、在外ブラジル人について次のような類型化
が試みられている。①ブラジルには親戚訪問をするのみで投資先としては考
えておらず、在留国での生活を重視する。②ブラジルで投資に失敗し、再移
住する。ヨーヨーマイグレーション（往来を繰り返す）。③ブラジルに帰国、
投資して成功する。④両国に足場を置くトランスマイグレーションで、両国
に完全に統合されている。国家間のボーダーを超えた生活世界をもつが、こ
のような生活はグリーンカード（米国労働許可証）取得者か市民権を得た者
のみが選択できる。特に④に関しては両国で合法的滞在資格をもつブラジル
人であれば誰もが選択できる可能性があるため、二国間の物理的な距離はあ
るものの、在日ブラジル人の中にも存在しているであろう。グローバルに人
が移動する現代において、一般化しつつあるライフスタイルである。GV市
市役所には、米国をはじめとする海外に移住した同市出身者の居住地を探し
たり、送金や同市への投資を支援したり、同市に残された家族を心理的にサ
ポートしたりするプログラムがある（Programa Emigrante Cidadão 公式サイ
ト）。

エスニックな絆を結ぶもの──宗教やエスニック・コミュニティ

　移住者であるブラジル人の生活や心の安定に寄与しているのが、宗教である。米国においても日本においても、プロテスタント教会は単に宗教的儀式の場としてだけでなく、仕事の斡旋など、移住者の生活を支える重要な役割を果たしている。これらの教会に所属して生活基盤を整えた後に、オーソドックスな教会に宗旨替えする場合もある。プロテスタントは労働に励み儲けることを奨励するため、移民の生活方針や生活様式を肯定する。カトリックはローカルなヒエラルキーにより自由に教会を作ることができないが、プロテスタントは信者の寄付によって教会を次々に作ることが可能で、移民の心をつかめば勢力の拡大が比較的容易であるため、「トランスナショナルな移民には理想的な宗教」とされる。

　ブラジル人コミュニティについては、米国、オーストラリアをはじめ、いたるところでその団結のなさが指摘されている。その理由として、陰口や同国人に対する不信感、エゴイズムなどが挙げられる。ある研究者からの質問に「私はブラジル人でした」と過去形で答える在米ブラジル人がいるという。ブラジル人であることを周囲に知られたくない者も多い。「他のブラジル人は」と言及する際は、自分が属する「良いブラジル人」と自分以外の「悪いブラジル人」を区別しているのだが、それは往々にして初期に移住した者と最近になって移住してきた者との社会階層の違いに起因しているという。日本では、所得や日本語力の違いを基準に自分と他のブラジル人との距離を決める者がいる。「自分の職場にはブラジル人がほとんどいないから神に感謝している」と話す日系人の事例も報告されている。その他、もともとブラジルに存在する出身地による差別もある。団結しないという指摘がある一方で、エスニシティや言語（ポルトガル語）を結節点にした相互扶助組織の活動が定着している地域も多い（Carpenedo and Nardi 2013）。これらの組織は、在留国の政治、社会、雇用状況などによるニーズから発展しており、発言権を増したこれらの組織がブラジル政府の在外ブラジル人政策に影響を与えている（Meireles 2017a, 2017b）。

● アイデンティティの多様な選択

　移住者は在留国においてブラジル人であることをどのように位置づけているのだろうか。彼らは在留国で自身のブラジル人性を再認識した点で共通しているが、在日ブラジル人については、日系人の両国における周縁的エスニシティに特徴がある。「ブラジルではジャポネス（japonês 日本人）と呼ばれ、日本ではブラジル人と呼ばれる」ことによる葛藤については、多く指摘されるところである（例えば、Linger 2001）。他にも、ポルトガル在住ブラジル人の中にはポルトガル人に同化しないよう努めるといった報告などもある。在米ブラジル人の帰属に関しては先に指摘したとおり、ラティーノと一線を画す人（白人に同化＝ホスト社会の主流層に同化）、ラティーノの一員になる人（＝ホスト社会のマイノリティとして生きる）などの事例がある（Margolis 2013a: 202）。

　ブラジルに帰国する人びとがいる一方で、それぞれの居住国に留まるブラジル人もいる。日本が、日本移民の子孫を「日系人」、つまりは「日本につながる人びと」としてその広がりを歓迎するのと同様、ブラジルも、世代を超えて各国に根付く「ブラジル系人」の広がりを誇り、ブラジルにつながる人びとの拡散（ディアスポラ）の歴史を肯定的に振り返る日が来るであろう。彼らはポルトガル語やブラジル文化を普及する役割を少なからず担い、ブラジルと居住国との橋渡しをする人びととなるであろうから。

⊂ラム④-①

「継承ポルトガル語」教育

　ブラジルは1980年代の長引く経済停滞により、入移民の国から出移民の国へと転換した。親に伴われて海外に移住した、あるいは海外で生まれ育った在外ブラジル人の子どもたちを対象とした教育について、日本では1990年代後半に母親たちによるポルトガル語教室の設立が始まり、これらの教室の多くはブラジル人学校に発展していった。1999年には、ブラジル教育省が在外ブラジル人学校としてこれらの学校をブラジルの正規の学校として審査・認可する制度が導入された。

　一方、米国やヨーロッパへのブラジル人の移住は、日本への移住が本格的になった1990年以前に始まっている。しかしながら、日本のようなブラジル人学校設立には至っていない。その理由として、在留国の学校における母語・継承語教育の充実、移住者自身の移住戦略の違い（帰国できない状況での滞在など）、主流言語とポルトガル語の言語的差異が小さいことなどが考えられる。このような状況の中、ここ数年、米国やヨーロッパでは急速に「継承ポルトガル語」（Português como Língua de Herança 以下、PLH）教育が注目されるようになった。その要因として、Moroni（2015）は以下の3点を挙げている。

　第一に、ブラジル政府による在外ブラジル人に対する政策の開始である。PLH教育については、在外ブラジル人向けの政策の一環として外務省が管轄している。2011年には、外国語としてのポルトガル語教育も含めたポルトガル語普及政策が定められ、PLHに関しては、各国のブラジル人コミュニティが主導するPLH教育活動を後援するためのパイロットケースとして、在サンフランシスコ・ブラジル総領事館によるPLH教師研修が実施された。2013年には在ボストン総領事館で同様の取り組みがなされた。第二に、在留国各地におけるPLH教室の相次ぐ設立である。先に挙げたブラジル政府による取り組みはあるが、PLH教育の普及に向けて中心的な役割を担っているのは、各国に住むブラジル人による草の根の教育実践である。米国や欧州の教室の多くは2010年以降に開設されている。第三に、SNSの発達と教師間の交流の機会の増加である。特に2004年以降のSNSの発達により、各国の教

室の情報を瞬時に共有することができるようになったことで、各国の教師は一人で悩み続けずカリキュラムや教育方針、教材等に関する相談ができ、即時にネットワーク成員よりアドバイスを受けられるようになった。オンラインでの情報交換に加えて、対面による交流も行われるようになった。ハーバード大学ラテンアメリカ研究センター（David Rockefeller Center for Latin American Studies）は、2013年４月に「ポルトガル語と世界のポルトガル語話者」（A Língua Portuguesa e seus Falantes no Mundo）という研究大会を実施し、そこでPLHのセッションを設けた。同年10月に、ELO EUROPEUという欧州のPLH教室連盟が第１回シンポジウムをロンドンで開催（以降、ヨーロッパ各国で隔年で開催）したほか、2014年にはニューヨークのPLH教育活動NPOであるBrasil em Mente（現在のPlurall by BeM）が在欧米の教育実践者を集めて第１回会議を行った。それぞれの会議に重複して参加した者も多く、対面の交流によって連帯感が深まり、SNSのグループ機能を通し、教室運営、教材選び、教員採用、受講者への告知方法などの情報が頻繁に交換されている。2020年以降のコロナ禍においても、オンラインを駆使してワークショップなどを続け、連携を保ってきた。国境を越えた教育実践も実施されるようになった。上記のネットワークに参加している日本のPLH教室によると、この教室の子どもたちは、世界各国でポルトガル語を学ぶ仲間の存在を知り得たことで、PLHを学ぶモチベーションが強化されているという。2021年には在外ブラジル公館の主導による「継承ポルトガル語オリンピック」がオンラインで開催され、各国に住むブラジル人の子どもたちが参加した（コラム4-4「在外公館とブラジル人コミュニティ―日本の事例―」を参照）。対面によって生成された教育実践者のネットワークが核となり、ブラジル政府を巻き込みながら、トランスナショナルなPLH教育コミュニティが構築されている。

　PLH教室の内容も、多様になってきた。その一例として、2019年に米国に住むアフロ・ブラジル人移民女性５名によって創設されたグループ「キロンバ」（Kilomba)のプログラムを挙げることができる。キロンバという名称は、逃亡奴隷村であるキロンボ（quilombo）に由来する。彼女らは「子どものためのプレトゥゲース-ポルトガル語学習を通して祖先のつながりを強める」（Pretuguês para crianças）というプログラムを開発した。「プレトゥゲース」

は黒人を表すpretoとportuguês（ポルトガル語）を掛け合わせたもので、「黒いお母さん」（第1章第2節を参照）の影響を受けているブラジルのポルトガル語の語彙やアフロ・ブラジル文化を在外ブラジル人の子どもたちに伝える目的で作られた。移住者であるブラジル人の親やその子どもたちが、ブラジルや南米におけるアフリカン・ディアスポラの継承者でもあることを伝えたいという。

　PLH教室は、単なる言語教育の場ではない。そこには、移住者によって再解釈され再創造される「ブラジル」がある。ブラジルルーツの新たな文化が生まれる場でもある。

コラム④-②

ポルトガル語圏の縮図　ボストン

　米国マサチューセッツ州ボストンには、多くのブラジル人が居住している。他地域と同様不法滞在者が多いが、相互扶助組織も複数あり活発に活動している。ボストンで興味深いのは、ポルトガル人やカボ・ヴェルジ人、そしてブラジル人がポルトガル語を共通言語として共生している点である。

　ボストンには、19世紀後半から捕鯨や漁に携わるポルトガル人が移民として居住し始めた。当時はまだポルトガルの植民地であったカボ・ヴェルジの住民を乗組員として伴うことも多かった。カボ・ヴェルジは現在も移民送出国で、米国も主要な移民先となっている。ボストンに隣接するケンブリッジ（Cambridge）にはポルトガル系のカトリック教会もあり、エスニック・ショップが軒を連ねている。レストランやパン屋はもちろんのこと、金物屋まであり、店の屋根には、ポルトガルの国旗のほか、アソレス諸島の旗も翻っている。この地域にはマサチューセッツ・ポルトガル語話者協会（Massachusetts Association of Portuguese Speakers 以下、MAPS）という民間の組織がある。MAPSでは、ポルトガル人、カボ・ヴェルジ人、ブラジル人、インドのゴア出身者などがスタッフとして働いている。法律相談や英語教室のほか、ポルトガル人高齢者向けのデイケア・サービスも行っている。

　ボストン中心部から電車で20分ほどのオールストン・ブライトン（Allston/Brighton）地区にはブラジル人が集住している。この地区にはブラジル人を対象とした生活支援のための相互扶助組織やエスニック・ショップがある。レストランやパン屋、引っ越し業者、不動産業者などがポルトガル語で看板を出している。ブラジル人女性を対象としたNPO（非営利団体）もあり、ここでも法律相談や、英語教室が実施されているほか、女性向けのハウスクリーニングに関する講習会も定期的に開催される。これは、ブラジル人女性の主要な仕事が家政婦であることによる。

　ボストン及び近郊に住むブラジル人にはミナスジェライス州ゴヴェルナドルヴァラダレス市（Governador Valadares　以下GV市）の出身者が多い。1960年以降この町からボストンへの移住が始まったが、1980年代、90年代にこの流れは加速し、今ではGV市すべての世帯の家族、親類、あるいは友

人に米国移住者、移住経験者、移住希望者がいるといわれている。ボストンへの移住者が多いのは、そのためだけではない。先に紹介したとおり、ポルトガル人やカボ・ヴェルジ人の移住者が多いことでポルトガル語生活圏がすでに確立していたことも、移住先としてボストンが選ばれる理由の一つである。

第2節 日本におけるブラジル人

● ブラジル人の来日経緯と滞日傾向

　日本がバブル景気で労働力が不足していた時期と重なる1990年の改定「出入国管理及び難民認定法」（以下、入管法）施行を契機に、日系人をはじめとするブラジル人が急増した。この入管法は、日系二世や三世とその配偶者及び被扶養者である四世までの合法的な滞日と就労を新たに定めたものである。海外で最大の日系人口をもつブラジルからも、多くの日系人とその家族が就労を目的に来日した。2022年6月現在、在日ブラジル人は20万8,081人となっている[1]。

　ブラジルでは1980年代から90年代前半にかけて経済が混乱していたこともあり（1993年のインフレ率は2,477％（堀坂 2012: 54））、ブラジル人が多数海外に流出した（本章第1節参照）。このような時期に日本の入管法改定が重なったことも、多くのブラジル人が来日した理由の一つである。その他、日系人にとっては自分の祖先の国である日本を見てみたい、その文化に触れたい、自分のルーツを探りたいといった、経済的理由とは異なる来日動機もあった。1990年代前半は単身で来日する者が多かったが、日本の生活に慣れて家族や親戚、友人をブラジルから呼び寄せたり、日本で家族を形成したりするようになっていった[2]。

　彼らの多くは、静岡県浜松市、愛知県豊田市、群馬県太田・大泉地区など自動車や電機産業をはじめとする企業城下町で暮らし始めた（表4-2）[3]。

1　ブラジルに渡った日本移民については、第1章第3節の「同化政策下の外国移民―日本移民の事例」を参照。
2　1990年代初期の彼らの生活については渡辺（1995）を参照のこと。
3　1990年代の群馬県太田・大泉地区については、小内・酒井（2001）及び小内（2003）に、静岡県に関しては池上（2001）に詳しい。太田・大泉地区、静岡県浜松市、愛知県豊橋市などを網羅した研究としては小内（2009a）を参照のこと。

表4-2　ブラジル人が多く居住する上位10県

(2022年6月末日現在)

順位	県名	人数	順位	県名	人数
1	愛知	60,014	6	滋賀	9,499
2	静岡	30,886	7	神奈川	8,951
3	三重	13,562	8	埼玉	7,159
4	群馬	12,912	9	茨城	5,994
5	岐阜	11,821	10	福井	5,226

出所：出入国在留管理庁公式サイトのデータより筆者作成。

図4-1　在日ブラジル人男女別年齢別人口

(2022年6月末日現在)

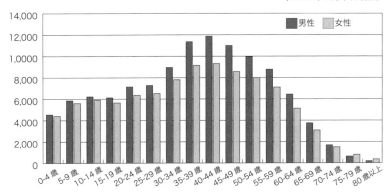

出所：出入国在留管理庁公式サイトのデータより筆者作成。

　一定期間日本で就労し、近い将来ブラジルに帰国する予定であった彼らは、「デカセギ」と称されるようになった。「デカセギ」は日本で働くブラジル人という意味をもつ"decasségui, decassêgui"としてブラジルでも外来語として認知され、2001年にブラジルで発行された*Houaiss*という辞書にも掲載されている。

　在日ブラジル人の現在の年齢構成をみてみると、就労目的の滞在者が多いこともあり、20代から40代の男性が多くなっている。それに加え、7歳から18歳という就学年齢に相当する人口の割合も全体の14%を占めており、若い世帯が多いことがわかる（図4-1）。

　2007年末には31万人を超えていたブラジル人であるが、2008年秋のリーマンショックによる雇用状況の悪化に加え、2011年3月の東日本大震災や原発事故もあり、およそ14万人減少した。新興経済国BRICSの一角をなすブラジルでは、リーマンショックの影響が日本ほど長引かず雇用が増加していたことも、彼らの帰国を促す一因となっていた。半減するかにみえたブラジル人数はしかし、下げ止まった。2016年以降は毎年およそ1万人ずつ増え、2022年6月現在の在日ブラジル人人口は20万人を超えている。コロナ禍の影響はみられるものの、増加傾向は続いている。日本がリーマンショックからようやく立ち直り始めたことに加えて、ブラジルの経済不況や政治的混乱が彼らの出国に影響していると考えられる[4]。

　一方で、永住ビザを取得するブラジル人は年々増加しており、その数は全体の5割を超えている（11万3,521人）。日本の学校に通い始めた子どもの教育への配慮や、親戚の多くがすでに日本に居住していることなどから日本定住を選択する人も多い。2015年には、「我々はもはやデカセギではない」とする、在日ブラジル人自らによる宣言がなされた（コラム4-3『横浜宣言』参照）。

　在日ブラジル人の日本における滞在と就労はほとんどの場合合法的で、「日本人の配偶者等」（日系二世など）あるいは「定住者」（日系三世など）というビザで入国している。非日系人の場合、配偶者が日系人であることでこれらのビザの取得が可能となっているため、日本への移住を契機に家庭内のパワーバランスが変化する場合がある（ヤマグチ2021）[5]。合法的であるがゆえに出入国も比較的手軽であることから、両国を行ったり来たりする人も多い。定住傾向が高まっている一方で、生涯にわたって日本で生活するというよりは、日本で不動産取得を可能にしたり、出入国手続きを簡素化したりするために永住資格を取る人が多いという現実もある[6]。

4　この傾向はブラジルの新聞でも報道されている（例えば、Alves 2016a）。
5　日本では非日系人である配偶者は査証の更新の時に日系人配偶者が同伴する必要があったり、離婚した場合に査証の更新が難しくなったりする。非日系人は配偶者以外には日本で頼れる家族も少ないため、日系人配偶者への依存度が強くなる傾向にある（ヤマグチ 2021）。
6　彼らのトランスナショナルな生活については三田（2011）を参照のこと。

🔵 労働と生活

　彼らは日本でどのような生活を送ってきているのだろうか。現在では分散傾向がみられるものの、就労目的の来日であったため、彼らの多くは工業地帯が広がる地方都市に集住している（大久保 2005）。これらの都市は自動車や家電などの大企業及びその下請企業の工場が集中しており、彼らはそこで派遣や請負労働者などとして、日本人が好まない3K（きつい、汚い、危険）労働を担ってきている。当初は彼らに仕事をあっせんするエンプレイテイラ（empreiteira）と呼ばれる人材派遣会社が、住居やポルトガル語による生活情報を提供するなど、ブラジル人の日本における生活を丸抱えでサポートしていた。これはブラジル人にとって利便性の高いシステムであった。職場の同僚もブラジル人が多く、集住地ではブラジル人向けのレストランや食料品店、美容室、中古車販売店などといった、いわゆるエスニック・ビジネスも充実している。もちろん、これらのエスニック・ビジネスはブラジル人の雇用も創出している。このように、集住地においてはポルトガル語だけで生活することが可能である反面、地域住民との接触が限られることとなった[7]。2008年秋にリーマンショックが起こり日本の製造業が大きな打撃を受けると、雇用調整弁であった彼らは真っ先に失職した。前述した「丸抱え」のシステムが災いし、雇用を失うと同時に住居を失う者も少なくなかった。日本政府は再就職を断念し、なおかつ帰国費用が調達できない日系人を対象に、帰国促進事業（2009年4月1日に開始、2010年3月31日に終了）として経済支援を行い、ブラジル国籍保有者の2万57人がこの制度を利用して帰国した。日本に残っているブラジル人についても生活保護受給世帯が増加し、貧困化とその世代間連鎖が懸念された（総務省行政評価局

7　当初在日ブラジル人は少しでも時給の良い職場があれば国内移動を容易に行い、ブラジルとの往復も繰り返していた。彼らの労働を雇用調整弁としてきた企業にもその責任の一端はある。地域にブラジル人が居住しているのに個人が入れ替わっていたり、地域住民との接触も限定されていたりしたことから、梶田、丹野、樋口（2005）はこのような現象を「顔が見えない定住化」と称した。

2014)。貧困化を食い止めるべく、政府は民間団体等を通じて日本語習得や介護職資格取得など再就職につながる支援もあわせて行った（日本国際協力センター公式サイト）。引き続き解決すべき課題はあるものの、1990年の改定入管法施行から30年が過ぎ、今日では教育や法律、医療、介護、芸能など、在日ブラジル人の職種に少しずつ広がりが出てきている。

 ## コミュニティの言語生活

　上記のような労働・生活環境にある在日ブラジル人はどのような言語生活を送っているのだろう。

　在日ブラジル人の多くは日系人であることから、当初から他の外国籍住民と比べるとある程度日本語になじみのある人がいた。現在では、日本生まれで日本の教育を受けている第二世代の子どもの割合が高くなっており、ポルトガル語は理解できるが日本語が優位であるという若者も多い。

　1990年以降多くのブラジル人が来日し就労するようになると、ポルトガル語で日本やブラジルのニュースなどを伝えるエスニック・メディアも誕生した。1990年代に4紙を数えた紙媒体の週刊紙は、インターネットの普及やブラジル人の減少などを理由にすべて廃刊となった。今日、コミュニティの情報や求人広告などはインターネットのほか、ブラジル人向けのショップなどで入手できる数種類の紙媒体のフリーペーパーでも入手できる。

　生活場面の言語をみてみると、職場で頻繁に使用される日本語がブラジル人同士の会話に借用されている。ブラジルの日系人が日本語で話す際にポルトガル語の単語を会話にはさむ「コロニア語」（例：「ドミンゴ（日曜日）位は休んでファミーリア（家族）と一緒に楽しんだ方がいいよ」（沼田 1996: 93））と同じしくみといえるだろう。「頑張る」という動詞gambatearや、「残業」zangyo、「大丈夫」daijyobuといった単語が頻繁に使用されている。このような借用語は、ブラジル人コミュニティで「デカセギ語」と称されている（重松 2012: 64）。

　ブラジル人の会話を注意深く考察すると、単語の借用のほか、日本人とは日本語で話し、ブラジル人とはポルトガル語で話すという、相手に合わせた

言語の使い分けが行われていることがわかる。このような使い分けができる人は日本語をある程度習得しているが、エスニック・メディアが発達し、工場のラインで働く限り高い日本語力を求められなかった多くのブラジル人は、先の労働・生活環境ともあいまって、なかなか日本語を習得しないといわれてきた。しかし、2008年のリーマンショック後、最初に再就職先を得ていったのが日本語習得者であったこともあり、失職をきっかけに本格的に日本語を学ぶブラジル人が増加していった。彼らが集住する自治体の多くは、外国籍住民向けの日本語学習の場を提供している。

 ## 教　育

　ブラジルにルーツをもつ子どもたちの多くは、日本の学校に就学している[8]。これらの学校では学習についていけるだけの日本語力を習得することが最重要課題と考えられている。日本の小中高校において隔年で調査が行われる文部科学省の「日本語指導が必要な外国人児童・生徒数」をみてみると、ポルトガル語を母語とする人数が最も多くなっている（2021年度は1万1,957人で、全体の25.1%を占めている（文部科学省公式サイト））。日本の学校文化の同化圧力がきわめて強いなかで（太田 2000）、日本語力が不充分な子どもにとって母語を使いながら日本語指導を行う補助教員の果たす役割は大きい。その多くは地域で雇用された日本語が堪能な日系ブラジル人女性であるが、彼女らの多くは日本語指導にとどまらず保護者と学校との橋渡しをする通訳であったり、保護者の生活相談役であったりする。なかには群馬県太田市の学校のように、ブラジルの教員免許をもつバイリンガルの人材をブラジルから呼び寄せて日本語指導などを行う事例もある。また、愛知県岩倉市では市内の公立小中学校のブラジル人児童生徒を対象に、2001年より、通常の授業時間にポルトガル語の指導を行っている。公立の小中学校で母語指導を授業時間内に行うのは、きわめて稀な取り組みであ

8　日本の学校教育現場におけるブラジル人の子どもたちの様子や教育内容の課題などに関しては、非常に多くの研究が蓄積されている（例えば小内（2009b）、児島（2006）、志水・清水（2001）、森田（2007）など）。

る[9]。

高校については、定時制高校を中心に日本語指導が受けられる体制が整っているほか、大阪府立門真なみはや高校や神奈川県立鶴見総合高校のように、来日する外国籍児童生徒の母語・継承語教育（中国語、スペイン語、フィリピノ語、タイ語、韓国語、ポルトガル語など）を正規の外国語授業として単位認定している高校もあり、これらの授業は日本人生徒も履修することができる。

集住地域では、地方自治体やNPOなどが主体となって母語・継承語教室が開かれている。そのなかでも興味深い例として、関西ブラジル人コミュニティ CBK が実施しているポルトガル語教室が挙げられる。この教室は、「海外移住と文化の交流センター」（1928年に設立されたかつての移民収容所）の一角で行われている。かつてブラジル向け日本移民にポルトガル語やブラジル文化の事前教育が行われた建物で、現在は神戸近郊に居住するブラジル人の子どもたちがポルトガル語を学んでいる。

ポルトガル語で学び、またポルトガル語を学ぶ教育機関として忘れてならないのは、集住地を中心に日本全国に40校程度存在するブラジル人学校である。これらの学校ではブラジルの教育関連法規に準拠した教育が施されている（拝野 2010）。最盛期に比べて学校数は半減しているが、今でも在日ブラジル人の子どもたちの重要な教育選択肢の一つとなっている。なかにはブラジルの難関大学合格者や、わずかではあるが日本の大学への進学者を輩出している学校もある。

● ブラジル日系社会への影響

1990年代から2000年代にかけて多くの日系人が来日したことにより、200万人という世界最大の日系人口を誇るブラジルの日系社会にも大きな影響が出た。日系社会の屋台骨である文化協会や県人会などが行う諸行事の運営に

9　ポルトガル語適応教室の理念には、「親とのコミュニケーションがとれるよう，また，かつて，ブラジルへ移民して苦労した先人に対して敬意をはかり，その子孫が帰国した際に言葉の壁にぶつからないよう，母語保持のみならずブラジルの教育を取り入れる」とある（岩倉市日本語・ポルトガル語適応教室公式サイト）。

支障が出たり、こうした組織の後継者不足も懸念されたりした。一方で、日系人とその家族が安心して日本で就労できるよう、1992年には日本とブラジル両政府公認のNPO法人である国外就労者情報援護センター（Centro de Informação e Apoio ao Trabalhador no Exterior：CIATE）がサンパウロに設立され、雇用情報を提供したり、日本語講習や日本での就労にむけて各種相談に応じたりしている。

　リーマンショック後は日本から帰国する人が相次ぎ、大人の再就職や子どもの教育といった（再）適応が大きな課題となってきている（小内 2009c）。こうした課題に対処するため、在東京ブラジル総領事館が情報を提供している（在東京ブラジル総領事館）[10]。上記の文化協会や県人会なども、滞日経験者の取り込みを試みている。日本語教師として活躍する帰国者もいる。1908年に始まったブラジルへの日本移民によって架けられ、世紀を越えて両国をつないできた橋は、日本で生活したことのある、また現在も生活している新たな世代の手によってさらに強固なものになりつつある。

日本社会への影響

　在日ブラジル人は、日本にとってどのような存在なのだろうか。日本にはそれまでも朝鮮半島出身者や中国帰国者など多くの外国籍住民が居住していたが、ニューカマーといわれる南米出身の日系人とその家族の急増により、日本の多文化化は一気に加速した。来日当初は、ブラジル人と地域住民のコミュニケーションがうまくとれなかったことや、ブラジルと日本の生活習慣の違いなどからトラブルが絶えなかった。日本政府は移民を受け入れるための確固とした政策や方針を有していないため、ブラジル人をはじめとする外国籍住民を取り巻くさまざまな課題については、必然的に彼らの生活の場である地方自治体が手探りで解決するほかなかった。そのような状況下で頻繁に使用され始めたのが、「多文化共生」という概念である。これはいわば、多文化化が進んだ現代日本の社会目標ともいえるものである。「多文化共生」

10　子どもの教育課題については、サンパウロ州政府との協働によるカエルプロジェクトが対応している（Projeto Kaeru 公式サイト）。

についてはさまざまな定義がなされ議論されているが、日本人住民と外国籍住民が相互理解に努め、公正・平等で友好的な社会を構築することと捉えてよいだろう。多文化共生を実現するためには、ブラジル人住民をはじめとする外国籍住民にのみ日本社会への同化を求めるのではなく、日本社会そのものの変革、具体的には、その大部分を構成する日本人一人ひとりの意識変革が必要となる。以下では、在日ブラジル人がどのようにして日本の多文化化に寄与したのかを、具体的に検証していく。

🌀 自治体主導の多文化共生—外国人集住都市会議[11]

先述のとおり、日本政府に先立ち多文化共生を目指して連携したのはブラジル人をはじめとする多くのニューカマーを抱えた地方自治体であった。これらの都市は2001年に「外国人集住都市会議」を設立して以降、年に一度全体会議を開催し、情報の共有や意見交換、政府への提言などを行ってきている。以下、少し長くなるが、概要を知るためにその設立趣旨を紹介する。

> 外国人集住都市会議は、ニューカマーと呼ばれる南米日系人を中心とする外国人住民が多数居住する都市の行政並びに地域の国際交流協会等をもって構成し、外国人住民に係わる施策や活動状況に関する情報交換を行うなかで、地域で顕在化しつつある様々な問題の解決に積極的に取り組んでいくことを目的として設立するものである。
>
> また、外国人住民に係わる諸課題は広範かつ多岐にわたるとともに、就労、教育、医療、社会保障など、法律や制度に起因するものも多いことから、必要に応じて首長会議を開催し、国・県及び関係機関への提言や連携した取り組みを検討していく。
>
> こうした諸活動を通して、分権時代の新しい都市間連携を構築し、今

---

11 2023年4月現在の会員都市は、群馬県太田市、伊勢崎市、大泉町、長野県上田市、飯田市、静岡県浜松市、愛知県豊橋市、豊田市、小牧市、三重県鈴鹿市、岡山県総社市の11市町である。外国人集住都市会議の提言や取り組みについては、公式ホームページで確認することができる。

後の我が国の諸都市における国際化に必要不可欠な外国人住民との地域
共生の確立をめざしていく。(2001年5月7日)

　すでにこの会議体から政府に向けて外国人登録に関する提言が行われ、そ
れを政府が実現する形で法が改正されるなど(詳細は出入国在留管理庁ホーム
ページを参照のこと)、機動力のある組織となっている。オーストラリアやカ
ナダなど政府主導の多文化主義をもつ国々とくらべて、日本は「下からの多
文化共生」であるとされる。それを証左するような地方政府が中央政府を動
かすきっかけを作ったのは、その多くがブラジル人である南米出身者の来日
である。

●集住地域から広がる多言語化と多文化化

　外国人集住都市会議のメンバーであり、ブラジル人の人口比率が日本一で
ある群馬県大泉町(人口の約10%がブラジル人)は、静岡県浜松市とともに全
国にブラジルタウンとして知られ、マスコミにもよく取り上げられてきた。
1990年当時、町内にある大手自動車メーカーと家電メーカーや、それらの
関連企業において人材が不足していた。そこで、労働者受け入れのために行
政の代表者が直接ブラジルに出向いたり、来町者には冷蔵庫に1週間分の食
料を入れて厚遇したりするなどして、ブラジル人を積極的に受け入れたので
ある。ゴミ出しの掲示板をはじめとする行政の表示や、公立小中学校の校内
サインなどのポルトガル語併記をいち早く行ったのもこの町である。リーマ
ンショック後、ブラジル人は減少して多国籍化が進んでいるが、町の中心部
を走る国道沿いにはポルトガル語表記のショップが軒を連ねており、最近で
はこうしたブラジル人向けの店を日本語で紹介するタウン誌も発行されるよ
うになった。現在でも文化や習慣の違いから地域住民とのトラブルが皆無で
はないものの、町はサンバイベントを開催したりブラジル原産シモン芋を生
産・加工して土産物にしたりするなど、「ブラジル」を観光資源として地域
の活性化に役立てている。
　このような集住地では、日本語とポルトガル語のバイリンガルであるブラ

ジル人第二世代が育っている。彼らは青年期を迎え、それまで日本語ができる在日ブラジル人第一世代が担ってきたブラジル人コミュニティと地域社会とのパイプ役を継承し始めている。日本の高等教育を受けた彼らは、集住地の自治体で通訳として働いたり、ブラジル人の子どもたちにポルトガル語を使いながら日本語を教えたりするなど、少しずつ活躍の場を広げている。先に紹介したタウン誌を制作・発行しているのも、日本の大学でポルトガル語を専攻した日系ブラジル人青年である。

　ブラジル人が多数日本に住むようになったことが契機となって、ポルトガル語学習者も増加した。上記のようなブラジル人集住地では、自治体が開講している語学講座などで日本人住民がポルトガル語を学ぶ機会も増えている。この傾向は、ポルトガル語テキストの出版数にも表れている。1980年代にはわずか十数冊であったポルトガル語の学習教材は、ブラジル人が増え始めた1990年代には80冊以上発行されるようになり、2000年代以降もこのペースが維持されている。ブラジル経済の好転によるポルトガル語学習者の増加は世界的な傾向であったが、日本における静かなポルトガル語学習ブームはむしろ、居住地域でブラジル人と頻繁に接触する人びとによって始まったといってよい。職場や学校を設定場面にしたテキストのタイトルが、それを物語っている[12]。静岡県浜松市では、日本人の教育（支援）者にポルトガル語を教える「先生のためのポルトガル語講座」も開講されてきた。

　先の日本語によるブラジルタウン誌には、日本人にブラジル文化を理解し、味わってもらうという発行目的があるが、このタウン誌に広告を掲載しているブラジル人向けビジネスの企業主には、商売の存続をかけた日本人顧客の新規開拓というよりシビアな目標があろう。ブラジル人の帰国による売り上げの激減は、日本人をビジネスターゲットにする必要性を生んだ。日本人向けの味付けや日本の食材を使用した商品開発も進んでいる。日本人企業家もまた、「ブラジルの味」に目をつけている（コラム4-5「日本風・日本製ブラジ

12　田所清克・伊藤奈希砂『教育現場のポルトガル語　日本語対照マニュアル集』（1992年、泰流社）や、ジャパン・ブラジル・コミュニケーション『ポルトガル語実用会話辞典 "仕事" と "暮らし"—すぐに使える最新の会話・単語集』（1992年、柏書房）など。

ル料理」参照)。このような、異文化接触による文化変容、第三の文化の生成過程の検証にはそれなりの時間が必要だが、改定入管法施行から30年以上が経過し、ブラジル人が日本社会にもたらしてきたものを目に見える形で確認できるようになった。ブラジル人の存在は、日本人や日本社会の多文化化や多言語化を促進する直接的な役割を果たしている。

　一方で、ブラジル人は日本社会が歴史を通じて獲得してきた多文化・多言語性を可視化させる、間接的な役割も果たしてきた。琉球人やアイヌ、在日コリアンをはじめとするオールドカマーがもたらした現代日本の多文化・多言語状況は、日本は単一民族・単一文化の国であるといった言説によって見えづらくなっていた。しかし、ブラジルをはじめとする南米諸国出身者の来日によって「多文化共生」という目標は広く社会に浸透し、オールドカマーが日本で切り開いてきた歴史が再認識され、ブラジル人をはじめとするニューカマーは母語母文化教育などにおいてその恩恵に浴するようになった。覆い隠されてきた日本社会の多文化性を瞬く間に顕在化し、さらに活性化したのは、時間的・空間的に凝縮して出現した在日ブラジル人の存在であったといえよう。

　移民の受け入れは国のあり方を決定する主要なファクターの一つであるため、その時々の政治経済情勢によって流動する。日本政府は移民受け入れの議論にいまだ正面から向き合っていない。とはいえ、今後多少の揺り戻しの可能性ははらみつつも、日本の多文化化、多言語化が後戻りすることはない。それと同時に、在日ブラジル人の世代も進み、彼らの複文化化・複言語化も進んでいくであろう。

コラム 4-3

『横浜宣言』─我々はもはやデカセギではない─

　ブラジル人の30年以上の滞日ついて、イシ（2020）は、彼らの集団意識の変化を①「Uターン」から「出稼ぎ」へ：1990年以前の時代、②「出稼ぎ」から「デカセギ」へ：1990年代、③「デカセギ」から「定住（移民）」へ：2000年代、④「定住（移民）」から「世界に於ける在外ブラジル人の一員」へ：2010年代、と4つに区分して検証した。その中でも、特に留意すべきは、「デカセギ時代の終焉」を主張する横浜宣言であるという。

　改定入管法施行25年を機に2015年10月3日に公表された在東京ブラジル領事館市民代表者会議（Conselho de Cidadãos）（強調：筆者）による『横浜宣言』では、在日ブラジル人第一世代により「もはやわれわれはデカセギではなく日本の市民である」との表明がなされた。以下、その全訳文（筆者訳）である。

『横浜宣言』

　デカセギの時代は終わった。我々は日本に居ることを選んだ。

　本年6月、1990年の改定入管法の施行から25年が過ぎた。

　周知の通り、この法は日系人（日本人の子孫）がいかなる活動にも制限なく従事できる査証をもって日本に入国することを許可した。これらの活動には親戚訪問も含まれており、滞日の費用を賄うための非熟練労働に一時的に従事することもできる。

　自動車や家電製品の製造などを担う労働力として海外日系人を引きつけるために、この法改正を利用する意図が日本政府にあったかどうかは議論が分かれるところであるが、南米出身者、特にブラジル人の日本への移動の波を引き起こしたことに疑いの余地はない。

　すでに知られている通り、デカセギという言葉は文字通り「稼ぐために出かける」ことを意味しており、国内、あるいは国を越えた場合においても、

一時的あるいは季節的な労働者を指すために使われている。その上、この言葉は、その個人や集団が貧困や雇用先との約束の欠如というイメージと結びついた、ネガティブな意味合いを帯びている。国を越えた移民の場合は、出身国との関係においてのことである。

これはブラジル―日本間の移民の場合には、断固として当てはまらない。今日、在日ブラジル人10人のうち6人は永住ビザをもっている。彼らの多くは日本で家を購入している。被雇用者から雇用者になるブラジル人も出てきており、多くの人が熟練労働者（資格が必要とされる）となっている。ブラジル人の経営による会社、商店、サービス業、学校、NGO、マスメディアも日本各地に展開している。

2008年の経済危機で多くのブラジル人が解雇されたことにより、日本のブラジル人コミュニティは解体されてもおかしくなかった。しかし、そうはならなかった。ブラジル人の大多数は滞日を選んだ。2011年の東北地方における地震、津波、原発事故のパニックもブラジル人を大量に帰国させるにあまりある出来事であった。

またしても、ブラジル人の多くは留まることを決めた。日本に居ることを。この社会で活動する一員になることを。この国の発展に貢献することを。これが法務省によって登録されたブラジル人175,410名（2014年12月の統計による）が自覚した決意であった。この数には、日本国籍を有することによって統計に表れない人びとは含まれていない。

日本に留まったブラジル人は働き、消費し、納税することによってのみ貢献するのではない。彼らは「がんばろう　日本！」の運動に参加したいのである。それは、2011年3月の大災害に直面した際、ブラジル人は決して傍観しなかったことで明らかになっている。

彼らは東北支援のためのボランティア活動に結束して出かけていった。人びとを団結させたのは「我々は留まることを選んだ。この社会の一員なのである」という気持ちである。ゆえに、我々在日ブラジル人は入管法改定25年を機に、デカセギ時代の終わりを宣言したい。そして、新しい時代の始まりを公式に宣言す

る。実際にはすでに実践に移していたことである。つまり、「日本在住ブラジル人」
の時代である。それは、出身国であるブラジルとの文化的な絆や愛着を失うこと
なく、日本社会の一員として権利と義務を自覚する市民であることを意味する。

　この我々の宣言は同時に、一般の人びとに、そして特に関係する高官に向け、
このパネルディスカッションにおいて生起された多くの課題の解決に向けた
協力を要請するものである。決して強調し過ぎることはない。「我々は留まる
ことを選んだ！」

　2015年10月3日、横浜にて

　　　　　　　　　　　　　　　　　　　　　　　東京　市民代表者会議

　この宣言は彼ら自身の覚悟であると同時に、日本社会にもその覚悟を求
めるものである。冒頭の「代表者」に傍点を振ったことからもわかるよう
に、これはあくまで代表者の意見表明であることに留意する必要はあるも
のの、リーマンショックにより自らの日本における生活が不安定であるこ
とを改めて思い知らされ、なおかつ大きな自然災害に見舞われ続ける日本
に、多くのブラジル人がこのような覚悟をもって定住しているのは事実であ
る。原文は以下のブラジル人向け情報サイトに掲載されている。〈https://
www.alternativa.co.jp/Noticia/View/49265/Fim-da-era-decassegui-e-
decretado-pelo-Conselho-de-Toquio〉（最終閲覧日2023年7月30日）

在外公館とブラジル人コミュニティ―日本の事例―

日本にあるブラジルの在外公館

　ブラジル政府は日本に大使館、そして3つの総領事館を設置している。その3つとは、在東京ブラジル総領事館、在浜松ブラジル総領事館、在名古屋ブラジル総領事館である。在東京ブラジル総領事館は首都圏より以北を管轄し、この地域に居住するブラジル人は2022年12月末時点で5万6,766人である。静岡県だけを管轄地域としている在浜松ブラジル総領事館をみると3万1,777人、愛知県以南を管轄する在名古屋ブラジル総領事館は12万766人となっている[13]。日本を含め国外へと移住するブラジル人が増えブラジル政府は在外公館を通じて在外ブラジル人コミュニティとの連携を強め、さらにはブラジルにルーツをもつ海外生まれの子どもたちを対象とした継承語としてのポルトガル語教育への支援も行っている（コラム4-1『「継承ポルトガル語」教育』参照）。ブラジル外務省による「継承ポルトガル語オリンピック」を日本では3つの総領事館それぞれが開催している。

在名古屋ブラジル総領事館の取り組み
―子どもたちが可能性を広げることができる環境づくり―

　本コラムでは在名古屋ブラジル総領事館の取り組みに注目する。すでに記したとおり、3つの総領事館のうち在名古屋ブラジル総領事館が対応するブラジル国民の人数が最も多い。管轄地域が愛知県から沖縄県までということもあるが、愛知県、岐阜県、三重県から成る東海地方はブラジル人住民の最大の集住地方である。この3県に居住するブラジル国籍住民は2022年12月末時点で、8万6,144人になる。愛知県には日本で最も多くのブラジル人が居住しており、その人数は6万397人である。県内の外国人集団としても最大である[14]。

　在名古屋ブラジル総領事館は文化教育課が中心となって、「サイエンス・フェア（Feira de Ciências）」を企画した。日本に住むブラジル人の子どもたちの科学に対する関心を高めることと、高等教育機関への進学など教育アスピレーションを高めることを目的としたものである。20歳未満の子どもたちが在日ブラジル人全体に占める割合は、およそ21%である[15]。

　サイエンス・フェア自体は、ブラジル国内の学校でも政府の支援を受けて実施されているものだが、在名古屋ブラジル総領事館のサイエンス・フェア

では、ブラジル人学校に通う生徒たちが愛知県内で日本初の国産航空機の開発のために働いていたブラジル人技師によるオンライン指導を受けながら、小型のボートの製作に取り組むというものだった。フェアの当日2021年7月、生徒たちは実際にボートをビニールプールに浮かべて、性能を競った。

　サイエンス・フェアの会場となったのが、愛知県内の高等教育機関のキャンパスである。この機関の教員も、ブラジル人技師とともに、ボートの評価を行い、さらには生徒への講演も行った。生徒たちはキャンパス内のロボット研究施設を訪れる機会もあった。なお、保護者たちもキャンパスを訪れた。既存の施設や地域の人の資源を最大限に活用した教育活動の例である。

今後の展望

　なお、本コラムでは扱わなかったが、在浜松ブラジル総領事館もさまざまな取り組みを行っている[16]。しかしながら、なにかを企画しても実施には費用がかかり、また動員できる人的資源の限界もあり、実施そして継続には困難がつきまとう[17]。だが、サイエンス・フェアの例が示したように、日本の教育機関、さらには多文化共生を掲げる各地方自治体とブラジルの在外公館が連携していくことが、実施と継続を可能とする一つの有効な手段であると考えられる。

13　都道府県別のブラジル人人口は、出入国在留管理庁の公式ホームページで公開されている「在留外国人統計」から「市区町村別　国籍・地域別　在留外国人」を参照した。なお、この他「未定・不詳」が121人である。https://www.e-stat.go.jp/stat-search/files?page=1&layout=datalist&toukei=00250012&tstat=000001018034&cycle=1&year=2020&month=24101212&tclass1=000001060399（最終閲覧日2023年7月24日）

14　愛知県は公式ホームページで「愛知県内の市町村における外国人住民数の状況」を公開し国籍別の割合も記しているが、2023年7月24日に確認した時点で最新のものは2022年6月末のもので、ブラジル国籍の住民は全体の21.4%を占めている。https://www.pref.aichi.jp/soshiki/tabunka/gaikokuzinjuminsu-2022-12.html#:~:text（2022年12月末現在の愛知県内の外国人住民数、推計人口）」による（最終閲覧日2023年7月24日）

15　年齢別のブラジル人人口も出入国在留管理庁の公式ホームページで公開されている「在留外国人統計」の「国籍・地域別　年齢（5歳階級）・性別　在留外国人」にて確認できる。

16　2022年12月、日本語とポルトガル語の2言語で発行されているフリーペーパーの『Guiajp ギア JP』の特別増刊号の表紙を、在浜松ブラジル総領事が飾った。「ブラジル人コミュニティーを目覚めさせた男」と表紙で書かれた総領事へのインタビュー記事が、10月の100号に続きこの号に再掲された。起業支援、音楽ライブやブラジル人生徒を対象としたスポーツ大会といった文化的イベントなど、在浜松ブラジル総領事館の取り組みが紹介されている。

17　ブラジル人技師は、三菱重工業で国産ジェット旅客機事業に携わっていた。なお、愛知県も、土地の売却などを通じて開発を支援していた。

コラム4-5

日本風・日本製ブラジル料理

　日本全国に流通している最もポピュラーなブラジル食はポン・デ・ケイジョ（pão de queijo）であろうか。チーズが練り込まれたモチモチな食感が手軽に口に運べる大きさと相まって、一時の流行にとどまらずすっかり日本の食卓に定着している。あまりにも一般的であることから、ブラジル起源であることが忘れ去られているほどだ。

　在日ブラジル人が急増してから30年という歳月が残したものは、決して少なくない。特に集住地では、ブラジル人と地域の人びとが共生する中で、相手を自らに取り込もう、自ら相手に飛び込もうという試みがなされてきた。写真にあるシュラスコサンドもその一つ。サンドイッチにアレンジされたシュラスコ（churrasco：ブラジルの代表的な料理である肉の串刺し）が、カタカナ表記のトラックで移動販売されている。

　ブラジルタウンであることを町おこしの目玉にして各種イベントを開催している群馬県・大泉町にあるブラジル人向けスーパーマーケットでは、日本人顧客を獲得するため店員向けの日本語の授業を行っている。日本社会とブラジル人コミュニティの架け橋たらんとするブラジル人第二世代によって、ブラジルショップを紹介する日本語のフリーペーパーが作成されていることもあってか、いつ立ち寄っても日本人客がショッピングを楽しんでいる。集住地だけでなく、首都圏のシュラスコレストランの件数も増加傾向にある。ブラジル料理は日本の食生活に浸透しつつある。

大泉町にて（2014年12月　拝野撮影）

　2016年3月には、Made in Japanの伝統的なブラジル料理の食品展示・試食会も開催された。製造が日本というだけでなく、原材料が日本産のものもあるそうだ。地域ごとに異なる特徴をもつブラジル食の32種のレトルトパックをBRADON（ブラ丼）という名前で販売する店もある（海外日系人協会 2015）。ブラジル人

集住地である愛知県豊橋市の食品加工会社で作られているブラジルの国民食フェイジョアーダ（feijoada）のレトルトのパッケージには、前面に「国内製造　国産　Made in Japan」と明記され、調理法はポルトガル語、日本語、英語、原材料は日本語と写真で示されている。

　日本のグルメをうならせる銘品も生まれている。大泉町に工場をもつケイジョ・ヂ・ミナス（queijo de Minas：ミナスジェライス州由来のチーズ）。作り手はブラジル人で、原材料は群馬県の牧場で飼育されている乳牛のミルクである。2014年にはNPO法人チーズプロフェッショナル協会により「日本の銘チーズ百選」に選ばれた。北関東の物産展などでは出店者の常連となっている。

　このような「伝統的」ブラジル料理の普及の一方で、日本風ブラジル料理も誕生している。ブラジル人の代表的な集住地である静岡県浜松市に本社を置く日本の食品製造販売会社は、ブラジルの軽食であるパステル（pastel：春巻きの皮のようなものに具材を詰めて揚げたもの）の中身を日本でなじみのある食材にして商品化し、首都圏にまで販路を拡大している。ブラジルでポピュラーなひき肉やチーズ、ハムなどのかわりに、カレーや紫芋、小倉あんなどを入れて販売した。2023年4月現在、同社は、ブラジルのポピュラーなパステルのほか、「パステルのアップルパイ」としてパステル生地で作ったアップルパイをオリジナル商品として移動販売している。

　異文化との出合いは自文化を豊かにするというが、30年を経てそれを実感できるようになってきた。商品のように目に見える文化はわかりやすい。ブラジル人との共生で日本人はどのように変化してきているのか。目に見えない変化についても検証される時期が来ている。

【資料】ブラジルの行政地図

（● は首都及び州都所在地、カッコ内は州の略称）

0　500　1000
km

Venezuela
Guiana
Suriname
Guiana Francesa
Colômbia
Roraima (RR)
Amapá (AP)
北東部 Nordeste
北部 Norte
Amazonas (AM)
Pará (PA)
Maranhão (MA)
Ceará (CE)
Rio Grande do Norte (RN)
Paraíba (PB)
Piauí (PI)
Pernambuco (PE)
Acre (AC)
Alagoas (AL)
Sergipe (SE)
Peru
Rondônia (RO)
Tocantins (TO)
Bahia (BA)
Mato Grosso (MT)
中西部 Centro-Oeste
Distrito Federal (DF)
Bolívia
Goiás (GO)
Minas Gerais (MG)
大西洋
Mato Grosso do Sul (MS)
Espírito Santo (ES)
São Paulo (SP)
Rio de Janeiro (RJ)
Paraguai
Paraná (PR)
南東部 Sudeste
Argentina
Santa Catarina (SC)
Rio Grande do Sul (RS)
南部 Sul
Uruguai

	州	州都
北部	AC	Rio Branco
	AM	Manaus
	AP	Macapá
	PA	Belém
	RO	Porto Velho
	RR	Boa Vista
	TO	Palmas

	州	州都
北東部	AL	Maceió
	BA	Salvador
	CE	Fortaleza
	MA	São Luís
	PB	João Pessoa
	PE	Recife
	PI	Teresina
	RN	Natal
	SE	Aracaju

	州	州都
南東部	ES	Vitória
	MG	Belo Horizonte
	RJ	Rio de Janeiro
	SP	São Paulo
南部	PR	Curitiba
	RS	Porto Alegre
	SC	Florianópolis
中西部	DF	Brasília
	GO	Goiânia
	MS	Campo Grande
	MT	Cuiabá

241

引用・参考文献

Almanaque Abril 1990-2015, São Paulo: Editora Abril.

Alves, José Eustáquio Diniz e Suzana Marta Cavenaghi（2012）"Indicadores de desigualdade de gênero no Brasil", *Meciações* v. 17 n. 2 （jul./dez. 2012）, pp. 83-105.

Azevedo, Thales de（1966）*Cultura e situação racial no Brasil*, Rio de Janeiro: Ed. Civilização Brasileira.

Bruschini, Maria Cristina Aranha（2007）"Trabalho e gênero no Brasil nos últimos dez anos," *Cadernos de pesquisa*, v. 37, n. 132 （set./dez. 2007）, pp. 537-572.

Carneiro, J. Fernando（1950）*Imigração e colonização no Brasil*, Rio de Janeiro: Universidade do Brasil （Publicação avulsa no. 2）.

Carpenedo, M. and Nardi, H. C.（2013）"Mulheres brasileiras na divisão internacional do trabalho reprodutivo: construindo subjetividade (s) ", *Revista de Estudios Sociales*, No. 45, pp. 96-109.

DeBiaggi, Sylvia Duarte Dantas（2001）*Changing Gender Roles: Brazilian Immigrant Families in the U. S.*, El Paso: LFB Scholarly Publishing LLC.

Fernandes, Florestan（1970）*Beyond Poverty: the Negro and the Mulatto in Brazil*, Universitas （da Univ. Bahia）, No. 6/9.

Fernandes, Florestan（1978）*A integração do negro na sociedade de classes*, São Paulo: Editora Ática, c1964. ★

Fico, Carlos（1999）*Ibase: usina de idéias e cidadania*, Rio de Janeiro: Garamond.

Firmeza, George Torquanto（2007）*Brasileiros no exterior*, Brasília: Fundação Alexandre de Gusmão.

Freyre, Gilberto（1936）*Sobrados e mucambos*, vol. 1, Rio de Janeiro: Jose Olympio, 5a. edição. ★

Freyre, Gilberto（1963）*New World in the Tropics*, New York: Alfred A. Knopf.

Freyre, Gilberto（1978）*Casa-grande & senzala: formação da família brasileira sob a regime da economia patriarcal*, 2vols.19ª. edição brasileira, Rio de Janeiro: Liv. José Olympio. ★

Hahner, June E.（1976）*A mulher no Brasil: textos coligidos e anotados*, Rio de Janeiro: Civilização Brasileira.

Harada, Kiyoshi（coord.）（2013）*O Nikkei no Brasil*, 3ª.ed. São Paulo: Cadaris Comunicação.

Htun, Mala（2003）*Sex and the State: Abortion, Divorce, and the Family under Latin American Dictatorships and Democracies*, New York: Cambridge University Press. ★

Ianni, Octavio（1978）*Escravidão e racismo*, São Paulo: HUCITEC. ★

IBGE（1990）*História estatística do Brasil*, Rio de Janeiro: IBGE.

IBGE（2018）*Projeções da população : Brasil e unidades da federação : revisão 2018*, 2. ed, Rio de Janeiro: IBGE, 2018.

IBGE（2023a）*Censo Demográfico 2022 Indígenas: primeiros resultados do universo*, IBGE.

IBGE（2023b）*Censo Demográfico 2022 População e domicílios: primeiros resultados*, IBGE.

Instituto Mobilidade e Desenvolvimento Social（Imds）（2023）*Mobilidade Social no Brasil: Uma análise da primeira geração de beneficiários do Programa Bolsa Família*, Rio de Janeiro: Imds.

Jouët-Pastré, Clémence and Leticia J. Braga（2008）*Becoming Brazuca: Brazilian Immigration to the United States*, Cambridge: Harvard University David Rockefeller Center for Latin American Studies.

Leite, Miriam Moreira（org.）（1984）*A condição feminina no Rio de Janeiro século XIX― antologia de textos de viajantes estrangeiros*, São Paulo: HUCITEC. ★

Linger, Daniel Touro（2001）*No One Home: Brazilian Selves Remade in Japan*, Stanford: Stanford University Press.

Margolis, Maxine L.（1991）*Little Brazil: An Ethnography of Brazilian Immigrants in New York City*, Princeton: Princeton University Press.

Margolis, Maxine L.（2013a）*Goodbye Brazil: Émigrés from the Land of Soccer and Samba*, Wisconsin: The University of Wisconsin Press.

Margolis, Maxine L.（2013b）*Goodbye, Brazil: emigrantes brasileiros no mundo*, traduzido por Aurora N. S. Neiva, São Paulo: Editora Contexto.

Martes, Ana Cristina Braga（2011）*New Immigrants, New Land: A Study of Brazilians in Massachusetts*, translated by Beth Ransdell Vinkler, Gainesville: University Press of Florida.

Marques, Claudia Lima（1997）"Cem anos de Código Civil alemão: o BGB de 1896 e o Código Civil Brasileiro de 1916", *Revista da Faculdade de Direito da UFRGS*, vo.13, pp. 71-93.

Martins, Eneida Valarini（2007）*A política de cotas e a representação feminina na câmara dos deputados*, Câmara dos Deputados. 〈http://bd.camara.gov.br〉

Moreira, Adilson de Souza（2013）*Modernidade em exposição : modernização urbana e signos metonímicos -Paris, Rio de Janeiro e Florianópolis* (*1850-1930*), Thesis (Master) Universidade Federal de Santa Catarina 〈https://repositorio.ufsc.br/xmlui/ bitstream/handle/123456789/123057/322010.pdf?sequence=1&isAllowed=y〉 (最終閲覧日 2016年9月20日)

Mori, Koichi e B Barbara Inagaki. (2008) "Os concursos de beleza na comunidade nipo-brasileira e a imagem da mulher Nikkei", *Revista de Estudos Orientais*. n.6, pp. 131-174.

Moroni, Andreia (2015) "Português como língua de herança: o começo de um movimento", Jennings-Winterle, Felicia e Maria Célia Lima-Hernandes, *Português como língua de herança: a filosofia do começo, meio e fim*, New York: Brasil em Mente, pp. 28-55.

Oliveira, Iris de (1986) *Tútela do imigrante*, (mimeografia), São Paulo.

Oliven, Ruben George (1992) *A parte e o tudo: a diversidade cultural no Brasil-nação*. Petrópolis: Vozes.

Peccinini, Daisy Valle Machado (2013) " 'Bandeiras' e 'Cristo Redentor', as raízes da formação do país, monumentos ícones diametralmente opostos", *Anais do 22⁰ Encontro Nacional da ANPAP*, vol. 1, pp. 65-85. 〈http://anpap.org.br/ anais/2013/ANAIS/conferencias/Daisy_Valle_Machado_Peccinini-II.pdf〉 (最終閲覧日 2016年9月20日)

PENSSAN (2022) *II Inquérito Nacional sobre Insegurança Alimentar no Contexto da Pandemia da COVID-19 no Brasil*, São Paulo: Fundação Friedrich Ebert.

Piscitelli, Adriana (2008) "Looking for New Worlds: Brazilian Women as International Migrants", *Signs: Journal of Women in Culture and Society 2008*, vol. 33, No. 4, pp. 784-793.

PNUD (2013) *Atlas do desenvolvimento humano no Brasil 2013*, Brasília: PNUD, IPEA.

Quadros, Waldir José de, (2002) "A evolução recente das classes sociais no Brasil", *Cadernos de CESIT*, 2 de outubro de 2002, Campinas, IE/UNICAMP.

Raeders, Georges (1988) *O inimigo cordial do Brasil: Conde de Gobineau no Brasil*, São Paulo: Editora Paz e Terra, c.1934.

Reis, Rossana Rocha e Teresa Sales (org.) (1999) *Cenas do Brasil migrante*, São Paulo: Boitempo.

Revista família brasileira (2007) Folha de São Paulo, 7 de outubro de 2007.

Ribeiro, Darcy (1995) *O povo brasileiro*, 2ª.ed., São Paulo: Companhia das Letras. ★

Rodrigues, José Honório（1964）*Brasil e África: outro horizonte*, 10vols., Rio de Janeiro: Ed. Civilização Brasileira.

Sales, Teresa（1999）*Brasileiros longe de casa*, São Paulo: Cortez Editora.

Seyferth, Giralda（1981）*Nacionalismo e identidade étnica*, Florianópolis: Fundação Catarinense de Cultura.

Silva, Francisco de Assis（1992）*História do Brasil: Colônia, Império, República*, São Paulo: Editora Moderna.

Skidmore, Thomas（1994）*O Brasil visto de fora*, Rio de Janeiro: Paz e Terra.

Soares, Wagner L.（2004）"Do rural para o rural: a corrida do ouro verde". In: *I Congresso da Associação Latino America de População*, Caxambu: Anais do Congresso da ALAP.

Sorj, Bila, Adriana Fontes e Danielle Carusi Machado（2007）"Políticas e práticas de conciliação entre família e trabalho no Brasil", *Cadernos de pesquisa*, v. 37, n. 132（set./dez. 2007）pp. 573-594.

Souza, P. H. G. F., Hecksher, M., & Osório, R. G.（2022）*Um país na contramão: a pobreza no Brasil nos últimos dez anos*. Nota Técnica, Disoc, No.102, Instituto de Pesquisa Econômica Aplicada, pp. 1-15.

Souza, Sylvio Capanema de（2004）"O Código Napoleão e sua influência no direito brasileiro", *Revista da EMERJ*, v.7, n. 26, pp. 36-51.

Torres, Alberto（1938）*O problema nacional brasileiro*, São Paulo: Companhia Nacional, c.1914.

Venturi, Gustavo, M. Recamán e S. de Oliveira（orgs.）（2004）*A mulher brasileira nos espaços público e privado*, São Paulo: Editora Fundação Perseu Abramo.

Waiselfisz, Júlio Jacobo（2012）*Mapa da violência 2012: atualização homicídio de mulheres no Brasil*, CEBELA and FLACSO Brasil, p. 11.

Willems, Emilio（1953）"The Structure of Brazilian Family," *Social Forces*, XXXI.

イシ、アンジェロ（2015）「ブラジルの移民政策—新移民の受け入れ策と在外市民への支援策」吉成勝男・水上徹男・野呂芳明編『市民が提案するこれからの移民政策—NPO法人APFSの活動と世界の動向から』現代人文社、111－124頁

イシ、アンジェロ（2020）「ブラジル人—デカセギ時代の起源と終焉　時間、空間、階層をめぐる模索」駒井洋監修『変容する移民コミュニティ—時間・空間・階層』明石書店、54－65頁

ギデンズ、アンソニー（2004）『社会学』第4版、松尾精文、西岡八郎、藤井達也
　　他訳、而立書房

クシンスキ、ベルナルド（2015）『K：消えた娘を追って』小高利根子訳、花伝社

グレイザー、ネイサン、ダニエル・P・モイニハン（1986）『人種のるつぼを越え
　　て—多民族社会アメリカ』阿部斉、飯野正子訳、南雲堂

デグラー、カール・N（1986）『ブラジルと合衆国の人種差別』儀部影俊子訳、亜紀
　　書房

フレイレ、ジルベルト（2005）『大邸宅と奴隷小屋—ブラジルにおける家父長制家
　　族の形成』鈴木茂訳、日本経済評論社　★

ヘミング、ジョン（2010）『アマゾン—民族・征服・環境の歴史—』国本伊代・国
　　本和孝訳、東洋書林

マークス、アンソニー・W（2007）『黒人差別と国民国家—アメリカ・南アメリカ・
　　ブラジル』冨野幹雄、岩野一郎、伊藤秋仁訳、春風社　★

マシャド、ダニエル（2018）『ブラジルの同性婚法—判例による法生成と家族概念
　　の転換』信山社

マックス、ダニエル・P（1976）『黒い積荷』平凡社

ヤマグチ、アナ・エリーザ（2012）『在英ブラジル人についての基礎的調査研究』
　　上智大学イベロアメリカ研究所

ヤマグチ、アナ・エリーザ（2021）『変容する在日ブラジル人の家族構成と移動形
　　態　分散型／集住型移住コミュニティの比較研究』世織書房

ユニセフ（2012）『世界子供白書2012』

リュファン、ジャン＝クリストフ（2002）『ブラジルの赤』野口雄司訳、早川書房

ローシャイタ、ヴェンデリーノ、三田千代子（1985）「ラテンアメリカの教会と女性」
　　国本伊代・乗浩子編『ラテンアメリカ　社会と女性』新評論、221－243頁

ワーグレー、C.（1978）*An Introduction to Brazil*, 二宮書店；Charles Wagley, An
　　Introduction to Brazil, New York: Columbia University Press, 1971.

池上重弘（2001）『ブラジル人と国際化する地域社会—居住・教育・医療』明石書店

大久保武（2005）『日系人の労働市場とエスニシティ—地方工業都市に就労する日
　　系ブラジル人』御茶の水書房

太田晴雄（2000）『ニューカマーの子どもと日本の学校』国際書院

奥田若菜（2009）「ブラジリアにおける二つの不法問題」萩原八郎ほか編『ブラジ
　　ルの都市問題—貧困と格差を超えて』春風社、131－153頁

小内透・酒井恵真編著（2001）『日系ブラジル人の定住化と地域社会—群馬県太田・

大泉地区を事例として』御茶の水書房

小内透編著（2003）『在日ブラジル人の教育と保育―群馬県太田・大泉地区を事例
　　として』明石書店

小内透編著（2009a）『在日ブラジル人の労働と生活』御茶の水書房

小内透編著（2009b）『在日ブラジル人の教育と保育の変容』御茶の水書房

小内透編著（2009c）『ブラジルにおけるデカセギの影響』御茶の水書房

海外日系人協会（2015）『海外日系人協会だより Nikkei Network』No.28

外務省領事移住部編（1971）『わが国民の海外発展―移住百年の歩み（資料編）』外
　　務省領事移住部

鍛冶致（2013）「数字でみる「外国にルーツをもつ子どもたち」―2012年から眺め
　　る「これまで」と「これから」」志水宏吉・山本ベバリーアン・鍛冶致・ハ
　　ヤシザキカズヒコ編『「往還する人々」の教育戦略―グローバル社会を生き
　　る家族と公教育の課題』明石書店、272－284頁

梶田孝道・丹野清人・樋口直人（2005）『顔の見えない定住化―日系ブラジル人と
　　国家・市場・移民ネットワーク』名古屋大学出版会

加藤秀一（2005）「『産む・産まない』とジェンダー」加藤秀一・石田仁・海老原暁
　　子『図解雑学ジェンダー』ナツメ社、79－98頁

北森絵里（2001）「リオデジャネイロのスラム住民の日常的実践」藤巻正己編『生活
　　世界としての「スラム」外部者の言説・住民の肉声』古今書院、28－59頁

小池洋一（1991）「発展する都市と貧困の蓄積―サンパウロ」国本伊代・乗浩子編『ラ
　　テンアメリカ都市と社会』新評論、301－320頁

小池洋一（2014）『社会自由主義国家―ブラジルの第三の道―』新評論

小池洋一（2017）「ブラジルにおけるポスト労働者党政権の開発モデル」『ラテンア
　　メリカ・レポート』第34巻第1号、42－56頁

小池洋一（2020）「ブラジルにおける新型コロナウイルスと社会の対抗力」『アジア・
　　アフリカ研究』第60巻第3号、60－80頁

小池洋一（2023）「ブラジル・ルーラ新政権の開発モデル」『アジア・アフリカ研究』
　　第63巻第2号、22－52頁

小池洋一・子安昭子・田村梨花（2022）『ブラジルの社会思想―人間性と共生の知
　　を求めて』現代企画室

国立国会図書館調査及び立法考査局（2022）「主要国の選挙におけるクオータ制」『調
　　査と情報―ISSUE BRIEF』No.1206（2022・10・27）、2－5頁

児島明（2006）『ニューカマーの子どもと学校文化―日系ブラジル人生徒の教育エ

スノグラフィー』勁草書房

子安昭子（2004）「従属論の思想と実践―フェルナンド・エンリケ・カルドーゾ―」
　　今井圭子編『ラテンアメリカ開発の思想』日本経済評論社、227－244頁

子安昭子（2005）「ブラジルの普遍主義的な社会政策と社会扶助プログラムにおけ
　　る重点主義」宇佐見耕一編『新興工業国の社会福祉―最低生活保障と家族福
　　祉―』アジア経済研究所、233－264頁

近田亮平（2013）「社会保障における普遍主義の整備と選別主義の試み」近田亮平編『躍
　　動するブラジル―新しい変容と挑戦』アジア経済研究所、117－144頁

近田亮平（2015）「ブラジルの現金給付政策―ボルサ・ファミリアへの集約におけ
　　る言説とアイディア―」宇佐見耕一・牧野久美子編『新興諸国の現金給付政
　　策』アジア経済研究所、59－95頁

近田亮平（2016）「ブラジルにおける国家とキリスト教系宗教集団の関係―福音派の
　　台頭と政治化する社会問題―」宇佐美耕一・菊池啓一・馬場香織編『ラテン
　　アメリカの市民社会組織―継続と変容―』アジア経済研究所、217－253頁

近田亮平（2020）「転換の予兆を見せるブラジルの社会福祉」宇佐見耕一編『新 世
　　界の社会福祉　第10巻　中南米』旬報社、166－199頁

近田亮平（2021）「経済優先のブラジル―秩序を欠いた感染症対策」佐藤仁志編『コ
　　ロナ禍の途上国と世界の変容―軋む国際秩序、分断、格差、貧困を考える』
　　日本経済新聞出版、197－214頁

重松由美（2012）「在日ブラジル人高校生・大学生の言語生活とアイデンティティ」
　　『椙山女学園大学教育学部紀要』5、59－68頁

志水宏吉・清水睦美（2001）『ニューカマーと教育―学校文化とエスニシティの葛
　　藤をめぐって』明石書店

下郷さとみ（2023）「アマゾンの森を守る誇り―ルポ・ブラジル先住民大集会」『世
　　界』第974巻、114－119頁

住田育法（2009）「ブラジルの都市形成と土地占有の歴史―旧都リオデジャネイロ
　　を中心として」萩原八郎ほか編『ブラジルの都市問題―貧困と格差を超えて』
　　春風社、49－81頁

田村徳子（2021）「コロナ禍におけるブラジルの学校教育―その基盤にある学校観―」
　　『比較教育学研究』第62号、114－130頁

田村梨花（2004）「教育開発と社会の変化：格差是正への取り組み」堀坂浩太郎編『ブ
　　ラジル新時代―変革の軌跡と労働者政権の挑戦―』勁草書房、139－160頁

田村梨花（2015）「ブラジルにおける包括的教育の概念と実践に関する一考察」『ラ

テン・アメリカ論集』第49号、61 - 78頁

田村梨花（2019）「ブラジルにおける地域連携に基づく多様な教育空間の創造と課題」『比較教育学研究』第58号、95 - 112頁

田村梨花（2022）「『生きる』保障を政治に求める連帯の力―コロナ禍におけるブラジルの市民社会組織の活動から―」『イベロアメリカ研究』第44巻特集号、37 - 56頁

ツヴァイク、シュテファン（1993）『未来の国ブラジル』宮岡成次訳、河出書房新社

徳永幸子（2014）「親権法の変遷にみる親権概念：フランス、ドイツ、日本に焦点をあてて」『活水論文集　健康生活学部編』第57号、123 - 142頁

鳥澤孝之（2013）「諸外国の同性婚制度等の動向―2010 年以降を中心に―」『調査と情報』No.798、国立国会図書館、1 - 12頁

西沢利栄・小池洋一・本郷豊・山田祐彰編（2005）『アマゾン―保全と開発―』朝倉書店

沼田信一（1996）『カフェーと移民』Londrina、自費出版

拝野寿美子（2009）「在米ブラジル人の生活と子どもの教育―移民第二世代の教育に関する日米比較への視座―」Encontros Lusófonos No.11、上智大学イベロアメリカ研究所、29 - 40頁

拝野寿美子（2010）『ブラジル人学校の子どもたち―日本かブラジルかを超えて』ナカニシヤ出版

浜口伸明（1997）「ブラジルの公的保健制度―理想と現実の間で―」『ラテンアメリカ・レポート』第14号第2巻、33 - 41頁

堀坂浩太郎（2012）『ブラジル―跳躍の軌跡』岩波書店

堀坂浩太郎（2013）「民主化と現在進行形の政治改革」近田亮平編『躍動するブラジル―新しい変容と挑戦―』アジア経済研究所、19 - 51頁

堀坂浩太郎（2020）「感染爆発のブラジル―独断専行の右派大統領とリベラルな民主主義体制の相克」『国際問題』第697巻、5 - 14頁

堀坂浩太郎（2023）「ブラジル左派政権、ルーラ流プラグマティズムの復活?―社会復興とグローバル・サウスの再挑戦」『国際貿易と投資』第34巻第4号、1 - 18頁

本郷豊・細野昭雄（2012）『ブラジルの不毛の大地「セラード」開発の奇跡』ダイヤモンド社

丸山浩明編著（2013）『ブラジル』世界地誌シリーズ6、朝倉書店　★

三田千代子（1988）「熱帯のルーゾ・ブラジル文化」『ソフィア』第37巻第2号、187 - 198頁

三田千代子（1989）「ブラジルの家父長家族の成立と展開―ジルベルト・フレイレ

の説論をめぐって」『ラテンアメリカの家族構造と機能に関する研究』総合
開発研究機構 19

三田千代子（1991）「内陸都市サンパウロの形成と発展」国本伊代・乗浩子編『ラ
テンアメリカ都市と社会』新評論、125 – 149頁

三田千代子（1999）「ブラジルとヨーロッパ思想—悲観論からナショナル・アイデ
ンティティの形成へ—」蝋山道雄・中村雅治編『新しいヨーロッパ像をもと
めて』同文館、165 – 184頁

三田千代子（2005）「ブラジル社会の多文化性と多文化主義」泉邦寿・松尾弌之・中村
雅治編『グローバル化する世界と文化の多元性』上智大学出版、183 – 205頁

三田千代子（2009）『「出稼ぎ」から「デカセギ」へ：ブラジル移民一〇〇年にみる
人と文化のダイナミズム』不二出版　★

三田千代子編著（2011）『グローバル化の中で生きるとは—日系ブラジル人のトラ
ンスナショナルな暮らし』上智大学出版

三田千代子（2015）「ブラジル—ジェンダー格差克服の挑戦—」国本伊代編『ラテ
ンアメリカ 21世紀の社会と女性』新評論、75 – 94頁

三田千代子（2022）「新たな民族の形成」小池洋一・子安昭子・田村梨花編『ブラ
ジルの社会思想』現代企画室、93 – 115頁

森田京子（2007）『子どもたちのアイデンティティー・ポリティックス—ブラジル
人のいる小学校のエスノグラフィー』新曜社

矢谷通朗編訳（1991）『ブラジル連邦共和国憲法：1988年』アジア経済研究所

渡辺雅子編著（1995）『共同研究　出稼ぎ日系ブラジル人』上・下、明石書店

【Webページ】

Alves, Murilio Rodrigues（2016）"Japão volta a atrair imigrante brasileiro",
O Estado de São Paulo, 2 de abril de 2016〈https://www.estadao.com.br/
economia/japao-volta-a-atrair-imigrante-brasileiro/〉（最 終 閲 覧 日2023年3
月14日）（購読者のみ閲覧可能）

Atlas do Desenvolvimento Humano no Brasil〈http://www.atlasbrasil.org.br〉（最
終閲覧日2023年11月28日）

Escudelo, Camila（2023）*Empoderando a diáspora sul-americana como agente do
desenvolvimento sustentável*, OIM-Brasil〈https://publications.iom.int/books/
empoderando-diaspora-sul-americana-como-agente-do-desenvolvimento-
sustentavel#:~:text=O%20presente%20diagn%C3%B3stico%20contempla%20

os%20resultados%20da%20pesquisa,Regional%20da%20OIM%20para%20
a%20Am%C3%A9rica%20do%20Sul. 〉（最終閲覧日2023年7月7日）

Meireles, Gustavo（2017a）Overseas Brazilians and the Development of Brazilian
Diaspora Institutions, *Cosmopolis*, No.11, pp. 57-69〈https://digital-archives.
sophia.ac.jp/repository/view/repository/20170718005〉（最終閲覧日2023年
3月19日）

Meireles, Gustavo（2017b）Transnational Activism in the Overseas Brazilian
Community: The Emergence of Migrant Organizations, *Global Communication
Studies* No.5, pp. 33-56.
〈https://kuis.repo.nii.ac.jp/?action=pages_view_main&active_action=repository
_view_main_item_detail&item_id=1464&item_no=1&page_id=13&block_
id=17〉（最終閲覧日2023年3月19日）

Programa Emigrante Cidadão〈https://www.valadares.mg.gov.br/detalhe-da-materia/
info/programa-emigrante-cidadao/86189〉（最終閲覧日2023年3月13日）

Projeto Kaeru〈https://projetokaeru.org.br〉（最終閲覧日2022年6月7日）

ブラジル外務省（2022）「在外ブラジル人コミュニティ」〈https://www.gov.br/
mre/pt-br/assuntos/portal-consular/arquivos/14-09_brasileiros-no-exterior.
pdf〉（最終閲覧日2023年3月19日）

岩倉市日本語・ポルトガル語適応教室〈http://www.iwakura.ed.jp/nihongo/frame.
htm〉（最終閲覧日2024年1月4日）

外国人集住都市会議〈http://www.shujutoshi.jp/〉（最終閲覧日2024年1月4日）

在東京ブラジル総領事館〈http://cgtoquio.itamaraty.gov.br/pt-br/retorno_
definitivo_ao_brasil.xml〉（最終閲覧日2022年6月7日）

出入国在留管理庁〈http://www.moj.go.jp/housei/toukei/toukei_ichiran_touroku.
html〉（最終閲覧日2024年1月4日）

総務省行政評価局（2014）「生活保護に関する実態調査結果報告書」〈http://www.
soumu.go.jp/main_content/000305409.pdf〉（最終閲覧日2016年9月20日）

日本国際協力センター〈http://sv2.jice.org/jigyou/tabunka.htm〉（最終閲覧日
2022年6月7日）

文部科学省〈https://www.mext.go.jp/content/20230113-mxt_kyokoku-000007294_2.pdf〉
（最終閲覧日2024年1月4日）

執筆者紹介 (執筆順)

三田千代子 (みた・ちよこ／序章、第1章、第2章、第3章第4節、コラム1–1、1–2、3–2)
元上智大学教授、博士 (社会人類学・サンパウロ大学)。社会人類学・ブラジル研究専攻。
「ブラジルの新たな民族の形成」『ブラジルの社会思想』小池洋一、子安昭子、田
村梨花編 (現代企画室、2022年)、「ブラジル―ジェンダー格差克服の挑戦」国本
伊代編『ラテンアメリカ21世紀の社会と女性』(新評論、2015年)、『グローバル化
の中で生きるとは―日系ブラジル人のトランスナショナルな暮らし』(上智大学出
版、2011年)、"Sociedade hospedeira e homeland dos trabalhadores estrangeiros:
Estudo a partir de questionários com nipo-brasileilos no Japão," *VIII Congresso
Internacional de Estudos Japoneses no Brasil*, (Universidade de Brasília, 2010)、『「出稼ぎ」
から「デカセギ」へ―ブラジル移民100年にみる人と文化のダイナミズム』(不二出
版、2009年)、「ブラジル社会の多様性とその承認」畑恵子・山崎眞次編著『ラテン
アメリカ世界のことばと文化』(成文堂、2009年)。

渡会環 (わたらい・たまき／コラム1–3、1–4、1–6、2–1、2–2、4–4)
愛知県立大学外国語学部准教授。博士 (地域研究・上智大学)。ブラジル地域研究。
"Aprendendo a maquiar as hierarquias: corpo 'ocidental' e o 'oriental' nos cursos
de maquiagem da comunidade brasileira no Japão," *Cadernos Pagu*, (n.63, 2021,
Universidade Estadual de Campinas)、「フランス社会の不可視な移民―高齢者介護
に携わるブラジル人移民と可視化の戦略的利用―」『紀要　地域研究・国際学編』(第
53号、2021年、愛知県立大学外国語学部)、"From Invisible to Visible: Brazilian
Female Migrants' Occupational Aspirations under the Force of Visibility in
Japan," Teke Lloyd, Armağan (ed.), *Exclusion and Inclusion in International Migration:
Power, Resistance and Identity*, (London, Transnational Press London, 2019).

小嶋茂 (こじま・しげる／コラム1–5)
早稲田大学人間総合研究センター招聘研究員。修士 (社会史・パラナ連邦大学大学
院歴史学科社会史修士課程) 移民・移住研究。
"Identity of *Nikkeijin* & Definition of *Nikkei*," Hiroko Noro and Tadanobu Suzuki
(eds), *Voices of Kakehashi in multicultural Canada: transcultural and intercultural experiences*
(University of British Columbia, 2015)、「第3章　交流史　第2節　日伯文化交流
の百年とこれから」ブラジル日本移民百周年記念協会／日本語版ブラジル日本移民
百年史編纂・刊行委員会編『ブラジル日本移民百年史　第5巻　総論・社会史編』

（トッパン・プレス、2013年）、「日本の食をアメリカに伝えた日本人移民（南米編）」
『フードカルチャー』（No.23、2013年、キッコーマン国際食文化研究センター）「第
2部：日本　第2章　海外移住と移民・邦人・日系人」陳天璽、小林知子編著『東
アジアのディアスポラ』（叢書グローバル・ディアスポラ、駒井洋監修、明石書店、
2011年）。

田村梨花（たむら・りか／第3章第1節～第3節、コラム3–1）
上智大学外国語学部教授。修士（地域研究・上智大学）、博士後期課程単位取得満
期退学。ブラジル地域研究、社会学。
『ブラジルの社会思想―人間性と共生の知を求めて』（小池洋一・子安昭子との共編
著、現代企画室、2022年）、「ブラジルにおける地域連携に基づく多様な教育空間
の創造と課題」『比較教育学研究』（第58巻、2019年）、『抵抗と創造の森アマゾン
―持続的な開発と民衆の運動』（小池洋一との共編著、現代企画室、2017年）。

蝋山はるみ（ろうやま・はるみ／コラム3–3）
上智大学外国語学部非常勤講師。修士（国際学・上智大学外国語学研究科国際関係
論専攻博士前期課程）。国際協力実践家。ブラジル国ペルナンブコ州で国際協力事
業団（現国際協力機構―JICA）が支援した「ペルナンブコ連邦大学免疫病理学セ
ンタープロジェクト」、「東北ブラジル公衆衛生プロジェクト」、「東北ブラジル健康
なまちづくりプロジェクト」に業務調整、社会開発の専門家として参加。

拝野寿美子（はいの・すみこ／第4章、コラム4–1、4–2、4–3、4–5）
神田外語大学外国語学部准教授。博士（教育学・東京学芸大学）。異文化間教育学。
『継承ポルトガル語の世界―地域とつながり異文化間を生きる力を育む』（ナカニシ
ヤ出版、2024年）、"A era POLH no Japão: 25 anos da chegada dos decasséguis,"
Ana Souza e Maria Luisa Ortiz Avares (orgs.), *Português como língua de herança: uma
disciplina que se estabelece*, (Campinas: Pontes Editores, 2020)、「第七章　在日ブラジ
ル人第二世代のホームランド―自ら選びとる「生きる場所」」三田千代子編著『グ
ローバル化の中で生きるとは―日系ブラジル人のトランスナショナルな暮らし』（上
智大学出版、2011年）、『ブラジル人学校の子どもたち―日本かブラジルかを超えて』
（ナカニシヤ出版、2010年）。

索　引

A-Z

Brasileiros no Mundo　207
BRICs　59
BRICS　59, 205, 224
CIATE　229

ア

アゼヴェド、ターレス・デ　Thales de Azevedo　64, 65, 68
アパドリニャメント　→　代父母制
アファーマティブ・アクション　76, 77, 165
アマゾナス劇場　155
アマゾン　5, 13, 142-146, 148-152, 154-156, 210
アマゾンのベルエポック　154
アマレロ　→　黄色人
アメリカのパリ　154
アムネスティ・インターナショナル　99
アリノス法（Lei 1.390/51）　69
アンドラーデ、マリオ・デ　Mário Raul de Morais Andrade　38

イ

イアンニ、オクタヴィオ　Octavio Ianni　70
イエズス会（士）　13, 94, 95, 105, 150, 155
異種族混淆　30, 42, 43, 46

移植民審議会（Conselho de Imigração e Colonização）　44, 45, 53
イベリア半島　32, 108
移民収容所　27, 50, 228
移民促進協会（Sociedade Promotora de Imigração）　27
インディジェナ　→　先住民

ウ

ヴァルガス大統領　Getúlio D. Vargas　29, 39, 40, 42, 44-47, 51, 73, 74, 79-82, 85, 96, 118, 143, 162, 189, 190
失われた10年　7, 157

エ

エスニック・コミュニティ　84, 215
エスニック・ラボラトリー　83
縁故主義（ネポチズモ）　18, 104, 116-118
エンジェニョ　→　製糖・火酒工場
エンプレイテイラ　225

オ

黄色人　4, 18, 62, 63, 70, 76
オウロ・ヴェルデ　→　緑の黄金
オランダ　22, 24, 63, 73, 83, 152, 198
オリガーキー　18, 39, 40, 47, 56, 72, 80, 115, 116, 118, 189
オレンジ候補者　192

カ

カースト社会　66, 105

海外移住組合連合会　50, 53

海外興業株式会社　50

階級社会　26, 55, 66

外国移民　3, 5, 20, 23, 24, 27, 29, 34,
38-40, 42, 44-46, 48, 51, 53, 54, 73,
96, 138-142, 156

外国移民二％割当て法　48, 53

外国人集住都市会議　230, 231

階層社会　14, 105

カイピラ・ブラジル　5

解放の神学　98, 102, 180

核家族　118, 123, 125, 126

拡大家族　108, 112, 114, 118

カザ・グランデ　→　奴隷主の館

家族制度　91, 94, 95, 104, 114, 117,
122

片親世帯　123, 126

家庭内暴力　197

カトリシズム　92, 102

カトリック・カリスマ刷新（RCC）
102

カトリック教会　37, 91, 92, 94-98,
100-103, 120, 131-133, 220

カトリック選挙連合（LEC）　96

カトリック大学生グループ（LUC）
97

カピタニア　12, 19-21, 24, 112, 152,
153

カピタニア制　19, 20, 153

家父長的奴隷制社会　17

カブラル　Pedro Álvares Cabral　11

カボクロ・ブラジル　5

カルデック、アラン　Alan Kardec　102

カルドーゾ、フェルナンド・エンリケ
Fernando Henrique Cardoso
59, 70, 157-160, 162, 164, 168

カンドンブレ　75, 91, 94, 101

キ

帰国促進事業　225

旧共和制時代　116

共産党　96, 190

共和国　3, 25, 34, 36, 39, 42, 47, 96,
115, 120, 155, 157, 189, 197

キリスト教基礎共同体（CEBs）
98, 100, 180

キロンボ（Quilombo）　16, 21, 22,
74, 218

金サイクル　151

近代芸術週間（Semana da Arte
Moderna）　38

近代主義運動（Movimento de
modernismo）　38, 39

ク

クアドロス、ジャニオ
Jânio Quadoros　98

クニャディズモ（Cunhadismo）　12

クリチバ　73, 83

クレオル・ブラジル　5

グローバル化　7, 183, 184

黒いお母さん（mãe preta）　30, 31,
110, 219

軍事政権　37, 54, 59, 71, 79, 99, 102, 118, 119, 124, 140, 143, 144, 147, 156, 162, 180, 181, 190, 191

ケ

経済サイクル　138, 151, 154, 155
契約移民　24, 49

コ

鉱業　3, 24, 30, 64, 143, 144
公共サービス管理局（DASP）　41
コーヒー貴族（Barão de Café）　10, 153
コーヒーサイクル　151, 154
コーヒー栽培　15, 39, 51, 138, 153, 154
コーヒー産業　24, 27, 29, 38, 40, 64
国営製鉄所（CSN）　41
国際人口・開発会議　133
国際的権利と正義のためのセンター（CEJIL）　199
国策移民　50, 51
黒人（ネグロ、プレト）　13-16, 18, 21, 22, 26, 27, 29-34, 38, 43, 55, 57, 62-70, 73, 75-79, 104, 105, 110-113, 150, 156, 165, 211, 219
黒人運動　22, 186
黒人自覚の日　22, 93
国民国家化キャンペーン（Campanha de Nacionalização）　44-46
国家統合　29, 38, 39, 42, 46, 80-82, 143
ゴビノー伯　Joseph Arthur Comte de Gobineau　32
ゴムサイクル　151, 154
ゴラール、ジョアン　João Goular　98, 118, 182, 190
コロネル（coronel）　115, 116, 118
混血化　12, 18, 30, 32, 42, 43, 63, 71
混血者（パルド）　4, 12, 15, 18, 26, 27, 29-33, 42, 62, 63, 65, 67, 68, 70, 75-78, 211

サ

再民主化　45, 59, 62, 71, 74, 102, 118, 191
サトウキビ・サイクル　151
砂糖きび農園　5, 10, 14, 17, 34, 104-108, 116
砂糖産業　5, 13, 14, 24, 43
サレス、カンポス　Campos Sales　39, 116
産業組合　51
三国同盟　→　パラグアイ戦争
サンパウロ　2, 5, 10, 15, 22-29, 33, 38-41, 44, 47, 48, 50-54, 61, 64, 67, 72, 74, 83, 85-87, 92, 93, 101, 102, 105, 116-119, 124, 126, 128, 130, 138, 139, 141, 151, 153-155, 170, 190, 191, 200, 201, 213, 229
サンパウロ学派　70
サンパウロ州司教団　99

シ

条件付き現金給付（CCT）　126, 159-161, 164, 168, 174

自営開拓移民　　24, 29, 142, 156

ジェンダー　　36, 37, 77, 79, 119, 120,
129, 131, 183, 184, 187, 192, 193, 199,
202

ジェンダー・ギャップ（男女格差）
187

ジェンダー・ギャップ指数（GGGI）
187-189

実証主義　　30

ジニ係数　→　貧富の格差

支配階層　　56, 57

社会参加　　131, 169, 182, 183, 187,
189

社会的マイノリティ　　68, 75-77, 148

州執政官（interventor federal）　　41

重商主義　　14, 104

自由人　　14, 15, 114, 138

従属階層　　56, 57

州知事政治（Política dos Governadores）
29, 39, 41

出生自由法　　26, 96

小農民同盟（Ligas Camponeses）
98

植民者ポルトガル人　　11, 13, 19, 66,
94, 95

女性議員候補割当て制度　　189

女性殺害　　195-202

女性政策局（SPM-PR）　　197

女性電話相談局180番（CAM）
197, 199

女性の権利と保護のラテンアメリカ・
カリブ委員会（CLADEM）　　199

女性の権利に関する国家審議会

（CNDM）　　119, 120

新キリスト教徒　　12

シングルマザー世帯　　123-126

シンクレチズム　　101

人権　　7, 37, 98-100, 119, 120, 128, 132,
136, 156, 162, 180, 181, 183, 186, 199

新国家体制（Estado Novo）　　40, 41,
44, 46, 96, 190

人種差別制度　　68

人種主義　　30-33, 38, 42, 67, 74, 76-78

人種平等法（Lei n0 12.288, de 20 de
julho de 2010）　　77, 78

人種民主主義（democracia racial）
38, 42-44, 69-72, 79

親族関係　→　パレンテラ

新中間層　　59-61, 160

信徒会（irmandade）　　94, 96

森林の薬草（Drogas de Sertão）
151

心霊主義（スピリティズム）　　101,
102

ス

スラム　→　ファヴェーラ

ズンビ（Zumbi）　　22

セ

製糖・火酒工場（Engenho）　　14,
105, 112

世界（大）恐慌　　39, 40, 139, 154

世界経済フォーラム（WEF）　　184,
187, 188

世界社会フォーラム（WSF）　　184

世界女性会議　119, 190, 191

セズマリア　12, 19, 20, 23

セラード　5, 142, 144, 146

セルタネジョ・ブラジル　5

1988年憲法　59, 62, 74, 76, 82, 85,
　　120, 132, 147, 148, 156-159, 162,
　　168, 169, 171, 175, 180-183, 185

センザラ　→　奴隷小屋

先 住 民　3, 4, 11-13, 15, 18, 19, 21,
　　30, 32, 38, 43, 62-65, 70, 74, 76, 77,
　　94, 95, 99, 101, 104-106, 137, 145,
　　146, 148-151, 155, 156, 186, 213

宣伝局（DIP）　45

ソ

ソウザ、トメ・デ　Tomé de Sousa
　　19, 94

総督府　2, 19, 137, 138, 153

タ

大土地所有制　3, 14, 18-20, 114, 137,
　　156

第二ヴァチカン公会議　94, 98, 102,
　　131

代父母制（compadrio）　18, 92, 112,
　　113

大陸国家（País Continental）　3, 5

多人種多民族化　11, 13, 18

脱アフリカ化（脱阿入欧）　23, 33,
　　34, 42, 53

多文化共生　229-231, 233, 238

多文化主義　73, 212, 231

単身世帯　123, 124

チ

地方主義政治（regionalismo）　39,
　　115

地方分権化　158, 162, 169, 183

地方ボス　115, 116

中間階層　56, 57

地理統計院（IBGE）　14, 62, 72, 75,
　　91, 122, 125, 208

賃金労働者　6, 24, 26, 27, 48, 55, 66,
　　138

ツ

継ぎ接ぎ家族　123

ツピー族　12

テ

ディアスポラ　58, 205, 207, 216, 219

デカセギ　101, 208, 223, 224, 226, 234,
　　235

デスキテ（desquite）　92, 121

テメル　Michel Miguel Elias Temer
　　Lulia　150, 160, 169, 170, 185

ト

同化政策　42, 44, 46, 51-53

同性婚　123, 128, 129

同族登用主義　→　縁故主義

東洋街（Bairro Oriental）　74, 85

渡航準備金　51

都市化　17, 67, 72, 114, 117-119, 124,
　　125, 137, 140, 146, 147, 154

都市人口　4, 72, 124, 139

都市労働者　26

ドナタリオ　12, 19, 22

トランスナショナル　132, 213-215, 218, 224

トルデシリャス条約（トルデシリャス境界線）　19, 20, 81, 105

奴隷　3, 6, 10, 13-18, 20-23, 25-27, 30, 31, 34, 41, 43, 46, 55, 57, 62, 64, 66-68, 74, 75, 81, 95, 96, 104-106, 108-112, 114, 139, 142, 150-153, 209

奴隷小屋　14, 43, 105

奴隷主　14-16, 18, 21, 26, 30, 31, 43, 55, 66, 95, 105, 106, 109-112

奴隷主の館（カザ・グランデ）　14, 15, 43, 95, 105-110

奴隷制（奴隷労働）　3, 6, 13-18, 21, 23, 25-27, 30, 31, 34, 43, 46, 55, 57, 62-64, 66-68, 74, 75, 105, 108, 111, 114, 116, 138, 142, 148, 153, 154, 156

奴隷貿易　14, 15, 18, 20, 25, 27, 30, 104, 154

ナ

内婚制　17, 109

ナショナリズム　38, 41-44, 46-48, 54, 79, 85, 139, 143, 162, 213

名付け親制　→　代父母制

ナブコ、ジョアキン　Joaquim Nabuco 66

ナポレオン　23, 36

南東部　3, 4, 6, 15, 22, 63, 64, 137-140, 142, 146, 153-156, 163-165, 167, 168,
173, 174, 186, 201, 202, 241

南部　4-6, 20, 24, 26, 29, 33, 44, 63, 64, 73, 97, 99, 105, 137, 142, 143, 145, 146, 155, 156, 163-165, 167, 168, 173, 174, 186, 201, 202, 212, 241

南米航路　50

ニ

日系ブラジル人（nippo-brasileiro）46, 54, 209, 227, 232

ニナ・ロドリゲス、ライムンド Raymundo Nina Rodrigues　33

日本学校　51, 52

日本人会　51

入管法　222, 226, 233-235

ネ

ネグロ　→　黒人

熱帯のパリ　154

熱帯ポルトガル文明　43

ネポティズム　→　縁故主義

ノ

ノロニャ、フェルナン・デ　Fernão de Noronha／Fernando de Noronha 12

ハ

排日法　48, 53

パウ・ブラジル　→　ブラジル木

白人（ブランコ）　14-16, 18, 22, 26, 27, 29-34, 42, 55, 62-70, 73, 75, 76, 78, 96, 105, 108, 109, 111, 156, 165,

259

213, 216

白人化　27, 33, 34, 42, 46, 54, 69

バスティド、ロジェ　Roger Bastide　5

バストス移住地　53

パッチワーク・ファミリー　→　継ぎ接ぎ家族

パドロアド（padroado）　95

パトロン・クライアント関係　18, 113

ハプスブルク家　23

パライバ渓谷　10, 24, 26, 109, 151, 153

パラグアイ戦争　21, 25, 155

パラナ民族芸能祭　73, 83, 84

パルド　→　混血者

パルマレス文化財団（Fundação Cultural Palmares）　22, 74, 186

パレンテラ　104, 112-118

反人種主義　22, 74

バンデイランテ（奥地探検隊）　22, 105, 137, 138, 150

ヒ

悲観主義　30, 38, 43

被抑圧階層　56, 57

貧者の教会　98

貧富の格差（ジニ係数）　6-8, 58, 59, 62, 183

フ

ファヴェーラ（スラム）　6, 57, 65, 136, 140-142, 180

ファゼンダ　→　砂糖きび農園

フィリョチズモ　104, 116, 117

フェミシーディオ（femicídio）　195-197

フェミニシーディオ（feminicídio）　187, 195-197, 199

フェミニシーディオ法　196, 199

フェミニズム　118, 190

ブラガンサ王朝　3

ブラジリア　2, 4, 5, 22, 59, 77, 78, 86, 87, 126, 143, 144

ブラジリダーデ　45, 82

ブラジル人学校　208, 217, 228, 238

ブラジル全国司教会議（CNBB）　91, 97, 99, 100

ブラジル拓殖組合（ブラ拓）　50, 53

ブラジル木　11, 12, 151, 152, 155

ブランケアメント　→　白人化

ブランコ　→　白人

フランス　5, 11, 28-33, 35-37, 43, 70, 97, 102, 109, 114, 138, 152-155, 183, 184, 188, 198, 206

プランテーション農業　3, 13, 66, 95, 153

フリーメーソン　96

フレイレ、ジルベルト　Gilberto Freyre　17, 43, 69, 70, 106

プレト　→　黒人

ヘ

米州機構人権委員会　199

別居（separação）　92, 119, 121, 122

ペドロ二世　32, 36

ホ

亡命政府　23

北東部　3-6, 14, 15, 22, 25, 34, 43, 63, 64, 81, 97, 105, 137, 139, 140, 142-144, 147-149, 151-157, 163-165, 167, 172-174, 180, 186, 201, 202, 212

北部　3-6, 13, 26, 63, 64, 97, 137, 142-144, 146-149, 151-156, 163-165, 167, 172-174, 186, 201, 202, 210

干し肉（charque）　81, 155

ボルサ・ファミリア（Bolsa Família）126, 127, 160, 161, 169

ボルソナロ　Jair Messias Bolsonaro　150, 160, 161, 166, 169, 170, 185, 186

ポルトガル王国　3, 13, 23, 94, 95, 104, 105, 112

ポルトガル語圏　3, 8, 101, 179, 211, 220

ポルトガル連合王国　153

ポンバル侯　Sebastião de Carvalho　95

マ

マイン・プレタ　→　黒人のお母さん

マクナイーマ（*Macunaíma*）　38

マクンバ　94, 101

マゾンビズモ（mazonbismo）　→　悲観主義

マチスモ　199

マニオク　13

マメルコ（mameluco）　12

マリアダペニャ法（DV法）　196, 199

ミ

緑の黄金　24, 47

ミナスジェライス　13, 15, 22, 24, 29, 39, 41, 64, 81, 105, 112, 138, 151, 152, 155, 191, 200, 201, 210, 212, 213, 220, 240

民間カトリック信仰　92

民事婚　120

民衆運動　180, 181

ム

ムラト　15, 16, 31, 32, 34, 57, 62, 65, 70, 73, 78

メ

メスチソ　15, 78

メルコスル（Mercosul）　213

綿花　52, 151, 153, 155

綿花栽培　52, 153, 155

モ

モノカルチャー経済　152

モノカルチャー農業　105

ヤ

焼畑農業　13

ユ

ユニバーサル・キリスト教会（IURD）　101

ヨ

ヨーロッパ市場　13-15, 95, 105
ヨサコイ・ソーラン　74
4分の1混血者（quarter-breeds）　12

ラ

ラティフンディオ（大土地所有者）
　15
ラテンアメリカ司教会議（CELAM）
　98
ランベール、ジャック　Jacques
　Lamber　5

リ

リアリズム　31, 33
リオ・ブランコ子爵　José Maria da
　Silva Paranhos　96
リオグランデドスル（Rio Grande do
　Sul）　21, 23, 39, 80-83, 99, 105,
　118, 184, 189, 200, 201
リオデジャネイロ（リオ）　2, 11, 15,
　23, 24, 32, 35, 36, 38, 39, 42, 44,
　47, 64, 69, 72, 77, 86, 93, 101, 102,
　105, 109, 114, 118, 119, 124, 136,
　138, 140, 141, 143-155, 186, 200,
　201
離婚　92, 119-123, 224
リベイロ、ダルシー　Darcy Ribeiro
　5, 12, 55-58, 76

ル

ルーラ　Luiz Inácio Lula da Silva

128, 149, 159-161, 164, 166, 169,
171, 182, 186
ルセフ、ジルマ　Dilma Vana Rousseff
59, 98, 150, 159, 185, 193

レ

レアル・プラン　59

ロ

ローマ教会　95, 100
60歳台法　26
ロマン主義　31, 33
ロメロ、シルヴィオ　Sílvio Romero
31, 33

ワ

割当て制度（クオータ制）　75-77,
79, 165, 189-192

ブラジルの人と社会　改訂版

2024 年 4 月 10 日　第 1 版第 1 刷発行

共　編：田　村　梨　花
　　　　三　田　千　代　子
　　　　拝　野　寿　美　子
　　　　渡　会　　　環
発行者：アガスティン　サリ
発　行：Sophia University Press
　　　　上　智　大　学　出　版

〒 102-8554　東京都千代田区紀尾井町 7-1
URL：https://www.sophia.ac.jp/

制作・発売　㈱ぎょうせい
〒 136-8575　東京都江東区新木場 1-18-11
URL：https://gyosei.jp
フリーコール　0120-953-431
〈検印省略〉

印刷・製本　ぎょうせいデジタル㈱
ISBN978-4-324-11408-7
(5300346-00-000)
［略号：(上智) ブラジル社会 (改訂)］

Sophia University Press

One of the fundamental ideals of Sophia University is "to embody the university's special characteristics by offering opportunities to study Christianity and Christian culture. At the same time, recognizing the diversity of thought, the university encourages academic research on a wide variety of world views."

The Sophia University Press was established to provide an independent base for the publication of scholarly research. The publications of our press are a guide to the level of research at Sophia, and one of the factors in the public evaluation of our activities.

Sophia University Press publishes books that (1) meet high academic standards; (2) are related to our university's founding spirit of Christian humanism; (3) are on important issues of interest to a broad general public; and (4) textbooks and introductions to the various academic disciplines. We publish works by individual scholars as well as the results of collaborative research projects that contribute to general cultural development and the advancement of the university.

Brasil: seu povo e sua sociedade
edição revisada

© Eds. Rika Tamura, Chiyoko Mita, Sumiko Haino,
and Tamaki Watarai, 2024

published by
Sophia University Press

production & sales agency : GYOSEI Corporation,Tokyo
ISBN 978-4-324-11408-7
order : https://gyosei.jp